古典文獻研究輯刊

二六編

潘美月・杜潔祥 主編

第 3 冊

四庫全書考校錄（第三冊）

江慶柏、徐大軍 編

王婷、魯秀梅、胡露、趙喜娟、
袁芸、徐大軍、孫瑾、楊麗霞、
沈玉雲、姜雨婷 著

國家圖書館出版品預行編目資料

四庫全書考校錄（第一冊）　江慶柏、徐大軍　編／王婷、
魯秀梅、胡露、趙喜娟、袁芸、徐大軍、孫瑾、楊麗霞、沈
玉雲、姜雨婷　著 — 初版 — 新北市：花木蘭文化事業有限公
司，2018〔民107〕
目 2+208 面；19×26 公分
（古典文獻研究輯刊 二六編；第 3 冊）
ISBN 978-986-485-347-2（精裝）
1. 四庫全書 2. 研究考訂
011.08　　　　　　　　　　　　　　　107001755

古典文獻研究輯刊
二六編　第三冊　　　　　　ISBN：978-986-485-347-2

四庫全書考校錄（第三冊）

編　　者　江慶柏、徐大軍
作　　者　王婷、魯秀梅、胡露、趙喜娟、袁芸、徐大軍、孫瑾、楊麗霞、
　　　　　沈玉雲、姜雨婷
主　　編　潘美月　杜潔祥
總 編 輯　杜潔祥
副總編輯　楊嘉樂
編　　輯　許郁翎、王筑　美術編輯　陳逸婷
企劃出版　北京大學文化資源研究中心
出　　版　花木蘭文化事業有限公司
發 行 人　高小娟
聯絡地址　235 新北市中和區中安街七二號十三樓
　　　　　電話：02-2923-1455 ／傳真：02-2923-1452
網　　址　http://www.huamulan.tw 信箱 hml 810518@gmail.com
印　　刷　普羅文化出版廣告事業
初　　版　2018 年 3 月
全書字數　650239 字
定　　價　二六編 25 冊（精裝）新台幣 48,000 元

四庫全書考校錄（第三冊）

江慶柏、徐大軍　編

王婷、魯秀梅、胡露、趙喜娟、袁芸、
徐大軍、孫瑾、楊麗霞、沈玉雲、姜雨婷　著

目

次

《四庫全書總目》總集類
存目提要辨證

徐大軍

作者簡介：

　　徐大軍，1980 年生，江蘇江陰人。2006 年畢業於南京師範大學中國古典文獻學專業，並獲文學碩士學位。曾在《圖書館雜誌》等發表有關《四庫全書總目》的文章數篇。現任職於揚州廣陵書社，參與編輯的《江蘇地方文獻書目》獲 2013 年度全國優秀古籍圖書獎一等獎，《揚州文庫》獲 2015 年度全國優秀古籍圖書獎一等獎。

內容提要：

　　《四庫全書總目》二百卷，作爲中國古典目錄的集大成者，對於我們「辨章學術，考鏡源流」，瞭解研究傳統文化具有重要的參考價值，所以它至今仍是治學者不可缺少的參考工具。然而由於卷帙浩繁，成於眾手，《總目》中的訛誤和疏漏又比比皆是，已經極大地影響了它的學術價值。所以前賢學者如余嘉錫、胡玉縉等爲之進行了大量的考證和訂補工作，令後人獲益匪淺。但爲當時條件所限，他們的研究大多以四庫著錄書爲主，對於數量幾乎超過其一倍的存目書卻涉及很少，所以現在很有必要對存目書的提要進行一番系統的考證和研究。《四庫全書存目叢書》的出版，也給這方面的研究帶來了極大的便利。

　　本文以中華書局 1965 年影印出版的浙江杭州刻本《四庫全書總目》為底本，並參考武英殿本《總目》，通過與《四庫全書存目叢書》所收版本的存目書的比較研究，找出《總目》集部總集類存目提要中存在的書名、卷數、作者以及內容方面的訛誤和疏漏之處若干條。筆者再通過查考原書，結合各家目錄、地方志、文集等相關材料，對提要進行詳細的考證和訂補，整理出 100 餘條，以供相關研究者參考之用。最後考證了明別集類存目兩卷中有參考價值的訛誤 20 多條，附錄於後。

目　次

前　言

一、《四庫全書總目》的學術價值及其研究概況

　　《四庫全書總目》〔註1〕是清乾隆年間纂修《四庫全書》的過程中所產生的一部目錄巨著，全書 200 卷，其中收有《四庫全書》著錄書 3461 種，另有認爲內容較差，故只存書名的存目書，收有 6793 種〔註2〕，幾乎是《四庫全書》的兩倍。每種書均撰寫提要，以「辨章學術，考鏡源流」。它代表了我國古代目錄學的最高成就，是中國古典目錄的集大成之作。同時，此書又以其包羅萬象的內容而成爲一部古代文化學術史，享有很高的學術聲譽。正如清代著名的目錄學家周中孚在他的《鄭堂讀書記》中所說：「竊謂自漢以後，簿錄之書無論官撰、私著，凡卷第之繁富，門類之允當，考證之精審，議論之公評，莫有過於是編矣。」因此，是書一向被學術界所重視，被譽爲「讀書門徑，治學津逮」。余嘉錫先生曾贊之曰：「故衣被天下，沾漑靡究。嘉、道以後，通儒輩出，莫不資其津逮，奉作指南，功既巨矣，用以弘矣！……然而漢唐目錄書盡亡，《提要》之作，前所未有，足爲讀書之門徑，學者捨此，莫由問津。」〔註3〕

　　《總目》巨大的學術價值，使它成爲二百年來學者們最重要的治學工具和憑藉。然而由於卷帙浩繁，成於眾手，以及眾所周知的封建專制文化積弊等原因，《總目》也存在著諸多缺憾，謬誤、疏漏、失於考核之處比比皆是。

〔註1〕　本文所用版本爲中華書局 1965 年 6 月據乾隆六十年浙江杭州刻本影印本。以下如無特別說明，皆指此本，並簡稱爲《總目》。
〔註2〕　以上皆據中華書局影印組統計數字，見《總目》出版說明。
〔註3〕　見余嘉錫：《四庫提要辨證·序錄》。

故自它問世以來，前輩學者對它著力甚多，查漏補缺、訂正訛誤者亦爲可觀。如余嘉錫先生研讀《四庫全書總目》幾十年，逐條糾謬補缺，撰成《四庫提要辨證》一書，資料詳實，考證精審，爲其中的代表之作。另有胡玉縉撰、王欣夫輯的《四庫全書總目提要補正》一書，採用資料彙輯之法，對《總目》進行了全面補正。此書之影響雖不能與余氏之書比肩，但對利用《總目》和四庫學研究極有參考價值。著名學者王重民先生在《總目》研究方面也有突出的成就，1964 年在《北大學報》上發表了《論〈四庫全書總目〉》一文，對《總目》的政治、時代背景、編纂過程，著錄原則，提要的思想內容及其影響等都作了詳細的闡述與評介。同時他還撰成了《中國善本書提要》一書及《補編》。此書雖不是專爲攻駁《總目》而作，但在糾補《總目》的謬誤方面卻也取得了突出的成就。進入上世紀八九十年代以後，對《總目》的研究出現了一個新的高潮，出現了崔富章的《四庫提要補正》、李裕民的《四庫提要訂誤》、楊武泉的《〈四庫全書總目〉辨誤》等專書，另外的相關論文更是不計其數，使「四庫學」的研究向著更深更廣的領域發展。

二、《四庫全書總目》存目的學術價值

然而，以上所舉各專著及相關文章，絕大多數都是針對四庫著錄書的提要而作的，因爲這些書皆可據《四庫全書》中所收而對照研究。而關於《總目》中存目提要的研究卻涉及不多。如余氏《四庫提要辨證》於總集類存目只考辨一種，胡氏亦只數十種而已。筆者以爲，這其中有兩個重要的原因。首先就是存目書散於各地，甚至有相當一部分已湮沒不存，當時學者無法看到原書，只憑《總目》無法作出正確而全面的評價。其次就是一貫以來的對於存目書的偏見，即認爲它價值不高，無可研究。第一個原因隨著《四庫全書存目叢書》〔註4〕的出版，可以在相當程度上得到解決，而第二個問題卻一直是學術界爭論的焦點。所以我們首先要瞭解當時四庫館臣「存目」的標準是怎樣的，存目書是否眞的是一些沒有多大價值的書。

關於「存目」書的評價問題，一直以來都是眾說紛紜，各種意見爭論不休。代表性的意見主要有兩種：第一，「寶藏說」。有些學者認爲：「存目書之所以爲存目書，主要是因其不符合清王朝的統治需要和價值標準，同時也與清王朝要控制《四庫全書》的規模，加快編纂速度有關。存目書與《四

〔註 4〕 以下皆簡稱爲《存目叢書》。

庫全書》著錄書之間沒有一條鴻溝加以區別。」〔註5〕第二,「沉渣說」。如鄧廣銘曾在《光明日報》連發兩文,認為「被四庫館臣棄擲到《四庫存目》的大量古籍,由於他們所受時代局限、知識水準和視野的局限,絕不能排除其中必還有某些值得加以印行、整理、研究的東西,但為數必然有限,我們決不能因為要拯救這為數有限的可以保存的古書,而把《存目》中的全部加以印行,使文化『沉渣』全部『泛起』。」〔註6〕亦有多位學者,持此相似觀點。

其實,這只是一個「仁者見仁,智者見智」的問題。運用的標準不同,自然會得出不同的結論。比如,研究明以前的多輕視四庫存目書,以為其坊刻意改、偽作良多;而研究明代的學者卻對存目書如獲至寶,因為其中收有大量豐富的明代資料。《四庫全書》中收明代別集有230餘種,而存目中則收了800餘種,不僅數量上比《四庫全書》多了很多,就是範圍上也廣了很多,上至帝王將相,下至平民婦女之作一應俱收。就是一些逍黨姦臣如姚廣孝、嚴嵩之流的著作,雖其人不足道,然其文自有其研究和流傳的價值,故亦收錄於中,為我們的研究保存了一份有價值的材料。大量的明人文集被打入存目中,既可看出當時存目標準貴古賤近的傾向,而且進一步說明了存目書的價值巨大,裏面可資挖掘者極多。〔註7〕

在這裡可以引用杜澤遜先生的觀點來說明。杜澤遜先生說:「打開《四庫全書總目》,可以發現,《存目》各書提要大都只是挑剔之詞,諸如『殊無所取也』、『非說經之道也』、『非通論也』、『不可據為定論也』之類評語,隨處可見。」所以,許多專家學者自然而然的得出了《四庫存目》之書「大多數是應當棄而不收」的結論。並且長期以來,「持這種觀點的大有人在,其根據主要就是《四庫全書總目》中各書提要及上諭、《凡例》等」。杜氏又云:「檢閱《提要》,不難發現,凡『著錄』之書大都詳密,而『存目』提要每多粗略。《存目》之書約當『著錄』之兩倍,而提要篇幅僅當『著錄』之半。蓋『著錄』各書,提要須弁篇首,辨證不得不精。《存目》提要不附原書,但須說明

〔註5〕 季羨林、任繼愈、劉俊文:《四庫存目與〈四庫全書存目叢書〉》,《文史哲》,1997年第4期。

〔註6〕 鄧小南等編:《鄧廣銘學術文化隨筆》,北京:中國青年出版社,1998年,第146頁。

〔註7〕 詳見褚家偉、雍桂良:《淺談〈四庫存目〉中明代文集的價值》,《圖書館》,1996年第1期。

著者爵里、書之大略及列入《存目》之由，不必如『著錄』各書反覆考訂也。持此粗略之提要，以觀 6793 種《存目》圖書之價值，謂為隔靴搔癢，並不過份。」〔註8〕杜先生並歸納了四庫館臣當時存目的標準：限制規模、貴遠賤近、揚漢抑宋、壓制民族思想、維護封建倫理道德、避免重複、尊官書而抑私撰、原本殘缺或漫漶過甚無法校寫、著作水平庸劣或偽劣之書。可以說，這幾點已能基本概括存目書之所以入存目的原因。

　　所以，在存目書的問題上，我們並不否認有些書的確是粗製濫造、無甚價值，但更多的存目書由於沒有如「著錄」書那樣系統的保存，而是分散在各處，很多甚至已經散佚無存，在沒有看到原書的情形下，我們又怎能單憑《總目》提要就妄下論斷呢？另外，《總目》中，存目之書多於著錄之書。據中華書局《四庫全書總目》影印組仔細統計，《四庫全書》著錄書籍有 3461 種，79309 卷；存目之書有 6793 種，93551 卷。存目種數接近著錄種數的一倍。存目中有一部分是宋元人的著述，還有從《永樂大典》中輯出的 127 種著作，這些都彌足珍貴。就是明代至乾隆年間的著述，距今也已幾百年了，其間還經歷了八國聯軍的侵略、軍閥混戰、日本帝國主義的侵略戰爭、「十年動亂」等浩劫，古籍遭到嚴重破壞，能保存至今，確實不易。為了使這些古典文化資源能得到更好地開發利用，不致湮沒散佚，極需要把分散各地的存目書彙而刊之。這樣，既有利於文獻的保護，也為有關研究者提供了便利。所以，《四庫全書存目叢書》的出版可以說是一件極有利於文化學術研究的盛事，最起碼，可以讓有所需的人從中找到適合他的有價值的東西；批判其毫無價值的人能從文獻自身的角度來批判它。

三、《四庫全書總目》存目提要的版本

　　《總目》的版本大致可分為兩大系統：浙本系統和殿本系統。浙本即浙江杭州刻本，刻於乾隆六十年（1795），殿本即武英殿刻本，亦刻於乾隆六十年。浙大的崔富章先生對傳世的《總目》版本進行了仔細的考辨，其梳理結果極具參考價值。崔先生認為，浙本的祖本為文瀾閣抄本。浙本與文瀾閣抄本的內容吻合，惟行款稍異。過去有許多學者，如洪業、郭伯恭、王重民等，都認為浙本翻刻殿本。崔富章用浙本與現有文瀾閣抄本殘本進行比勘，發現

〔註 8〕杜澤遜：《〈四庫存目〉書探討》，《北京大學學報》（哲學社會科學版），1997 年第 5 期。

浙本源出殿本之說不能成立。〔註9〕現在，這個觀點已經基本得到了大多數學者的認同。

浙本與殿本的優劣問題一直是一個爭論不休的問題。王重民曾利用《四庫全書總目校記》（中華書局 1965 年影印浙本之附錄）中所校出的材料，大致得出了結論：殿本優於浙本。這個結論得到了很多學者的贊同，並有多人進一步作過考證。如中華書局 1997 年《總目》整理本以殿本爲底本，以浙、粤二本爲參校本，校出了許多差異之處。但是，筆者發現這些研究還是多集中於四庫著錄書上，對於很多存目書的提要，雖能找到各本之間的一些差異之處，如果不參照原書，是很難作出準確的判斷的。現筆者專以總集類和別集類〔註 10〕存目提要爲例來進一步作一番考證，並且在考證中參照原書作出判斷（不一定爲四庫館臣當時所據原本），希望能爲後來的《總目》整理本作一些有益的工作。

（一）浙本《總目》誤，殿本《總目》〔註11〕不誤

此類爲數不少，其中又可細分爲卷數、人名、事實訛誤等多類。

如 P1763《經濟文輯》三十二卷，明陳其愫編。按：《存目叢書》所收爲明天啓七年（1627）陳其愫自刻本，凡二十三卷。卷首有陳氏自序亦云「總爲二十三卷」，殿本《總目》亦作二十三卷，可知浙本誤，殿本是。浙本《總目》云：「是編選明代議論之文，分聖學、儲宮、宗藩、官制、財計、漕挽、天文、地理、禮制、樂律、兵政、刑法、河渠、工虞、海防、邊夷十六目。……大抵剽諸類書策略，空談多而實際少。其斯爲明人之經濟乎。」殿本《總目》此處「邊夷」作「邊防」，且無「其斯爲明人之經濟乎」一句。按：考是編實分十七目。其卷 19 至卷 22 爲「九邊」，卷 23 爲「四夷」，目錄及正文皆列有此二目。據王重民所云，此本入《禁書總目・違礙書目》，其中邊防事宜「語涉偏謬之處，仍應刪毀」，故刪並九邊、四夷爲一類，非爲誤刻。

如 P1778《友聲集》七卷，《總目》云：「其父方勃偕弟方度於邑治之西闢霞綺園，與邑人沈開進、胡應相、曾鑒、歐有駿讀書其中，一時多爲題詠。」按：考《存目叢書》所收康熙五十六年賴氏霞綺園刻本，卷 1 即收有胡應柏

〔註9〕詳見崔富章：《〈四庫全書總目〉版本考辨》，《文史》第 35 輯。

〔註10〕受篇幅所限，本文只引《總目》別集類存目二、三（即《總目》卷 175、176）爲例說明《總目》所存問題。文中所指別集類存目僅限於此兩卷。

〔註11〕本文所用武英殿本《總目》爲《四庫全書存目叢書》各書後所附影印本。

《沈仲孚詩序》，則知「胡應相」應為「胡應柏」之誤。殿本《總目》此處作「胡應柏」為是。

如 P1743《聯句私抄》四卷，《總目》云：「明毛紀編。……歸田後葺錄為一帙，並題姓名履貫於卷首，自華亭顧清以下共三十有三人。」殿本《總目》此處作「三十有二人」。按：考《存目叢書》所收嘉靖刻本，卷首所題姓名自華亭顧清以下計有三十二人（毛紀之名未列其中）。然則若計毛紀在內，才有三十三人。考《總目》之意，此處作三十二人為宜。則殿本為是，浙本誤。

（二）浙本《總目》不誤，殿本《總目》誤

此類雖不多，然亦可據其不同之處考證孰是孰非。

如 P1551《退庵遺稿》七卷，《總目》云：「明鄧林撰。林初名彝，又名觀善，字士齊，後成祖為改今名，新會人。」殿本「士齊」作「士齋」。按：考《存目叢書》所收清抄本所題皆為「士齊」，又考《廣東通志》、《千頃堂書目》、《明詩綜》亦皆云其字為「士齊」，則知殿本誤，浙本是。

又如 P1558《劉古直集》十六卷，《總目》云：「明劉珝撰。……是集乃其子太常寺卿鈗所編。」殿本《總目》此處「鈗」作「銳」。按：考《存目叢書》所收北京圖書館藏嘉靖三年劉鈗刻本，此編中李東陽等各人之序皆作「鈗」，且考《明史》劉珝本傳云：「子鈗，字汝中」，亦可證殿本為誤。

（三）浙本、殿本《總目》皆誤

此類最多，凡是本文所指出的浙本《總目》之誤，又未加以特別說明的，皆指兩本皆誤。詳見後文考證材料，恕不另舉。

從以上所舉存在的訛誤，筆者大概可得出如下結論：從整體的質量上來說，殿本優於浙本。但這又是相對的，或者是僅指某一個方面而言的。正如筆者在上面所舉，在總集類存目中能找到不少條浙本誤而殿本不誤，而還未有浙本不誤而殿本誤的情況。但是，在筆者所考證的別集類存目兩卷中，卻發現了多處殿本誤而浙本不誤的情形，浙本誤而殿本不誤卻甚少。且浙、殿兩本皆誤的情形卻比比皆是。所以，從這個角度上來講，很難判定浙本和殿本孰優孰劣。以上亦是筆者於本文在《總目》的選取上用浙本的原因之一，因為只有自身所暴露的問題多了，才能更多地發現和解決問題。另外，就普及率及影響力來講，中華書局 1965 年影印的浙本《總目》無疑具有更大的優勢，不但為治目錄版本學者常備工具，就是一般學者如果要參考引用《總目》，

亦多用此本。

四、《四庫全書總目》總集類存目提要存在的問題

（一）書名、卷數、版本

此種訛誤又可分以下幾種：

1. 書名改動。如「皇明」改作「明」，「玄」改作「元」等因避諱而改之處，不另作說明。

如 P1772《漢詩音注》五卷《漢詩評》五卷，《總目》云：「是編評點漢詩，兼注音韻。一卷至五卷題曰漢詩音注，六卷至十卷題曰漢詩評。一書而中分二名。」

按：《存目叢書》所收爲康熙三十五年（1696）王梓孝昌官署刻本，凡十卷。考此編十卷各卷卷首皆題「漢詩音注」之名，無有音注、評之分，不知《總目》何據。又《總目》乃據直隸總督採進本而存目，然考《直隸省進呈書目》只錄有「《漢詩音注》二本」，又《浙江採集遺書總錄簡目閏集》亦錄《漢詩音注》十卷，刊本。考各家目錄皆未見《漢詩評》五卷，或是四庫館臣以己意而分。

2. 卷數不符。卷數不同，或是由於所據版本不同所致，但如若一書之卷數未見於其他書目著錄，則很有可能爲當時所見之本殘缺不全而致，亦有因疏忽而訛誤之可能。

如 P1756《明文徵》七十三卷，《總目》云：「明何喬遠編。」

按：《存目叢書》收有明崇禎四年（1631）何喬遠自刻本，凡七十四卷。黃虞稷《千頃堂書目》、王重民《中國善本書提要》、《中國古籍善本書目》等所著錄之本亦皆爲七十四卷，未見有七十三卷本行世。又考卷首有崇禎辛未（1631）靳於中之序云：「溫陵何穉孝先生選《文徵》成，异以示余……展韻語二十二卷，文筆五十二卷，三百年來大典禮、大建置，……靡不犁然具備。」考之正文，卷 1 至卷 22 分爲賦、古樂府、律詩、絕句若干類，皆爲韻語類；卷 23 至卷 74 分爲詔、制、疏、銘若干類，都爲文章類，正與靳序所云相同。故此書爲七十四卷無疑，四庫館臣所見蓋適闕一冊。

（二）著者

其中又可分爲人名字號、時代、籍貫、生平訛誤或是不詳等。

如 P1746《藤王閣集》十卷，《總目》云：「明董遵編。遵始末未詳。」

按：清沈佳《明儒言行錄》卷 5 云：「（董遵）字道卿，蘭溪人。受學楓山之門，潛心理學，專志力行。學使江右胡東洲禮爲奇士。貢入禮部，授南昌學訓導。值蔡盧齋、邵二泉兩先生相繼視江右學，徵主白鹿洞書院。轉溧陽教諭，遷江浦知縣。立積散法爲備荒計，在任一年，百廢具舉。因疏乞近地便養，忤當道意，調知廣東感恩縣。懇請得終養歸。居家風雨不蔽，無儋石儲而事親曲盡孝道。著有《金華淵源錄》及文集若干卷。」

（三）事實

可分爲介紹之誤、考據之誤、評價之失等，本文著重於前兩類。

如 P1745《殘本成仁遺稿》五卷，《總目》云：今是編五卷，一、二卷爲《指南集》，三卷爲《集杜詩》，四卷爲《長嘯集》，五卷爲《天祥附錄》，而枋得詩文附錄皆無之。目錄又標作「成仁遺稿前」，蓋坊賈刻印時妄加分析，以此爲前集，而以枋得詩文爲後集耳。

按：考此編卷前目錄頁題曰「成仁遺稿前總目錄」，下自卷 1 至卷 5 皆題爲《文山先生集》，次題有《疊山先生集》後卷之一、卷之二，凡七卷。於《疊山先生集》目錄終標曰「成仁遺稿前總目錄終」，則可知目錄中所云「成仁遺稿前」原指正文之前的總目錄之意，未見分前、後集之意。四庫館臣據一殘本斷章取義，而妄加猜測爲「坊賈刻印時妄加分析」，非其實。

五、小結

從以上所述，可以看出存目提要存在著諸多的問題，我們在進行學術研究的過程中，如果以有問題的提要爲據，則可能得出錯誤的結論，影響學術成果的質量。所以，《總目》和存目的研究需要大家繼續地關注，投入更大的熱情和精力來進行這項龐大而又有價值的工程。更希望有關單位和學者能對《總目》作更加系統和細緻的整理工作，特別是要善於吸收最新的研究成果，爭取早日整理出一本更加完善而又準確的《四庫全書總目》，使之眞正成爲一部治學者可信賴的學術工具。

《四庫全書總目》總集類存目提要辨證

1. 文選瀹注三十卷（1734 上〔註 1〕）

《總目》：明閔齊華編。齊華，烏程人。崇禎中以歲貢任沙河縣知縣。

按：《存目叢書》所收爲明末烏程閔氏刻本。卷端題作「孫月峰先生評文選三十卷」，故各家書目大多以此名著錄。黃虞稷《千頃堂書目》卷 31 錄有此書，並有注云：「（閔齊華）字赤如，烏程人。天啓中貢士，沙河知縣。」又考崇禎《烏程縣志》卷 6 科第目，天啓貢士下正有閔齊華之名，並有其小傳，云赤如爲其號。又同治《蘇州府志》卷 54，常熟縣訓導有閔齊華之名，云：烏程人。歲貢。崇禎五年任，升沙河知縣。據此可知，閔氏於天啓間中貢士，崇禎五年任常熟縣訓導，後才升沙河知縣。《總目》所云易使人誤認閔氏於崇禎年間中歲貢。

2. 詩準三卷附錄一卷詩翼四卷（1736 上）

《總目》：舊本題宋何無適、倪希程同撰。……疑爲明人所僞託。觀其《岣嶁山碑》全用楊慎釋文，而《大戴禮・几銘》並用鍾惺《詩歸》之誤本，其作僞之跡顯然也。

按：此書有萬曆甲申（1584）重刻本，題「宋何無適、倪希程編類，明進士沈大忠附葺補注」。《詩準》卷 2 後有附錄十七頁，乃大忠所增補，蓋即《總目》所謂之明人「作僞之跡」。此書傅增湘曾見過宋刻本，只存四卷，並取與明本對勘，「大體相同，字句微有脫誤」。〔註 2〕則《總目》所疑此本爲明

〔註 1〕 此指中華書局 1965 年影印本《總目》中的頁碼，下皆同。
〔註 2〕 見《藏園群書題記》卷 18《明本〈詩準詩翼〉跋》。

人所僞託，證據不足，不可信。

3.唐詩鼓吹箋注十卷（1736下）

《總目》：金元好問編。國朝錢朝鼒、王俊臣注。王清臣、陸貽典箋。朝鼒字次鼎，俊臣字子籲，清臣字子清，貽典字敕先，並常熟人。

按：此處錢朝鼒，各家書目著錄略有不同，如鄭振鐸《西諦書目》等錄作錢朝鼐，據此本可知實誤。錢朝鼒，字次鼒，清常熟人。朝鼎弟。〔註3〕《存目叢書》所收爲乾隆十一年（1746）刻本，卷首有紀曉嵐之批語，蓋即以此本爲存目。卷首又有自署虞山蒙叟（即錢謙益）所作之序云：「里中陸子敕先、王子子澈、子籲，偕余從孫次鼒，服習《鼓吹》，重爲較讎，兼正定廖氏注解，刻成而請序於余。」〔註4〕卷下題「元資善大夫中書左丞郝天挺注，古岡後學廖文炳解，虞山後學錢朝鼒、王俊臣、王清臣、陸貽典參校」。據此可知，《總目》所云「錢朝鼒」不誤，然其字應作「次鼒」爲是，作「次鼎」誤。且據錢謙益之序可知，王清臣之字應作「子澈」，非爲「子清」，蓋因字形相似而誤。

4.濂洛風雅六卷（1737上）

《總目》：元金履祥編。……是編乃至元丙申，履祥館於韓良瑞家齊芳書舍所刻。

按：《存目叢書》所收爲清雍正刻本。此編卷首有一序，序末自署「石泉唐良瑞」。又考光緒《浙江通志》卷252載：「《濂洛風雅》七卷，《百川書志》：元仁山金履祥吉甫紀錄；正德《蘭溪縣志》：石泉唐良瑞編類。」據此可知，《總目》所謂「韓良瑞」應爲「唐良瑞」之誤。又《總目》云是編刻於至元丙申，然唐良瑞之序末署作「時元貞丙申四月既望」。考至元爲元世祖忽必烈年號（1264～1294），其間並無丙申年，直至元成宗元貞二年（1296）才爲丙申。則可斷此編應刻於元貞丙申，而非至元丙申。

5.唐詩說二十一卷（1737中）

《總目》：元釋圓至撰。……此書蓋取宋周弼所選《三體唐詩》爲之注釋。前有大德九年方回序。

按：《存目叢書》所收爲明嘉靖二十八年（1549）吳春刻本，卷端題「箋

〔註3〕據《江蘇藝文志·蘇州卷》。
〔註4〕此序亦可見錢謙益《牧齋有學集》卷15，《四部叢刊》本。

注唐賢絕句三體詩法」之名，卷首先列「綱目」，分絕句體七卷，七言體六卷，五言體七卷，凡二十卷。卷前有翟文選之識語，云及此本爲摹印瞿氏鐵琴銅劍樓藏元刊本。考《中國古籍善本書目》等各家書目所錄皆作二十卷，未見有二十一卷本流傳。胡玉縉以爲存目本卷數、書名不同，「疑所據非圓至原本」〔註5〕。傅增湘《藏園群書經眼錄》云：「《箋注唐賢三體詩法》二十卷，宋周弼輯。明刊本。十一行十九字，注雙行同，四周單闌。前大德九年方回序，次圖五幅，次世系紀年。陸敕先（貽典）以元本校勘，並補抄第二十一卷，每卷均記月日。卷尾跋語錄後：『借葉林宗元本錄，遵王王府本校正，十六卷內補詩二十五首，末卷八首則林宗本也。初九日校完識，貽典。』『葉林宗元本共補詩三十三首。』卷中補錄之葉多爲敕先親筆。」〔註6〕則可知傅氏所見本由陸貽典據另兩本補抄並校正而成，其中八首補抄附於卷末，即成第二十一卷。則四庫館臣當時所見或即爲此本，故有二十一卷之數。然此編原只二十卷，所補抄第二十一卷原爲無所歸類而附之卷末爲一卷，故傅氏及諸家書目皆錄作二十卷，《總目》錄作二十一卷欠妥。

6. 靜安八詠詩集一卷（1737下）

《總目》：元釋壽寧編。……名蹟有七，曰赤烏碑、曰陳檜、曰蝦子潭、曰講經臺、曰滬瀆壘、曰湧泉、曰蘆子渡。……並彙諸家之作，請序於會稽楊維楨。維楨復各爲之評點。卷首有吳興錢鼐所作《事蹟述》一篇。

按：《存目叢書》所收爲一明刻本。考此編卷首有楊維楨所作《綠雲洞志》云：「凇東北去九十里支邑爲上海，邑之陰，古伽藍曰靜安。……古蹟有七：曰吳碑、檜、滬瀆壘、湧泉、蝦禪、土臺、蘆花村。」次有《靜安八詠事蹟》，題下署「吳興錢鼐德鉉述」。錢鼐，字德鉉，吳興人。力學不怠，以古文辭名。洪武癸丑冬舉明經，任國子學錄。〔註7〕則《總目》所云「錢鼐」當爲「錢鼐」之誤。殿本《總目》此處作「錢鼐」，爲是。錢鼐所作之《事蹟》中有「蝦子禪」一條，云：「師諱智儼，性散逸，人或誕其爲弗敬。一日，赴胥村大姓會。會渡江，直漁者，乃貫蝦一斗，掬水啖之。約酬以施貲，弗獲，漁者怒，仍吸水吐活蝦還之，人皆驚異。越七日趺坐而逝，肉身不壞，齒髮如生。會兵難，神變而去，世名蝦子禪。」考此詩集中所收之詩題，亦皆以「蝦子禪」

〔註5〕見《四庫全書總目提要補正》卷58，頁1647。
〔註6〕見《藏園群書經眼錄》，頁1515。
〔註7〕見明董斯張：《吳興備志》卷12，《四庫全書》本。

爲名。如錢惟善《蝦子禪》一首云：「儼師性誕逸，人或指爲顛。不唱漁家傲，惟談蝦子禪。偶然呑一斗，何待施千錢。開口吐還客，江清月滿船。」正與錢氏所云相符。考禪爲佛家用語，亦即禪定，指將心專注於某一對象，寂靜審慮的一種狀態，爲佛家基本修行之法，則此處所謂之「蝦子禪」乃是指事而非指景。

又考崇禎《松江府志》卷 52 載：「靜安教寺在蘆浦。……有赤烏碑、陳朝檜、講經臺、蝦子禪、湧泉、綠雲洞與滬瀆壘、蘆子渡爲八詠。」下各述此八者之由來，所述與錢氏相同。其中「蝦子禪」云「見方外」。考「方外」載：「蝦子和尚名智儼，居靜安寺。七月十五日有胥村人來寺齋僧，因請同往。船行，見捕蝦者，儼買一斗，索水噉之，謂漁者曰：『齋回還汝錢。』令舟子勿泄，登岸前行。……還，漁者索錢，曰：『無錢，還我蝦。』儼徐曰：『還汝。』復索水飲，隨吐出活蝦盈斗，人皆以爲異名。將示寂，斂蒲草爲萬餘繩，懸諸廊廡，曰：『吾將大作緣事。』繼即坐脫。人競以錢懸繩，繩皆滿，遂以建佛閣。今靜安寺有蝦子道場。」又明釋正勉、釋性𣸣所編之《古今禪藻集》有「蝦子禪」一條，下有注云：「昔有僧知儼者，性放逸。會渡江，値漁者，乃貰蝦一斗，掬水啖之，約酬以施。貲弗獲，漁者怒，仍吸水吐活蝦還之。人皆駭異，故名焉。」下又有詩一首：「嘗觀高僧傳，心異蝦子篇。今遊靜安寺，目擊蝦子禪。老禪眞得道，迥然息萬緣。聊復示幻化，遂奪造化先。秋風響幽壑，逸思淩雲煙。自憐非槁木，憂世常悁悁。」〔註 8〕所述亦皆爲蝦子和尚因蝦子而悟禪之事，未提及一「潭」字。可知此原爲一掌故軼事而行世。

然考之清以來地方文獻及近人所述，已皆以「蝦子潭」爲名流傳，並實有此景。或云其寺前有一潭，或云其寺中有一潭。且其說法亦大同小異，或智儼和尚吐蝦處化爲一潭，或智儼吐蝦入寺前潭中，蝦成活且無芒，爲一奇景云云。〔註 9〕蓋先因「禪」「潭」形似而訛誤流傳，又有後人捕風捉影，以意附會而遂成其事，亦皆失其本意。

7. 麟溪集二十二卷別篇二卷（1738 下）

《總目》：明鄭太和編。……是集成於元至正十年。裒輯宋以來諸家題贈

〔註 8〕見《古今禪藻集》卷 18，《四庫全書》本。

〔註 9〕可參見顧柄權編：《上海風俗古蹟考》，華東師大出版社，1993 年。潘明權編：《上海佛教寺院縱橫談》，宗教文化出版社，1996 年。

詩賦及碑誌序記題跋之類，爲表揚義門而作者，共爲一編。前十卷以十干紀卷，後十二卷以十二支紀卷。末爲《別篇》二卷，則續入者也。前有潘庭堅、程益二序，又有王褘後序。

　　按：《存目叢書》所收爲明成化十一年（1475）刻本，另有附錄二卷，所收皆爲鄭氏家規。據卷前各序可知，此編原由鄭太和編成於至正十年，由其孫鄭濤刊刻於至正十三年，又曾於洪武三十年再刻，續成別篇及附錄。此書現傳有二刻，一爲十卷本，多收元人之作，其中卷 10 爲續增明初人之作。另一刻即此二十二卷本，明初諸人已散入各卷，歷經各朝，又有所增補。則此編已非鄭太和至正十年所編之原本。傅增湘《藏園群書題記》和《藏園群書經眼錄》於此二本均有詳述，可參見。然傅氏所藏二十二卷本爲一殘本，殘闕鄭濤之序，故以之爲嘉靖間或以後所刻之本，可據此本證其失。

　　《總目》：其曰《麟溪集》者，鄭氏所居在婺州東二十八里，地名麟溪故也。

　　按：鄭氏所之此地應名白麟溪，麟溪蓋其略稱。此本末有王褘後序云：「婺之浦江縣東二十八里，其地曰白麟溪，鄭氏之居在焉。」雍正《浙江通志》卷 17 載：「白麟溪，在縣東二十五里，其源出金芙蓉山麓東，流入浦陽江。謹按：元義門鄭氏家於溪側，其後人名濤者，集名賢貽贈詩文爲《白麟溪集》。」考此溪舊名香岩，白麟爲鄭太和二十六世祖之名。後白麟十九世孫名惠淮者，由遂安遷於此溪上，易以白麟名，以示有不忘祖先之意。〔註10〕

8.餘姚海堤集一卷（1738下）

　　《總目》：明葉翼編。翼，寧波人。其祖恒，字敬常，元天曆間爲餘姚判官，築堤捍海，民賴其利。至正末，詔封仁功侯，立廟祀之。

　　按：《存目叢書》所收清抄本，凡四卷。又考《浙江採集遺書總錄簡目》〔註11〕，錄有此編刊本，亦作四卷。《總目》據天一閣藏本而存目，或即爲此編。又按，葉恒，字敬常，鄞人。泰定中登進士第，授餘姚州判官。雍正《浙江通志》卷 254 著錄此編，下有注云：「至元己卯（1339），餘姚州判葉恒敬常築石堤，子晉輯名賢述作以褒揚之，從孫翼刊行。」據上可知，葉恒於元泰定帝時爲餘姚州判，築堤捍海之事實發生於元順帝至元年間，而天曆爲元

〔註10〕詳見《圭齋文集》卷14《白麟溪三大字後》，《四庫全書》本。
〔註11〕見吳慰祖校訂：《四庫採進書目》，頁252。

文宗年號（1328～1330）。則《總目》云葉恒於「元天曆間爲餘姚判官」「築堤捍海」皆與實不符。且此處所云葉恒築堤之事亦不確。據顧炎武《天下郡國利病書》〔註12〕所云，元順帝至元六年（1340）六月餘姚潮水大作，毀壞農田無數。時任餘姚州判葉恒上書建議築堤捍海，於是府委恒督治。適葉恒期滿離任，由府尹於嗣宗募民出粟築之。至正七年（1347）六月，大潮復沖潰海堤，府吏王永勸民出粟一斗以相其役而成此堤，以後歷有修葺。則此餘姚海堤成並不全爲葉恒一人之功。

9. 殘本光嶽英華十五卷（1739 上）

《總目》：明許中麗編。中麗爵里未詳。朱彝尊《明詩綜》稱「明初操選政者有許中麗」云云，則洪武中人也。

按：《存目叢書》所收爲一清抄本，凡十三卷，題王士禛刪定，蓋由王氏據明刻十五卷本刪定而成。卷首題「汝南許中麗仲孚編輯，豫章揭軌孟同校正」，有洪武十九年揭軌序。宋濂曾爲許中麗作《貞白堂記》、《環翠亭記》二文，述及中麗之事。許中麗，字仲孚。其家爲臨川大姓，世居臨川城南羅家山下，闢有貞白堂和環翠亭，宋濂贊其「嗜學而好修，士大夫翕然稱之」。遇元末之亂而攜妻子兒女避居山中，至明初重出。〔註13〕

《總目》：此書傳本殘闕，僅存七言律體一門。

按：此書原只專收七律一體，餘皆捨而不錄。朱彝尊云：「至郝天挺之《鼓吹》、許中麗之《光嶽英華》，專收七律，餘皆捨而不錄。」〔註14〕四庫館臣所據爲天一閣抄本，以其只有七律一體，疑爲殘闕，竟題作殘本，於中麗籍貫年代均未詳。蓋未得見原刻本，而傳抄本又失其序目之緣故。

10. 姑蘇雜詠二卷（1739 上）

《總目》：明周希孟、周希夒同編。上卷爲高啓原唱，下卷爲其祖南老續作。

按：《存目叢書》所收爲萬曆四十六年（1618）周希夒刻本。考此本以高啓之作爲一編，分上、下卷，卷末題「郡後學周希夒校梓」。周南老之作亦題「姑蘇雜詠」之名，亦分上、下二卷，卷終題「裔孫瑄校梓」。此「裔孫瑄」

〔註12〕見顧炎武：《天下郡國利病書》浙江卷，《四部叢刊》本。
〔註13〕見宋濂：《文憲集》卷2、卷3，《四庫全書》本。
〔註14〕見朱彝尊：《曝書亭集》卷39《成周卜詩集序》，《四部叢刊》本。

蓋爲周瑄，《明史》卷157有傳。卷首有萬曆戊午（1618）錢允治《姑蘇雜詠合刻序》，云：「二詠流傳郡中，爲郡志附庸，版近漫漶，覽者病焉。……十世孫希夔好文述祖，既建先祠，並二書重爲剞劂。」於此可知，高啓及南老之作原爲二書流傳，後由周希夔重新校刊而成，故題希夔之名。然前後未見周希孟之名，不知《總目》何據。《中國古籍善本書目》錄此本時亦只題周希夔之名。又《總目》所據爲浙江巡撫採進本，《浙江採集遺書總錄簡目》錄有此書，作刊本四卷，吳慰祖以爲《總目》即據此本存目而誤作二卷，蓋是。

《總目》：南老字正道，自號拙遺子，亦明初人也。

按：《總目》於南老之生平事蹟考之不詳，現據同治《蘇州府志》卷 79 所載代爲補充。周南老（1301～1383），字正道，自號拙逸（一作隱拙）老人。本道州人，濂溪先生後。宋季徙吳，祖才，父文英。元順帝至正間以薦授永豐縣學教諭，銓選除兩鹽運知事，進淮南行省照磨，改江浙行省，進擢本省理問。明初徵詣太常議禮，禮成發臨濠，數月放還。洪武五年（1372），蘇州知府魏觀以明教化、正風俗爲治，聘南老、王行、徐用誠爲教授，定學儀。

11. 雍音四卷（1741 中）

《總目》：明胡纘宗撰。……以合於雅音者爲內編二卷，未盡雅馴者爲外編二卷。然李陵、蘇武諸詩概列之外編中，其進退殊不甚可解也。

按：考之《存目叢書》收嘉靖二十七年（1548）本，李陵、蘇武之詩，實於內外編中皆收。其他眾多詩人之作，如李白、杜甫等應入雅音者亦是內外編皆有。考卷末有胡氏所作《題雍音後》，自云：「猶有內外者，蓋內以會其正，外以盡其變，皆燦而簡，婉而成章。」於卷 3 目錄後胡氏又云：「外編云者，於諸先正非敢有所軒輊也，特以雍詩錄有未盡，檢有未及者續輯而類編之云爾。」則胡氏原以諸家大雅者列爲內篇，未盡雅馴者列爲外篇，後有遺漏，故復續補入外編。故諸多原入內編之詩家，於外編亦存。

12. 聯句私鈔四卷（1743 上）

《總目》：明毛紀編。紀有《密勿稿》，已著錄。……歸田後葺錄爲一帙，並題姓名履貫於卷首，自華亭顧清以下共三十有三人。

按：《存目叢書》所收爲嘉靖刻本，考是本卷首所題姓名自華亭顧清以下計有三十二人。則若計毛紀在內，才有三十三人。考《總目》之意，此處應作三十二人爲宜。殿本《總目》於此處作「三十有二人」，爲是。

13. 文翰類選大成一百六十三卷（1743 中）

《總目》：明李伯璵、馮原同編。伯璵，上海人。官淮王府長史。原，慈谿人。官淮王府紀善。是書即奉淮王之命作也。

按：「馮原」應爲「馮厚」之誤。《存目叢書》所收爲成化刻弘治、嘉靖遞修本。是本卷末有馮厚後序，自稱「臣厚」，自署「馮厚」，均其證。考黃虞稷《千頃堂書目》、王重民《中國善本書提要》等亦均作馮厚。《總目》作「馮原」，或受卷端刻書影響，此處「原」均刻作「厚」字中「日」上多一「丿」，且帶行意。四庫館臣不察，遂訛「厚」爲「原」。

《總目》：前有淮王序，自稱西江頤仙。案《明史》，仁宗子淮靖王瞻墺，以永樂二十二年封，宣德四年就藩饒州。瞻墺子康王祁銓，以正統十一年嗣封。此書作於成化、宏治間，則所稱頤仙者，即祁銓也。

按：考《明史》卷 119 載：「淮靖王瞻墺，仁宗第七子。永樂二十二年封。宣德四年就藩韶州。英宗即位之十月，以韶多瘴癘，正統元年徙饒州。正統十一年薨。」可知瞻墺先於宣德四年（1429）就藩韶州，至正統元年（1436）才徙至饒州，非宣德四年即就藩饒州。《總目》所云誤。

《總目》：其書總錄前代及明人詩，分體編次。每體之中，各以時代爲次，採掇頗詳。

按：此書非僅錄詩，亦錄有大量文章。書名題作「文翰」，既表明詩文並收之意。此書大致以《文選》所分爲標準細分爲六十四類，既有賦、樂府、古體、絕句、律詩等詩體類，亦有頌、銘、記、序、書、論、行狀、墓誌等文類。

14. 東甌詩集七卷補遺一卷續集八卷（1743 下）

《總目》：明趙諫編。……諫以其去取爲未善，乃因蔡本而增損之，溫州知府趙淮序而刊之。

按：《存目叢書》所收爲明刻本。光緒《浙江通志》卷 254 載有此編，並云是集有弘治癸亥郡守鄧淮序。又考此編卷首有題「弘治十六年癸亥溫州知府吉水鄧淮」之序，則「趙淮」應爲「鄧淮」之誤，《總目》此處蓋涉趙諫而訛「鄧」爲「趙」。鄧淮生平可見《總目》卷 61《鹿城書院集》條。

《總目》：……諫自序之。並刻於弘治庚戌。

按：弘治庚戌爲弘治三年（1490），而考此編中鄧淮及趙諫之序都署作弘

治十六年癸亥（1503）。而卷末又有《東甌詩集後序》云：「正德丁卯，《東甌詩集》成，東山先生不寡於激，命鄙言以廁諸簡末。」趙諫之序自署曰「郡人東山歸老趙諫」，則知「東山」爲趙諫之號。於此可知，此集於弘治癸亥編成，於正德丁卯（1507）才刊刻完成，非《總目》所云弘治庚戌，亦非弘治癸亥。《中國古籍善本書目》卷 28 於此本錄作正德刻本，亦可證《總目》之誤。

15.殘本成仁遺稿五卷（1745 上）

《總目》：明舒芬編。芬有《周易箋》，已著錄。

按：《總目》卷 7 經部易類存目錄舒芬《易問箋》一卷，並無《周易箋》一書，《總目》所指應是此編而誤，《明史‧藝文志》所錄亦作《易問箋》可證。

《總目》：是書前有正德丙辰芬自序云：「行篋中有文山《指南集》二冊，《集杜句》一冊，《長嘯集》一冊，又有《疊山詩文集》二冊。因訂其訛脫，並取《宋史》本傳與祠記、銘狀、祭文、輓詞之類各附於後，總題曰《成仁遺稿》，付書林余氏刻之。」

按：《存目叢書》所收即是舒芬自序中所云新安書林余氏正德十五年（1520）刻本。此編題作《重訂成仁遺稿》，凡七卷。又考正德並無丙辰年，此誤楊武泉先生《《四庫全書總目》辨誤》一書中已考證之，然楊先生蓋當時未見此本，故未定應作何年。〔註 15〕今考舒芬自序末題作「正德十五八月朔日丙辰」，此編卷末又有牌記云「正德庚辰孟冬新安余氏甫齋」。正德十五年（1520），正爲庚辰年。則知舒芬序中「丙辰」非爲紀年，蓋指當日干支。故舒芬之序應作於正德十五年庚辰。館臣一時疏忽，即以此作爲舒氏作序之年的干支而錄。

《總目》：今是編五卷，一、二卷爲《指南集》，三卷爲《集杜詩》，四卷爲《長嘯集》，五卷爲《天祥附錄》，而枋得詩文、附錄皆無之。目錄又標作「成仁遺稿前」。蓋坊賈刻印時妄加分析，以此爲前集，而以枋得詩文爲後集耳。

按：考此編卷前目錄頁題曰「成仁遺稿前總目錄」，下自卷 1 至卷 5 皆題爲《文山先生集》，次題有《疊山先生集》後卷之一，卷之二，凡七卷。於《疊

〔註 15〕詳見楊武泉：《《四庫全書總目》辨誤》，頁 281。

山先生集》目錄終處標曰「成仁遺稿前總目錄終」，則可知前處所云「成仁遺稿前」原意指正文之前的總目錄，未有分前、後集之意。四庫館臣據一殘本斷章取義，而妄加猜測爲「坊賈刻印時妄加分析」，非其實。

16. 婺賢文軌四卷拾遺一卷（1745 下）

《總目》：明戚雄編。……是編以《金華文統》去取未當，乃取其鄉先輩潘良貴、范浚、呂祖謙、陳亮、唐仲友、夏明誠、何恪、時少章、何基、王柏、柳貫、金履祥、許謙、吳師道、胡助、黃溍、吳萊、宋濂、王禕、胡翰、戴良、馮宿、陳樵二十三人之文，薈而錄之。

按：按《存目叢書》所收爲嘉靖三十八年（1559）戚寵常熟縣學刻本，編者題作「戚龍刻」，今據此本卷末所收戚寵之跋改。又題作「清戚雄選」，更誤。雄爲明正德間人，《總目》已明之。考此編實共收有二十四人之文，其中二十三人同《總目》所云，另有蘇伯衡之名在列。考之目錄卷 4 與正文卷 4 中，「王禕文」和「胡翰文」之間還收有「蘇伯衡文」五篇，《總目》蓋一時疏忽而失收。

17. 六藝流別二十卷（1746 上）

《總目》：凡《詩》之流五，其別二十有一。《書》之流八，其別四十有九。《禮》之流二，其別十有六。《樂》之流二，其別十有二。《易》之流十二，而無所謂別。分類編敍，去取甚嚴。

按：《存目叢書》所收爲嘉靖四十一年（1562）歐大任刻本。考此本卷首目錄依六經爲類而分，分爲：《詩》五卷，《書》七卷，《禮》二卷，《樂》二卷，《春秋》三卷，《易》一卷，凡二十卷。於此可知《總目》所謂某之「流」若干，即指各類的卷數，而其所指「別」，則指此類之下又分若干小類。如「凡《詩》之流五，其別二十有一」，即指《詩》共五卷，其下又分二十一小類，如卷 1，逸詩、謠、歌；卷 2，謠之流其別有四：謳、誦、諺、語；歌之流其別有四：詠、吟、怨、吹。……現據目錄及正文考得此書，《詩》之流共五卷，下分二十一類；《書》之流共七卷，分四十九類；《禮》之流共二卷，分十六類；《樂》之流共二卷，分十二類；《春秋》之流共三卷，分十二類；《易》之流一卷，不另分類。蓋分類瑣屑，四庫館臣又未加細考，故脫漏了《春秋》類三卷，不成六藝之數，又訛「其別十二」爲《易》類之卷數，才成《總目》所云種種。

18. 石洞遺芳二卷（1746 中）

《總目》：明郭鈇編。……宋淳熙中，邑人郭欽止築書院於洞旁，延師以訓子弟。……欽止字德誼，其學出於張九成……

按：郭欽止之字「德誼」應作「德誼」，蓋字形相似而訛。郭欽止，字德誼，東陽人，從橫浦遊，輕財樂施，鄉井賴之。闢石洞書院，延名師以教子弟，拔田數百畝以贍之，後進多所成就。縣學創書閣，先生助之財，又置書籍輸之。〔註16〕光緒《浙江通志》卷 189 亦作「德誼」而非「德誼」，可證《總目》之誤。

19. 滕王閣集十卷（1746 下）

《總目》：明董遵編。遵始末未詳。

按：董遵始末，《浙江通志》、黃宗羲《明儒學案》、清王崇炳《金華文略》等皆言之甚詳。蓋《總目》本成於眾手，館臣未詳考耳。現詳錄清沈佳《明儒言行錄》中所載董遵之生平於下，以補其失。「（董遵）字道卿，蘭溪人。受學楓山之門，潛心理學，專志力行。學使江右胡東洲禮為奇士。貢入禮部，授南昌學訓導。值蔡虛齋、邵二泉兩先生相繼視江右學，徵主白鹿洞書院。轉溧陽教諭，遷江浦知縣。立積散法為備荒計，在任一年，百廢具舉。因疏乞近地便養，忤當道意，調知廣東感恩縣。懇請得終養歸。居家風雨不蔽，無儋石儲而事親曲盡孝道。著有《金華淵源錄》及文集若干卷。」〔註17〕另據光緒《蘭溪縣志》卷 5 所載可知其號為東胡，又清王崇炳《金華文略》云其於弘治辛酉（1501）舉明經。

20. 皇華集十三卷（1747 上）

《總目》：明朝鮮國所刊使臣唱酬之作。所錄惟天順元年、二年、三年、四年、八年、成化十二年、宏治元年、五年、正德十六年、嘉靖十六年之詩。考明代遣使往朝鮮者，不僅此十年，似有闕佚，然世所傳本並同。或使臣不盡能詩，其成集者止此耶？

按：《存目叢書》所收為明朝鮮銅活字本，蓋即《總目》所云朝鮮國所刊之本。考此編無明顯卷次標目，次序甚為凌亂，似非為一時之編。據各篇序跋及其所標之年月，可知此編收有景泰元年一卷，天順元年、二年、八年各

〔註16〕見黃宗羲：《宋元學案》卷 40《橫浦學案》。
〔註17〕見清沈佳：《明儒言行錄》卷 5，《四庫全書》本。

一卷，成化十二年上、下兩卷，嘉靖元年上、下兩卷，嘉靖十六年、十八年各五卷，嘉靖二十四年、二十五年各一卷，隆慶元年、二年各一卷，萬曆元年上、下兩卷，凡二十四卷，與《總目》所云甚有出入。考《中國科學院圖書館藏中文古籍善本書目》錄有朝鮮活字印的《皇華集》嘉靖本五卷，萬曆三十四年本六卷，天啓元年本六卷，又出《存目叢書》所收本之外。《總目》所據以存目爲內府藏本，考《武英殿第二次書目》〔註 18〕錄《皇華集》十三本。據上可推知，此集當年原是隨成隨刻，皆用同一名而無定本。恐當時所成之集不止這數年，卷數亦不僅此。蓋各集日常年久，多有散逸，又無人爲之裁定釐正，故零落不全，已非全帙。《總目》所疑「使臣不盡能詩」，或「成集者止此耶」，皆無據可證。

21. 明文範六十六卷（1747 中）

按：《存目叢書》本所影印爲萬曆刻本，題《皇明文範》六十八卷目錄二卷。此書焦竑《國史經籍志》、《明史・藝文志》、黃虞稷《千頃堂書目》、王重民《中國善本書提要》等諸目所錄皆爲六十八卷。《總目》當時所據爲通行本，應爲易得之本，然未見有六十六卷本流行。王重民以爲《總目》著錄本凡六十六卷，蓋所據適缺末一冊，館臣未發覺有殘闕也，蓋是。除萬曆本外，此六十八卷本尚有隆慶刻本〔註 19〕，蓋即《總目》所據之本。另有嘉靖間所刻九十六卷本〔註 20〕，此本年代最早，應爲原刻，其他各本蓋即據此本增刪而成。

《總目》：是集成於隆慶己巳，錄明洪武至嘉靖之文凡四百四十二家。

按：據孫殿起《販書偶記》所錄，此書有嘉靖甲子（1564）所刻九十六卷本，則應成於嘉靖年間。《總目》以所見本刊刻之年「隆慶己巳」爲成集之年，誤。又此本卷首列有「氏名爵里」，計所收作者僅四百一十六家，少《總目》所計二十六家，蓋是此本又從隆慶本刪削而成之緣故。

22. 六朝聲偶七卷（1747 下）

《總目》：明徐獻忠撰。……況「永明體」載在《齊書・王融傳》，「聲病宮商」載在《梁書・沈約傳》。

〔註18〕 見《四庫採進書目》，頁 200。
〔註19〕 見王重民：《中國善本書提要》，頁 478。
〔註20〕 見孫殿起：《販書偶記》，頁 514。

按：考梁蕭子顯《南齊書・王融傳》並未云及「永明體」之事，而實見於《南齊書・陸厥傳》，並見於唐李延壽《南史・陸厥傳》。《南齊書・陸厥傳》云：「永明末，盛爲文章。吳興沈約、陳郡謝脁、琅邪王融以氣類相推轂。汝南周顒善識聲韻，約等文皆用宮商，以平上去入爲四聲。以此制韻，不可增減，世呼爲『永明體』。沈約《宋書・謝靈運傳》後又論宮商。」又考唐姚思廉《梁書・沈約傳》中也並未明言所謂「聲病宮商」，只云沈約撰有《四聲譜》，不知《總目》何據。考四聲先由齊永明間周顒發現，始創《四聲切韻》（已佚），同時沈約又據四聲和雙聲疊韻提出了「八病」之說，於其所撰之《宋書・謝靈運傳》中稍有論及，可參見。

23. 古虞文錄二卷文章表錄一卷（1748 上）

《總目》：明楊儀撰。是書採古人著作之關於常熟者，裒爲一帙。凡文一卷，自梁鴻至楊舫凡三十六篇。

按：《存目叢書》所收爲清乾隆間抄本。此本《古虞文錄》文一卷目錄題爲：「漢文一首，晉文一首，梁文二首，唐文三首，宋文十首，元文二首，國朝文七首。」計共二十六篇。其中「國朝文」雖云「七」，然考之正文，實只收六篇。則此卷只收文二十五篇。《總目》蓋據目錄所云二十六篇而錄，又訛「二」爲「三」，故誤作三十六篇。

《總目》：詩一卷，自支遁至王寵凡四十二首。

按：《文錄》詩一卷目錄中列有「古今詩」，計凡四十二首。其中收「國朝詩十五首」，下列篇名。但考之正文中，尚收有目錄中未列出的黃鉞《題楊氏隱居》詩一首。故明詩實收有十六首，則此卷收詩凡四十三首。

24. 文章正論十五卷緒論五卷（1750 中）

《總目》：明劉祐編。祐，萊州人，嘉靖癸丑進士。官至大同巡撫。

按：《存目叢書》所收爲明萬曆十九年（1591）徐圖揚州官署刻本，各卷卷下皆題作「巡撫大同都察院右僉都御史東萊劉祐選，巡按直隸監察御史東萊徐圖校。」又卷首有萬曆十九年其自序，亦署爲「東萊劉祐」，而非「劉祐」。考《明清進士題名碑錄索引》，嘉靖三十二年癸丑（1553）科第三甲第 197 名正作「劉祐」。據明蕭彦《劉公墓誌銘》〔註21〕云，劉祐，字叔（亦作「淑」）修，號拙齋，山東掖縣人，嘉靖三十二年進士。《山東通志》、《山西通志》等

〔註21〕見《掖桓人鑒》卷 14，《明人文集叢刊》第一期。

地方志皆「劉祐」「劉祜」二人之名共存，蓋由於形似而訛誤已久。現考之諸文獻材料，以作「祜」為是。

25. 泰山蒐玉四卷（1750 下）

按：《存目叢書》所收爲一抄本，凡二卷。而殿本《總目》亦錄作二卷。考《續通志》、《續文獻通考》等於此編亦皆錄作二卷，則應以二卷爲是。

《總目》：明袁稽撰。稽字玉田，懷遠人。官泰安州知州。

按：《總目》云「是編採泰山碑銘詩文彙爲一帙」，則此處應云袁稽「輯」或「編」才確。此本卷首有泰安州儒學訓導六安王化萬曆己卯序云：「公別號玉田，荊塗世裔，文章政事冠絕一世。」《千頃堂書目》載：「袁稽《泰山蒐玉集》三卷，別號玉田，湖廣人。時爲郡守，命生員張重光編次。」則玉田應爲袁稽之號。袁氏之字應是大實。其人以歲貢入仕，初任高苑知縣、東昌丞等職，萬曆五年至九年（1577～1581）任泰安州知州，《泰山蒐玉》即輯、刊於任上。〔註22〕

26. 西湖八社詩帖無卷數（1751 中）

《總目》：明嘉靖壬戌，閩人祝時泰遊於杭州，與其友結詩社西湖上，凡會吟者八。

按：《存目叢書》所收爲一清抄本，清羅以智校，卷前有其校記云：「前有嘉靖壬戌春三月，十洲山人方九敘撰序」。考卷首方九敘之序云：「頃歲丙午，予嘗與田豫陽氏八人結社湖曲，賦詩紀遊，今所傳西湖詩社是也。」嘉靖壬戌即嘉靖四十一年（1562），而丙午應指嘉靖二十五年（1546）。考方序之意，祝時泰等人結成西湖詩社蓋在嘉靖丙午時，而唱和之集於嘉靖壬戌時才編成，故其作序時間題作壬戌。《總目》蓋即以方九敘作序之日期誤作爲結社日期。

27. 唐詩類苑二百卷（1752 下）

《總目》：明張之象編。……之象因復有此作，凡分三十六部，以類隸詩。

按：《存目叢書》所收爲明萬曆二十九年（1601）曹仁孫刻本，凡二百卷。據《總目》卷 192 爲《古詩類苑》所作提要可知此編爲原刻本，即爲《總目》

〔註22〕見王傳明：《〈四庫全書·總目提要〉中的泰山要籍》，《岱宗學刊》，2000 年第 4 期。

當時所據以存目之本。考之目錄及正文，此編分類如下：卷 1 至卷 8，天部；卷 9 至卷 23，歲時部；卷 24 至卷 27，地部；卷 28 至卷 31，山部；卷 32 至卷 39，水部；卷 40，京都部、州郡部；卷 41、卷 42，邊塞部；卷 43，帝王部；卷 44，帝戚部；卷 45 至卷 51，職官部；卷 52 至卷 55，治政部；卷 56 至卷 60，禮部；卷 61 至卷 66，樂部；卷 67 至卷 69，文部；卷 70 至卷 73，武部；卷 74 至卷 142，人部；卷 143 至卷 146，儒部；卷 147 至卷 151，釋部；卷 152 至卷 154，道部；卷 155 至卷 172，居處部；卷 173 至卷 179，寺觀部；卷 180、卷 181，祠廟部；卷 182，產業部；卷 183、卷 184，器用部；卷 185 至卷 187，服食部；卷 187，玉帛部；卷 188，巧藝部、方術部；卷 189、卷 190，花部；卷 191，草部；卷 192，果部；卷 193 至卷 195，木部；卷 196 至卷 198，鳥部；卷 199，獸部；卷 200，鱗介部、蟲豸部、祥異部、雜部。其中第 200 卷雜部，有目無文。則可知此編共分三十九部，《總目》作「三十六部」不確。

28. 古詩類苑一百二十卷（1752 下）

《總目》：明張之象編。是編前有黃體仁序，稱之象此書與《唐詩類苑》均家貧不能刊，以授其同里俞顯卿，顯卿亦未刊而卒。萬曆庚子，吳門曹氏始爲刊其《唐詩》。至壬寅，顯卿之弟顯謨乃與之象壻王頊、陳甲校刊之。是其刻在《唐詩》後。

按：《存目叢書》所收爲明萬曆三十年（1602）刻本，凡一百三十卷，題明張之象編，俞顯卿補訂。卷前有黃體仁序，序中所述與《總目》同。故知《總目》所據應爲此萬曆壬寅刊本。《總目》所據以存目爲浙江汪啓淑家藏本。考《浙江採集遺書總錄簡目》〔註 23〕載：「《古詩類苑》一百三十卷（刊本），明布政使經歷張之象輯。」吳慰祖校訂之《浙江省第四次汪啓淑家呈送書目》〔註 24〕錄作一百二十卷。然考之涵秋閣抄本《浙江省第四次汪啓淑家呈送書目》〔註 25〕卻作一百三十卷。吳氏即據此抄本校訂，此處蓋據《總目》所錄而改，非是。據此可知此編應以一百三十卷本爲是。

〔註 23〕見《四庫採進書目》，頁 276。
〔註 24〕見《四庫採進書目》，頁 101。
〔註 25〕見《書目類編》第 12 冊《書目進呈》，頁 5077，據民國十年《涵芬樓秘笈》排印本影印。

29. 靈洞山房集二卷（1753 中）

《總目》：明趙志皋編。志皋有《內閣奏疏稿》，已著錄。

按：《總目》卷 56 史部著錄有趙志皋《內閣奏題稿》十卷，非為《內閣奏疏稿》。《存目叢書》所收為明萬曆十七年（1589）趙志皋自刻本，分上、中、下三卷。

30. 文府滑稽十二卷（1754 下）

《總目》：明鄒迪光編。……又雖分文部、說部二目，而配隸實無定軌。如莊子《齊物論》，以「齧缺問於王倪」一段入文部，「罔兩問景」一段入說部，「瞿鵲子」一段復入文部。《人間世》「匠石之齊」一段入文部，「南伯子葵」一段入說部，《大宗師》「子祀」、「子輿」一段入文部，「意而子見許由」一段入說部。其餘忽謂之文，忽謂之說，似此類者，不可枚舉。其編次無緒可知矣。

按：《存目叢書》所收為萬曆三十七年（1609）鄒同光刻本。考之此本目錄，卷 1 至卷 8 標為文部，卷 9 至卷 12 為說部。「齧缺問於王倪」一段、「瞿鵲子」一段、「匠石之齊」一段、「子祀」一段都收在卷 1 文部；「罔兩問景」一段、「南伯子葵」一段都收在卷 9 說部，而《總目》所云入文部的「子輿」一段也收在卷 9 說部。若偏看此本目錄，《總目》所言似為有理，然考之正文，則知其所云不確。考之正文中，卷 1 至卷 10 題為文部，卷 11、卷 12 才題為說部。則《總目》所謂的上述「忽謂之文，忽謂之說」，其實皆入了文部。唯此書目錄與正文不相符，而四庫館臣又未深考正文，僅以目錄為據，因有是誤。

31. 詞致錄十六卷（1755 下）

《總目》：明李天麟編。天麟，大興人，萬曆庚辰進士，官至監察御史，巡按浙江。

按：《總目》卷 80 錄有李天麟《楚臺記事》七卷，云：「天麟字公振，武定人。萬曆庚辰進士。由牧馬千戶所軍籍中式，故自稱燕人。官至監察御史巡按湖廣。」《存目叢書》所收為萬曆十五年（1587）刻本，卷首有自題「萬曆丁亥午月古燕李天麟」之序。考《明清進士題名碑錄索引》，萬曆庚辰進士僅一武定州李天麟，當為一人。蓋四庫館臣未深查，以為自題「古燕」，遂作大興人。亦可知《總目》成於眾手之弊。《欽定天祿琳琅書目》卷 10 錄有李

天麟《詞致錄》十六卷，亦作武定州人。另黃虞稷《千頃堂書目》卷31錄有此書，下有注云：「字公振，武定州人，萬曆庚辰進士。」皆可證《總目》之誤。

32. 明文徵七十三卷（1756中）

《總目》：明何喬遠編。

按：《存目叢書》所收為明崇禎四年（1631）何喬遠自刻本，凡七十四卷。黃虞稷《千頃堂書目》、王重民《中國善本書提要》、《中國古籍善本書目》等所錄皆為七十四卷本，未見有七十三卷本行世。又考卷首有崇禎辛未（1631）靳於中之序云：「溫陵何稺孝先生選《文徵》成，异以示余……展韻語二十二卷，文筆五十二卷，三百年來大典禮、大建置……靡不犁然具備。」考之正文，卷1至卷22分為賦、古樂府、律詩、絕句若干類，正為韻語類；卷23至卷74分為詔、制、疏、銘若干類，都為文章類，正與靳序所云相同。故此書應為七十四卷無疑，四庫館臣所見蓋適闕一冊而不察。

33. 明文雋八卷（1757上）

《總目》：舊本題曰袁宏道精選，邱兆麟參補，陳繼儒標旨，張鼐校閱，吳從光解釋，陳萬言彙評。

按：「吳從光」應為「吳從先」之誤。《存目叢書》所收為明代師儉堂蕭少衢刻本。考此本各卷卷下原題作「石公袁宏道精選，毛伯丘兆麟參補，眉公陳繼儒標旨，侗初張鼐校閱，寧埜吳從先解釋，居一陳萬言彙評」，可證此誤。《總目》卷144小說家類存目收有吳從先《小窗自紀》四卷、《豔紀》十四卷、《清紀》五卷、《別紀》四卷，並云「從先爵里未詳」。

吳從先，字寧野，號小窗，新安（今安徽歙縣）人，別署延陵（今江蘇常州）人。約萬曆、天啓間在世。其人博覽群籍，性嗜山水，慷慨澹漠，慕遊俠，重然諾。自云「歷試諸艱，毀多於譽」。嘗師事馮夢楨，與湯賓尹、黃汝亭、何偉然等均有交往。有《小窗自紀》、《小窗清紀》、《小窗豔紀》、《小窗別紀》等。〔註26〕

34. 明百家詩選三十四卷（1757上）

《總目》：明朱之蕃編。……首列賦二卷，末附詩餘二卷，與編錄之體亦

〔註26〕參見吳言生譯注：《小窗自紀》，收入《佛緣叢書》，臺灣藝術圖書公司，2002年。

乖。其去取尤漫無持擇，非善本也。

按：《存目叢書》所收爲明萬曆周時泰刻本，據《總目》所錄朱氏自序可知此爲原刻。考是編之目錄，卷 31 至卷 34 標爲七言絕句和詩餘，然考之正文，卷 31、卷 32、卷 33 以及卷 34 之前半部分所收爲七言絕句，卷 34 之後半部分所收爲詩餘。故詩餘並無二卷，只能算作一卷，共計收有詞九十三首。又殿本《總目》此處作「一卷」亦可證。

35. 續文選三十二卷（1758 上）

《總目》：是編成於萬曆壬寅。採自唐及明詩文以續昭明之書。然所錄止唐人、明人，無五代、宋、金、遼、元。

按：《存目叢書》所收爲萬曆三十年壬寅（1602）希貴堂刻本。考之本書，所錄不止唐人、明人詩文，亦有南北朝及隋代各家詩文。如卷 1 收有梁元帝《玄覽賦》一首，卷 2 有梁宣帝《遊七山寺賦》一首，卷 4 庾信《枯樹賦》一首，隋皇后《述志賦》一首，卷 17 梁昭明太子《謝勅賚水犀如意啓》一首，《謝勅參解講解》一首，卷 18 隋煬帝《遺史祥書》一首，等等。《總目》即已明言此編爲續蕭統《文選》而作，則南北朝及隋代各家詩文亦應盡收其中。

36. 梁園風雅二十七卷（1758 中）

《總目》：明趙彥復編。……是編選中州之詩凡九家。李夢陽五卷、何景明五卷、王廷相一卷、孟洋一卷、薛蕙二卷、高叔嗣二卷、劉繪一卷、張九一三卷、謝榛五卷，而彥復詩一卷附焉。

按：據黃虞稷《千頃堂書目》云，此編實由趙彥復與臨清汪元、范明生同輯。現以《總目》所列各家卷數相加，僅可得二十六卷，不足二十七卷之數。又考《存目叢書》所收之康熙四十三年（1704）刻本，卷首有汪元、范明生所作「諸公爵里」，詳述各家生平及文風等，並詳述各家有集若干卷，今選諸體詩若干首爲幾卷，所云卷數正與《總目》相同。則知《總目》所云蓋直接從此處抄錄。劉繪之詩，《總目》及汪、范所作「諸公爵里」所云皆爲一卷，然考之正文所收，實有卷 17、卷 18 共兩卷，如此才可成二十七卷之數。

37. 嶺南文獻補遺六卷（1758 下）

《總目》：明楊瞿崍編。瞿崍有《易互》，已著錄。

按：《易互》六卷，清楊陸榮撰，《總目》卷9經部易類存目，《清史稿》卷145所錄亦同。《總目》卷8易類存目有楊瞿崍《易林疑說》一書，不分卷，《總目》所指蓋爲此編。又《千頃堂書目》、《明史·藝文志》皆錄此編爲張邦翼所編，據此本可知非是。

38. 周文歸二十卷（1759 下）

《總目》：明鍾惺編。其書刪節《三禮》、《爾雅》、《家語》、《三傳》、《國語》、《楚詞》、《逸周書》共爲一編，以時文之法評點之。明末士習，輕佻放誕，至敢於刊削聖經，亦可謂悍然不顧矣。

按：《存目叢書》所收爲明崇禎刻本，編者亦題作「鍾惺輯」。然考之卷首各家之序所云，則可知此本實成於陳爻子之手。考此編卷首有介園居士胡揆之序云：「陳子爻一，思有以反之，輯自周禮以下，訖於屈騷，書凡十三種……集成得卷二十，仍漢選之顏曰歸。余及范子建白、蔣子仲光獲襄事焉，故於其竣工而推論之如此。」又東海伯登包士瀛之序云：「適陳子爻一、胡子仲衍，點次周文，予有仝志。」又有崇禎十二年（1640）自署「古杭陳爻子」之序云：「今上崇儒，大矣文明之天下。……茲輯一編，例陳四則。」下列「選勝」、「評點」、「音注」、「較刻」四凡例。其「評點」例曰：「讀書本在乎吾徒，論文何假乎伯敬。今借鍾名鼎望以罔利者先生不少，不可信也。今稽談詩議漢而評周者，先生誠多，可不觀乎？乃於是纂評宗伯敬，標佐月峰，參諸名家，附愚管見。」各卷卷下題曰：「竟陵伯敬鍾惺選，武林爻一陳爻子輯，潄西仲衍胡揆參，古婺建白范德建閱。」則此編爲陳爻一所輯明矣。其中選用鍾惺評點之語，而又標鍾惺之名，蓋亦是借其名以圖易於流行而已。且考鍾惺卒於天啓甲子年（1624），而此編成於崇禎間，鍾氏已歿二十餘年，怎能編成此編？此等常識，似不應有誤，然考各家書目如《中國古籍善本書目》等，於此編亦作「鍾惺編」，蓋皆未及深考，才因襲此誤。今考鄭振鐸《西諦書目》、《中國社會科學院文學研究所藏古籍善本書目》等著錄此本時，皆作「陳爻子輯」，亦可證。

39. 八代文鈔無卷數（1760 上）

《總目》：明李賓編。……是編首列文家姓氏，起屈原至明鍾惺，凡九十有二人。別無卷目。

按：《存目叢書》所收爲明刻本，題作一百零六卷。考此編卷首有「文家

姓氏」，所列起楚屈原，至明鍾惺凡一百零六人，多出《總目》十四人。王重民先生以爲蓋是四庫館臣計數時，所見之本適闕一頁。〔註27〕今考卷首「文家姓氏」於每列載一人之名，一頁十四列，正可載十四人之名，故若闕一頁則恰少十四人。考此編雖未標明卷目次序，然實以一家之文編爲一卷，各家文抄分別次序，極爲明晰。如首「屈平文鈔」，下列子目：《離騷經》、《天問》、《九歌》、《九章》、《大招》、《遠遊》、《卜居》、《漁父》，後爲正文。各家之集皆是如此。故《中國古籍善本書目》等書目亦錄作一百零六卷。

《總目》：且所選明代十七人中，如袁宏道、鍾惺亦未能抗行古之作者。

按：考之此本卷首所列「文家姓氏」，明人共收有宋濂、劉基、王褘、崔銑、李夢陽、何景明、徐禎卿、楊愼、王守仁、唐順之、歸有光、王維楨、李攀龍、王世貞、汪道昆、徐渭、袁宏道、湯顯祖、鍾惺等共十九人，較《總目》所云多二人。

40. 閩南唐雅十二卷（1760 上）

《總目》：所錄皆閩中有唐一代之詩，自薛令之以下得四十人。

按：《存目叢書》所收爲明崇禎刻本。考此本所錄人數與《總目》所云不符。考之此編目錄及正文，卷 1 錄五人，卷 2 錄七人，卷 3 錄五人，卷 4 錄一人，卷 5、卷 6 皆錄黃滔一人之詩，卷 7、卷 8、卷 9 皆錄徐寅一人之詩，卷 10 錄一人，卷 11 錄四人，卷 12 錄十二人，總計共三十七人。而《總目》作四十人之緣故，蓋是四庫館臣於計數時，見此編各卷或是收數人，或是收一人，故想當然把卷 5、卷 6 之黃滔計爲兩人，卷 7、卷 8、卷 9 之徐寅計爲三人，故多出三人而成四十人之數。

41. 蔡氏九賢全書九卷（1760 中）

《總目》：明蔡鸝編。鸝，元定十五世孫也。

按：《存目叢書》所收爲清雍正十一年（1733）蔡重刻本，編者題作「明蔡有鸝輯，清蔡重增輯」。然據卷首各序所云，可知此編實成於朱世澤之手。此本卷首有萬曆三十三年乙巳（1605）蔡鸝所作之序云：「檢理篋中藏書，則先世自牧堂先生而下，九賢之文棼若亂絲，散若晨星……用是不愛重幣，招致文學。朝而裒輯，夕而校讎，閱歲而棼者治，散者萃，才克成書，共如干卷。」又萬曆三十二年甲辰（1606）朱世澤之序云：「今麻沙蔡君沖揚名鸝者，

西山先生十五世裔也。存心先人故跡，命愚搜校遺文，彙爲成書，以垂不朽。愚之才乏三長，奚堪此託？第以自宋以來，師友通家之雅義，不敢以固陋辭，又不敢以己意增損。一本諸故老之傳聞，全史之記載，參互考證，訂爲《九賢集》九卷。而又旁引他書，凡自宋抵今發明蔡氏文章者，以類相從，附錄於本卷之末。俾卓卓乎可以信今而垂後，名曰《蔡氏全書》。……寧不佞得籍手復蔡君命哉。」又據卷前所附張煒、周學健等人之序可知，由於萬曆本已殘缺不全，故由其裔孫蔡重於清雍正十一年（1733）校勘重刻，即《存目叢書》所收本。又有蔡重之跋云：「九儒遺文，吾族沖揚有鷗公延考亭朱氏斌孔手訂成集，梓以祐我後人者也。」據上可知，是編實由蔡鷗出資，並提供相關材料，延請朱世澤斌孔編定成集，朱氏於其中出力甚多，只題蔡鷗之名似於朱氏爲不公。《總目》所見之本，蓋已脫序跋，故不察。

《總目》：自元定之父發，及元定之子淵、沆、沈，孫模、格、杭、權，凡九人。

按：考《宋史》卷 420 載：「蔡抗字仲節，處士元定之孫。紹定二年進士。……卒，諡文簡，以犯祖諱，更諡文肅。」則應以「抗」爲是。

42. 情采編三十六卷（1761 上）

《總目》：明屠本畯撰。……乃復以齊邱巨源等四十人之詩列爲五言律詩，以梁元帝等十三人之詩列爲五言排律，則創見罕聞。

按：《存目叢書》所收爲萬曆二十六年（1598）屠本畯自刻本。《總目》所云之人數與此本所收之數相差甚大。今考此本卷首目錄列有各詩體所收詩人數目，瞭然可察。目錄載：「七卷五言律詩一：四十人，五十四首；八卷五言律詩二：二十九人，六十五首；九卷五言律詩三：九人，五十四首；十卷五言律詩四：十四人，四十六首；十一卷五言律詩五：十六人，六十一首；十二卷五言律詩六：十七人，四十三首；十三卷五言律詩七：十四人，二十八首。」則五言律詩共計收有詩人一百三十九家，詩凡三百五十一首。

下又云：「十四卷五言排律一：十三人，二十一首；十五卷五言排律二：十人，二十四首；十六卷五言排律三：十七人，二十八首。」則五言排律共計收有詩人四十家，詩凡七十三首。蓋四庫館臣一時疏忽，均以所見各體詩第一卷所著錄人數爲準而錄，故其所云數目不符。

43. 啟儁類函一百九卷（1761 下）

《總目》：明俞安期編。首《職官考》五卷，次載錢牋表啟，分古體二卷、近體一百二卷，近體又分二十九部。上自諸王宰相，下逮丞簿教職，終以婚書及募緣疏引，大旨皆爲應俗設也。

按：《存目叢書》所收爲明萬曆刻本，題一百七卷並目錄九卷。是編首有「總目」，載《職官考》五卷，古體二卷，近體則自諸王部至募緣部，凡一百二卷，合一百九卷。次又有「目錄」九卷，詳列各卷所收文章及作者，然於卷 100 婚姻部止，無「總目」所列卷 101、卷 102 之募緣部。考之正文，亦是如此。則可知募緣部二卷實未刻，此編實僅一百七卷。

44. 師子林紀勝二卷（1762 中）

《總目》：明釋道恂撰。師子林在蘇州府城內。元至正中，天如禪師居寺中，倪瓚爲之疊石成山。地址偪仄，而起伏曲折，有若穹谷深巖，遂爲勝地。頂一石，狀若狻猊，故名曰師子林。

按：此處所云與實不符。元歐陽玄《師子林菩提正宗寺記》載：「姑蘇城中有林曰師子，有寺曰菩提，正宗天如維則之門人爲其師創造者也。林有竹萬個，竹下多怪石，有狀如狻猊者，故名師子林。且師得法普應國師中峰本公，中峰倡道天目山之師子巖，又以識其授受原也。」〔註 28〕顧嗣立《天如禪師惟則》云：「惟則字天如，吉之永新人，族姓譚氏。得法於普應國師中峰本公。……則公以中峰倡道天目師子巖，故名師子，識不忘也。」〔註 29〕明王鏊《姑蘇志》載：「維則字天如，姓譚氏，永新人。得法於本中峰，本時住天目山師子巖，至正初門人築室以居則，名曰師子林，蓋以識其授受之原也。」〔註 30〕則可知師子林原由天如禪師門人所築，非爲倪瓚等人所築，且原爲「識其授受之原」而題「師子」之名。

又錢泳《履園叢話·園林》載：「元至正間，僧天如惟則延朱德潤、趙善長、倪元鎮、徐幼文共商疊成，而元鎮爲之圖，取佛書獅子座而名之，近人誤以爲倪雲林所築，非也。」〔註 31〕民國《吳縣志》亦同錢說，則知倪瓚築園之說由來已久。今考師子林建於至正二年（1342），而倪瓚曾於洪武初年作

〔註 28〕見《吳都文粹續集》卷 30，《四庫全書》本。
〔註 29〕見《元詩選》初集卷 68，《四庫全書》本。
〔註 30〕見《姑蘇志》卷 58，《四庫全書》本。
〔註 31〕見錢泳：《履園叢話》，中華書局，1979 年，頁 523。

《獅子林圖》，後人蓋即據此圖而附會此園爲倪瓚所疊成，或爲倪氏與朱德潤、趙善長、徐幼文共商疊成。此皆以訛傳訛，已失其實。

45. 古文奇賞二十二卷續奇賞三十四卷三續奇賞二十六卷明文奇賞四十卷（1762 下）

按：《存目叢書》所收爲明萬曆至天啓間刻本，據其卷首所題應作古文奇賞二十二卷、續古文奇賞三十四卷、奇賞齋廣文苑英華二十六卷、四續古文奇賞五十三卷、明文奇賞四十卷。此編原爲陳仁錫於數年間編輯而成，並隨成隨刻，故爲一整體。《總目》所據爲通行本，蓋因卷帙繁多而脫漏《四續古文奇賞》五十三卷，故其所錄不全。

46. 秦漢文尤十二卷（1763 上）

《總目》：明倪元璐編。……元璐氣節文章，震耀一世。而是書龐雜特甚，殊不類其所編。其以屈原、宋玉列之秦人，既乖斷限，且名實舛迕。疑亦坊刻託名也。

按：據《存目叢書》所收明末刻本，卷首有楊廷麟之序云：「先秦兩漢，爰拔其尤」，則此處「秦」實指「先秦」，與兩漢相對。考之此編目錄及正文，卷 1、卷 2 題爲秦文，其中所收除屈、宋外，還有鄒忌、魯共公、蘇秦、蘇代、樂毅、魯仲連、荀卿等春秋戰國時期之人，皆非《總目》所謂之「秦人」，亦更甚明瞭倪氏所謂「秦」之所指。四庫館臣未及深考原文，即偏頗一詞，無端指責，實爲不妥。

47. 國瑋集六十一卷（1763 上）

《總目》：明方岳貢編。岳貢字禹修，穀城人。天啓壬戌進士，官至東閣大學士。事蹟具《明史》本傳。

按：《明史》卷 251 載：「方岳貢，字四長，穀城人。天啓二年進士。授戶部主事，進郎中。歷典倉庫，督永平糧儲，並以廉謹聞。」則若據《明史》本傳所云，岳貢之字應爲四長。然考嘉慶《松江府志》云禹貢字四長，同治《穀城縣志》又云字禹修，號四長。蓋其名號混同，由來已久。

《總目》：據其凡例，蓋所錄自秦、漢以迄南宋。即《公羊》、《穀梁》二傳及陸賈《新語》、賈誼《新書》、桓寬《鹽鐵論》諸子書，班、范以下諸史贊，亦皆摘鈔。而此本僅有唐文二十八卷、宋文三十三卷，殆刊刻未全之本，或有所散佚歟？

按:《總目》所見蓋為一殘本,故只存唐、宋之文。今《存目叢書》所收明刻本題曰《歷代古文國瑋集》,凡一百四十一卷(存一百三十九卷)。除《總目》所存錄之唐文二十八卷,宋文三十三卷外,尚收有《左傳》文八卷,《公羊》文一卷,《穀梁》文一卷,《國語》文四卷,《國策》文六卷,《史記》文四卷,西漢文十四卷,東漢文十三卷,三國文六卷,晉文十卷,宋文四卷,齊文一卷,梁文三卷,陳文一卷,魏文一卷,北齊文一卷,周文一卷,隋文一卷,凡八十卷。

48. 經濟文輯三十二卷(1763 上)

按:《存目叢書》所收為明天啟七年(1627)陳其愫自刻本,凡二十三卷。卷首有陳氏自序云及「總為二十三卷」,又武英殿本《總目》此處亦作二十三卷,可知《總目》作「三十二卷」為誤。

《總目》:是編選明代議論之文,分聖學、儲宮、宗藩、官制、財計、漕輓、天文、地理、禮制、樂律、兵政、刑法、河渠、工虞、海防、邊夷十六目。

按:考是編所分實有十七目。其卷 19 至卷 22 為「九邊」,卷 23 為「四夷」,目錄及正文皆列有此二目。殿本《總目》於此處「邊夷」作「邊防」,且少「其斯為明人之經濟乎」一句。據王重民所云,蓋此本因入《禁書總目‧違礙書目》,其中邊防事宜「語涉偏謬之處,仍應刪毀」,故刪並九邊、四夷為一類,非為誤刻。〔註32〕

《總目》:所錄皆嘉靖、隆慶以前之文。大抵剽諸類書策略,空談多而實際少。其斯為明人之經濟乎。

按:考此編所收,有王世貞、周弘祖、黃省曾等嘉靖、隆慶間人之文,則此編所收不止嘉靖、隆慶以前之文。如所收周弘祖《宗給論》,曰「嘉靖八年,宗室載屬籍八千二百三人」云云。

49. 古詩解二十四卷(1763 中)

《總目》:明唐汝諤撰。……其兄汝詢有《唐詩解》,故此以古詩配之。

按:汝詢應為汝諤之弟,其生平可參見錢謙益《列朝詩集小傳》所載。《總目》卷 180 錄有唐汝詢《編蓬集》,即稱汝諤為汝詢兄。

〔註32〕 參見王重民:《美國國會圖書館所藏善本書目》,頁 1108。

50. 宛雅十卷續宛雅八卷宛雅三編二十四卷（1764 上）

《總目》：《宛雅》十卷，明梅鼎祚編。所載皆自唐至明宣城之詩，凡九十二家。

按：《存目叢書》所收爲清乾隆十四年（1749）西陂草堂刻本，題作《宛雅初編》八卷、《宛雅二編》八卷、《宛雅三編》二十四卷。考《浙江省第六次呈送書目》載《宛雅初編》八卷，而《總目》所據即浙江巡撫採進本。又吳慰祖據《浙江採集遺書總錄簡目》、《總目》及國學目，考定《總目》當時即據此本存目。則《總目》此處題十卷爲誤。此編正文前有「宛雅初編總目」，云：「詩八卷，共六百四十六首。人九十一人：唐二人，宋九人，元五十九人，明二十一人。」則《總目》所記有誤，所載詩人應爲九十一家。

《總目》：《續宛雅》八卷，國朝蔡蓁春、施閏章同編。採明嘉靖以後至崇禎末年諸作，以續鼎祚所集，凡六十五家。

按：考此本所收實有七十三家。正文前有「宛雅二編總目」云：「詩八卷，共四百五十一首。人七十三人：明嘉靖十二人，明隆萬四十三人，明天崇十八人。」

《總目》：蓁春始末未詳。

按：《宛雅三編》卷 8 收有蔡蓁春詩三十三首，前列蔡氏生平爵里，敘述甚詳，四庫館臣蓋未見。卷首云：「蔡蓁春，字大美，一字象山，別號芹溪文學。」下列施閏章《序略》、余颺《序略》、梅朗中《略序》、錢謙益《序略》，皆論及蔡氏生平爲人，可資考證。現摘錄施閏章《來諗居詩序略》，以補《總目》之闕。施氏云：「大美平生快直，與人交不庇其過。……相遇闤闠間，非即而諦觀之。嘗不揖徑去，由是得簡亢聲，時被口語，然故非亢也。性好客，喜遊，嘉客至必質衣具酒。伯仲三人相友善。少弟季薦溺江死，大美徒跣江滸，日夜哭拜，齧血呼籲江神，明日乃得屍歸葬。人有急不能周，必告所親有力者共拯之。聞人詩有警句，手錄口吟若己有。邑令余公相昵就丞，舉其所知而無所乾清。其爲人如此，而卒以無嗣。姜吳氏最少，用治命不嫁，余見其窮餓寒丁，未嘗不心惻也。卒年六十五。」〔註 33〕

《總目》：念曾號竹窗，閏章孫也。

按：念曾應爲閏章曾孫。卷首梅穀成序及卷末龍溪孫喆之跋皆稱念曾爲

〔註 33〕蔡蓁春生平亦可參見李桓《國朝耆獻類徵》卷 377 所載。

閏章曾孫。此編卷 6 選施閏章之詩若干，前題「曾孫念曾、芸墅張汝霖編輯」亦可證。施念曾，宣城人，字德乃（亦作「仍」），號得齋、蕷齋、竹窗。

51. 三忠文選十六卷（1764 下）

《總目》：是編成於崇禎丁丑。……卷首序文，一爲李建泰，一爲阮大鋮，一爲楊文驄。以是三人，弁冕三忠，殊嫌著穢。不知當日何以氣類相從，如斯巧合，斯亦可異也已。

按：《存目叢書》所收爲崇禎丁丑（1637）胡接輝自刻本，卷首題「里先忠三先生文選」，凡胡銓文六卷，周必大文二卷，文天祥文六卷，共十四卷。卷首有崇禎丁丑錢春、李建泰、周鳳翔、戴澳、侯峒曾、阮大鋮、陳函輝、楊文驄八人之序。《總目》所見之本蓋已有散失。

52. 唐詩近體集韻三十卷（1765 下）

《總目》：明施重光編。重光字慶徵，里貫未詳。

按：考《明清進士題名碑錄索引》所載，施重光戶籍山西振武衛，鄉貫應天府溧陽，萬曆二十九年（1601）二甲第三十二名進士。雍正《山西通志》卷 69 載：「施重光，代州人。參將相子。」今考《存目叢書》所收明刻本，各卷卷下皆題作「芝山施重光慶徵甫選」。考芝山在溧陽縣西八十多里，舊名小茅山，則知此處乃題其鄉貫。

施重光，字慶徵，代州振武衛（今山西代縣）人，明萬曆辛丑（1601）進士，官至刑部郎中，以剛直罷歸。撰有《主臣言》、《賦徵》、《近體集》等，曾修《代州志》。〔註34〕

53. 名媛彙詩二十卷（1766 中）

《總目》：明鄭文昂編。文昂始末未詳。

按：《存目叢書》所收爲泰昌元年（1620）張正岳刻本，題作《古今名媛彙詩》二十卷、《姓氏字里詳節》一卷。此編各卷卷下原題「閩中鄭文昂季卿甫編輯」，卷首有泰昌元年朱之蕃之序，述及文昂始末。朱序云：「閩中鄭季卿氏早棄公車，殫精風雅，胸羅武庫，學富三多。往歲乙巳（1605），邂逅都門，未及壯年已稱能賦。居恒以爲正內正外，大義惟均五生五成，造化攸定。古今才士之作，不啻充棟汗牛；後先女史之詞，何獨晨星朝露。爰探往牒，翻作新編。詞以類分，人從世紀。上自宮幃戚里，下及荒墅幽閨。……春明

〔註34〕詳見趙林恩編注：《五臺詩歌總集》，宗教文化出版社，2002 年。

握別，歲歷庚申（1620），季卿仕州倅於巴瀘。罄奚囊於採木。家徒壁立，詩以貧而益工；擔止蒴緱，興以遊而增劇。扁舟東下，覽勝石城，僑寓南中，欣逢益友延平張君士貞，相視而莫逆於心，問奇而倍傾其赤。爰搜垂橐，獲此夜光，丞捐賣賦之金，用佐壽梓之費。」考此本卷前「同校姓氏」中有鄭文星者，字明卿，古田人。或爲文昂兄弟輩。

54. 翰墨鼎彝十卷（1766下）

《總目》：不著編輯者名氏。但標曰車書樓選刻。卷首有金溪聶文麟序，稱養恬集輯古名公牘札，溯周而下，迄於宋、元，莫不詳加訂正，亦不知養恬爲誰也。

按：《存目叢書》所收明刻本，卷首有金溪聶文麟序稱「王君養恬輯古名公牘札」云云，各卷卷首皆題「車書樓選刻歷朝翰墨鼎彝」，下題「浙姚朱錦文弢甫鑒定，繡谷王世茂爾培甫參閱」〔註35〕，則聶序中「王君養恬」蓋即王世茂。王重民《中國善本書提要》云：「全書所選，皆六朝以前人牘札，卷十僅載宋司馬光、蘇軾、歐陽修等數十餘篇，又雜入劉宋時王微、顏延之、謝靈運三篇。蓋六朝以前皆有所因，唐以後，未得適宜之書作藍本故也。養恬蓋是王世茂別號，車書樓主人也。」〔註36〕繡谷即錦繡谷，在江西金溪，則其爲金溪人氏，在金陵開有書坊，以車書樓爲號。〔註37〕

55. 二十六家唐詩無卷數（1766下）

《總目》：不著編輯者名氏。

按：《存目叢書》所收爲明嘉靖三十三年（1554）黃貫曾浮玉山房刻本，題作《唐詩二十六家》，凡五十卷。考此本目錄後有牌記，作「嘉靖甲寅首春江夏黃氏刻於浮玉山房」二行，可知爲黃貫曾所輯。

《總目》：所選詩甚寥寥。於唐人之中獨錄此數家，亦未知何所取義。前後無序跋，惟目錄後題曰姑蘇吳時用書，黃周賢、金賢刻。疑明末書賈所爲云。

按：此本卷首有嘉靖癸丑（1553）士雅山人黃姬水之序，次黃貫曾自序，未見有《總目》所云「姑蘇吳時用書，黃周賢、金賢刻」字樣。又考傅增湘

〔註35〕其中卷2、卷3題「浙姚朱錦文弢甫鑒定，浙衢徐齊孟千甫爻習」。
〔註36〕見《中國善本書提要》，頁449。
〔註37〕參見江澄波、杜信孚、杜永康著：《江蘇刻書》，江蘇人民出版社，1993年。

《藏園訂補郘亭知見傳本書目》〔註38〕中著錄此書，目錄後正有「姑蘇吳時用書，黃周賢、金賢刻」二行，傅氏云爲蘇州翻刻本，則可知《總目》當時所據即爲此本，而非黃氏原本。黃貫曾於自序中詳述選刻此編之由來，蓋已失其序跋，故館臣未能見之。黃序云：「大家如李、杜，有集廣播……至如唐初若李嶠、若蘇挺輩，盛唐若李頎、若崔顥、若常建、若祖詠、若王昌齡輩，中唐若李嘉祐、若郎士元、若皇甫曾、冉輩，較之二氏所刻諸名家豈少哉？而都無刻本。嗟乎！荊玉在璞，隋珠在蚌，孰謂不可與照乘連城俟者。貫曾少游五嶽家兄之門，耽情藝苑，頗工詩學，玩誦之下，每懼湮沈，遂傾篋貸貲以壽諸梓。庶幾傳播久遠，俾苦吟詠句之士盡睹一代美麗之撰云爾。」於此可知其獨錄此數家之取義。此本成於嘉靖三十三年，尙爲明中期，《總目》云「疑明末書賈所爲云」，非。

《總目》：二十六家者……韓翊……也。

按：考此編收有「韓君平」一集。此韓君平即以「春城無處不飛花」而聞名的大曆十才子之一的韓翊，君平爲其字。《總目》作「韓翃」，蓋形似而誤。

56. 賦苑八卷（1767 上）

《總目》：不著編輯者名氏。前有蔡紹襄序，但稱曰李君，不著歲月。凡例稱甲午歲始輯，亦不著年號。相其版式，是萬曆以後書也。

按：《存目叢書》所收爲明萬曆刻本，題明李鴻輯。李鴻生平，《姑蘇名賢小記》、《信義志稿》、《蘇州府志》等皆有載，現據諸材料考證。李鴻，字羽儀〔註39〕，一字漸卿，明崑山人。魏校族曾孫，李坦子，長洲申時行婿。萬曆十六年（1588）順天鄉試舉人，二十三（1595）年成進士，授江西上饒知縣。至則榜二語於庭：「三尺矢諸天地，方寸留於子孫。」課諸生藝文，令通今學古，文風興起。閹黨爪牙陸泰等爲害於民，斃其黨三十人於獄，因此罷歸。鴻博學嗜文，著述甚富。卒年五十。此處所云「甲午歲」應指明神宗萬曆二十二年（1594）。黃氏《千頃堂書目》已錄此編，並云李鴻「字漸卿，吳人」，四庫館臣蓋未及深考。

〔註38〕見《藏園訂補郘亭知見傳本書目》卷16上，頁82。
〔註39〕同治《蘇州府志》作「宗儀」。

57. 諸儒文要八卷（1767 上）

《總目》：不著編輯者名氏。所錄周、程、張、朱及陸九淵、張栻、楊簡、陳獻章、王守仁十家之文，凡八十篇。

按：黃虞稷《千頃堂書目》卷 11 載：「唐順之《諸儒要語》十卷，又《諸儒文要》八卷。」《總目》卷 96 儒家類存目有唐順之所編《諸儒語要》二十卷，云：「是編採諸儒之言，十四卷以前以人分。凡周子、二程子、張子、謝良佐、楊時、胡宏、朱子、張栻、陸九淵、楊簡、王守仁十有一家。十五卷以下，以類分，其爲某人之言，或注或不注，閱之殊不甚了了。」可見此二書關係甚密，或是於《諸儒語要》成後，又割裂重分爲《千頃堂書目》所錄之兩本。《存目叢書》收錄時只云爲明刻本，考此本前後無序跋，卷下亦無題名，惟卷 8 末有「武進陳奎鏤板」六字。考嘉靖本唐順之《荊川文集》於目錄末頁亦有「毗陵陳奎鏤板」六字〔註 40〕。毗陵即爲武進古名，則此陳奎應爲同一人，則此兩編或爲同時而成。黃氏錄作唐順之所編，蓋應有所據。

58. 太倉十子詩選十卷（1767 中）

《總目》：是書採其同里能詩者得十人，人各一集。首周肇《東岡集》……次王摅《步蟾集》，皆其同時之人。

按：考《存目叢書》所收順治刻本，王摅之集題作《步簷集》。又《中國叢書綜錄》載：「王摅《步簷集》一卷，吳偉業選，《太倉十子詩選》本，順治刻本。」蓋「簷」、「蟾」相似而訛誤。

59. 牘雋四卷（1767 下）

《總目》：國朝蕭士琦撰。士琦字季公，泰和人，前明貢生。

按：《存目叢書》所收爲清順治刻本，各卷卷下皆題作「西昌蕭士珂輯」。卷末附有倪嘉慶所撰《明司訓季公蕭公暨元配廖孺人合葬墓誌銘》，云：「即按其年譜，知其有兄弟三人，長士瑋字伯玉，仲士瑀字次公，再次士珂即季公也。時人目爲西昌三蕭。」後又有其子伯升、仲升所作之《先考妣行述》云：「先君子諱士珂，字季公，南齊西昌侯叔諒之後。」則知應以「蕭士珂」爲是。

60. 臨川文獻八卷（1768 下）

《總目》：國朝胡亦堂編。亦堂字二齊，慈谿人。

〔註 40〕參見周越然：《言言齋古籍叢談》，遼寧教育出版社，2001 年，頁 171。

按：「二齊」應爲「二齋」之誤。《存目叢書》所收爲康熙十九年（1680）夢川亭刻本，題作二十五卷。考此本卷首湯序〔註41〕中有「惟我二齋胡君以浙東名俊來宰臨川」數語，後又有胡氏自序，序末署作「慈谿胡亦堂二齋父題公署之夢川亭」，又各卷卷下皆題曰「慈谿胡亦堂二齋撰」，皆可爲明證。據《清人室名別號索引》謂胡亦堂字質明，號二齋，又號夢川樓。所著有《二齋文集》不分卷，康熙 11 年刻本〔註42〕。

61. 滕王閣集十三卷滕王閣續集無卷數（1769 上）

《總目》：國朝蔡士英編。士英字伯彥，奉天人。官漕運總督。順治十四年，士英巡撫江西，葺滕王閣。

按：蔡士英，事蹟詳見《清史稿》卷 256《蔡毓榮傳》，及錢儀吉《碑傳集》卷 61。據《清史稿》卷 197 表第 37，蔡士英以順治九年（1652）四月爲江西巡撫，順治十二年（1655）離任，總督漕運，順治十四年（1657）八月因召離任，以亢得時爲總督，十六年（1659）亢得時溺死，士英復爲總督，巡撫鳳陽，順治十八年（1661）因病免。又據《清史稿》卷 201，蔡士英於順治十二年二月降，由郎廷佐接替爲江西巡撫，至順治十三年（1656）五月朗氏遷，由張朝璘接替爲巡撫，直至順治十八年（1661）離任。則順治十四年（1657），江西巡撫應爲張朝璘，而此時蔡士英爲漕運總督，非爲江西巡撫。考雍正《江西通志》卷 38 載：「（滕王閣）國初毀於兵，順治甲午，巡撫蔡士英重建。」據史料可知，當時清兵南下攻打南昌時，滕王閣毀於戰火。順治九年，兵部右侍郎兼都察院左副都御史蔡士英來撫江西。南昌紳民切盼重建，蔡士英乃順應民情，捐俸再造。於順治十一年（1654）十一月動工，次年正月竣工落成。重建之閣，蔡士英撰有《重建滕王閣自記》。〔註43〕《存目叢書》所收爲順治十四年（1657）刻本，《總目》蓋以此本刊刻時間而誤爲修葺時間。

62. 澄遠堂三世詩存八卷（1769 中）

《總目》：國朝李繩遠編。……士標字窪庵，官山東寧海同知，所著曰《蒼雪齋詩存》，凡一卷。

〔註41〕已有殘缺，不知撰者，只版心有「湯序」二字。
〔註42〕此據《清人別集總目》，頁 1584。
〔註43〕參見南昌市地方志編纂委員會辦公室編：《滕王閣志》，江西人民出版社，1993 年，頁 26。

按：《存目叢書》所收爲康熙三十六年（1697）李繩遠自刻本。此編《蒼雪齋詩存》前有蔣薰所撰《李窐庵公傳》，云士標自號曰窐庵，又此編卷下題作「嘉興李士標霞舉」。《千頃堂書目》卷 28 載：「李士標《蒼雪齋詩存》，字霞舉，嘉興人。」據《嘉興府志》可知，士標原名大椿，嘉興人，字霞舉，號有窐庵、視彼亭、蒼雪齋等。則「窐庵」非爲士標之字，應爲其號。

《總目》：應徵詩有《青蓮館》、《汗漫遊》、《薊易寓言》、《苕溪漫草》、《兩都社草》、《河梁編》、《兩目紀遊》、《偶寄軒稿》諸編。茲集總題《藋園詩存》，蓋繩遠彙爲一集也。

按：此處所云書名與原本所載不符。考此編目錄前有楊鏡永《李霽岩公傳》，《總目》所述與此大致相符，只所錄詩作之名有所不同。所云李應徵所著諸集有《青蓮館初稿》、《藋園集》、《寄苕漫草》、《薊易寓言》、《汗漫遊草》、《河梁編》、《兩都社草》、《兩目遊紀》、《偶寄軒稿》。

63. 十種唐詩選十七卷（1769 下）

《總目》：國朝王士禛編。取唐人總集八家及摘宋姚鉉《唐文粹》所載諸詩，各爲刪汰。凡《河岳英靈集》一卷，《中興閒氣集》一卷，《國秀集》一卷，《篋中集》一卷，《搜玉集》一卷，《御覽集》一卷，《極元集》一卷，《又元集》一卷，《才調集》三卷，《唐文粹》六卷。附以士禛所選《唐賢三昧集》，共爲十種。

按：若據《總目》所列各集所計，應有唐人總集九家，《總目》此處云「唐人總集八家」，蓋爲一時疏漏而誤。唐人總集九家加上姚鉉《唐文粹》共得十家，若再計士禛《唐賢三昧集》入內，則應爲十一種，而與《總目》所云「附以士禛所選《唐賢三昧集》，共爲十種」相矛盾。則「共爲十種」四字應在「附以士禛所選《唐賢三昧集》」之前，更與實相符。考《存目叢書》所收爲康熙三十一年（1692）刻本，並無《唐賢三昧集》附錄。且據卷首徐乾學序，知士禛先成《唐賢三昧集》一書行世，然後才輯此《十種唐詩選》以續之，則此兩書原爲分別刊行而成。此編另有山東海源閣藏康熙夢延齋重刻本，凡十七卷，附有《唐賢三昧集》，其中所收與《總目》所述相符。〔註44〕而《總目》所據正爲山東巡撫採進本，則四庫館臣當時所見並據以存目者，

〔註44〕見山東省圖書館編：《山東省圖書館藏海源閣書目》，齊魯書社，1999 年，頁191。

蓋即爲此本。

64. 樵川二家詩四卷（1770 上）

《總目》：國朝朱霞編。案《浙江通志》載：朱霞，建德人。順治乙未進士。未知即此人否也？樵川爲今邵武縣。

按：《存目叢書》所收爲康熙年間綏安雙笏山房刻本。卷首有康熙六十一年（1722）朱霞自序，自署爲綏安人。考綏安位於福建邵武府，而建德則位於浙江嚴州府，非爲一地。《總目》所云之「朱霞」顯然爲另一人。《總目》所據爲福建巡撫採進本，今考《福建文獻書目》載：「清朱霞（建寧），《閩海風雅》、（乾隆）《建寧縣志》、《樵川二家詩》。」〔註 45〕則知此朱霞應爲福建建寧人，所著除《樵川二家詩》外，尚有《閩海風雅》和乾隆《建寧縣志》。

65. 宋四名家詩無卷數（1770 上）

《總目》：國朝周之鱗、柴升同編。……《東坡集》選六百首，《山谷集》選三百首，《石湖集》選四百首，《劍南集》選九百首。

按：考《存目叢書》所收康熙刻本，卷首目錄中標明各家各體詩所選數目，計《東坡集》七百二十二首，《山谷集》四百零二首，《石湖集》四百二十首，《劍南集》九百八十六首。

66. 翠樓集三卷（1770 中）

《總目》：國朝劉之份編。之份字平勝，里籍未詳。

按：「劉之份」應爲「劉云份」之誤。《存目叢書》所收爲康熙野香堂刻本。考此本卷首有劉氏自序，序末署作「淮南劉云份」，各卷卷下原題作「淮南劉云份平勝選訂」，下有小字曰「亦號青夕」。則劉云份字平勝，號青夕，又號夢香閣。劉氏里籍，實爲淮陰清河縣。〔註 46〕四庫館臣蓋因字形相似而致誤，且未見其所題籍貫。除此編外，劉云份還編有《十三唐人詩選》、《八劉唐人詩》、《中晚唐詩選》、《唐宮閨詩》、《青夕選唐詩》、《全唐劉氏詩》等。〔註47〕

〔註45〕見李秉乾編：《福建文獻書目》，廈門彙攀印刷梓行，2003 年，頁 283。
〔註46〕此據《清人室名別號索引》及《江蘇藝文志·淮陰卷》。
〔註47〕詳見孫琴安著：《唐詩選本提要》，頁 293～298。

67. 百名家詩選八十九卷（1771 上）

《總目》：自天啟甲子以後，康熙壬子以前，由縉紳迄方外，共得百人。人各立一小引，並列字號籍貫於前。

按：《存目叢書》所收為康熙間枕江堂刻本，據傅增湘所云乃知其為自刻本。考此編卷前有「登選姓氏」一目，自魏裔介迄魏憲本人，共九十一人之名，不足百人，則知其所謂「百名家」原為概指。四庫館臣不查，「共得百人」言之鑿鑿，似顯草率。

68. 姚江逸詩十五卷（1772 中）

《總目》：然第十五卷《韓應龍傳》末云：「梨洲先生選逸詩，廣極搜輯，不解何故遺此」。則此卷為後人所續無疑，非宗義之原書，不知何以混而一之。

按：《存目叢書》所收為康熙間南雷懷謝堂刻康熙五十七年（1718）倪繼宗重修本。據卷首所列黃宗義序及倪繼宗跋，可知此編原由黃宗義選，鄔景從彙刻，然流傳未久，「其原本即散失脫落，莫可究詰」。後倪繼宗從朱若邪處得原本全集，參照舊刻補全，故已非黃氏原刻。考《總目》所云《韓應龍傳》實收在此本卷 14，非為卷 15。考黃宗義原意，以為韓應龍之詩所收已全。而倪繼宗重刻時又從韓應龍族孫處購得黃宗義之本所失收之詩，並代為補全，故倪氏於此有「不知何故遺此」之數語。《總目》以為此第十五卷全為後人所續，不確。

69. 漢詩音注五卷漢詩評五卷（1772 下）

《總目》：是編評點漢詩，兼注音韻。一卷至五卷題曰漢詩音注，六卷至十卷題曰漢詩評，一書而中分二名。又前五卷之評夾註句下，後五卷之評大書詩後，體例亦迥不同，不知其何所取也。

按：《存目叢書》所收為康熙三十五年（1696）王梓孝昌官署刻本，凡十卷。考此編十卷各卷卷首皆題「漢詩音注」之名，無有音注和評之分，不知《總目》何據。又《總目》乃據直隸總督採進本而存目，然考《直隸省進呈書目》只錄有「《漢詩音注》二本」，又《浙江採集遺書總錄簡目閏集》[註48]亦錄「《漢詩音注》十卷，刊本，國朝關中李因篤輯」。考《中國古籍善本書目》等各家目錄亦皆未見有《漢詩評》之名，或是四庫館臣以己意而分。

[註48] 見《四庫採進書目》，頁 305。

又《總目》所謂「前五卷之評夾註句下，後五卷之評大書詩後」，考此書體例，所收之詩篇幅長者（如卷 10《古詩十九首》），則評點之語夾註於句中，詩後有總評；所收之詩篇幅短小者（若東漢末童謠），則或不評，或於詩後總評。

70. 鳳池集無卷數（1773 上）

《總目》：是編刻於康熙乙酉，裒國朝應制之詩，分體編輯，無所詮擇。

按：《總目》云此本無卷數。今《存目叢書》所收正爲康熙乙酉（1705）刻本，編者亦作不分卷。然考是本卷首編目，先列「同參」、「受業」、「分校」百餘人之姓名、字號及籍貫等，下有分卷，分爲卷 1 古體詩附集經，卷 2 五言排律，卷 3 七言排律，卷 4 五言律詩，卷 5 七言律詩，卷 6 五六言絕句詩，卷 7 七言絕句詩附迴文，卷 8 律賦，卷 9 詩餘附集古，卷 10 詞餘。次詳列各體詩所收詩家姓名及其數目。再考之正文中，雖未標明卷數，然實按詩體分卷，並於各卷卷首標明此卷所收詩體之名，正與目錄相符。則可知此編實分爲十卷。《總目》云「無卷數」，蓋館臣所見之本適闕目錄。

71. 唐詩掞藻八卷（1773 上）

《總目》：國朝高士奇編。……凡三十二門，皆館閣之體，故名曰掞藻。

按：《存目叢書》所收爲康熙三十二年（1693）刻本。是編卷前有高士奇自序云：「爲之分別澄汰，標目而鈎貫之，爲類二十有二，得詩九百餘篇，名之曰《唐詩掞藻》。」次有凡例，又云：「總計四十二門，其不可自爲一類者，則附於各類下。」今考之目錄及正文，自「天象」類至「飛躍」類，正分爲四十二門。則士奇自序所云「二十有二」蓋爲誤刻，而《總目》所云「三十二門」，蓋抄錄高氏自序而又訛誤。

72. 楚風補五十卷（1773 中）

《總目》：國朝廖元度編。元度字大隱，長沙人。是書成於康熙甲子、丙子之間。乾隆丙寅，長沙府知府呂肅高重爲刪定刻之。

按：《存目叢書》所收爲乾隆十四年己巳（1749）際恒堂刻本。此編卷首有夏之蓉、呂肅高及譚之綱之序述及刊刻由來，各序皆作於乾隆十四年。考呂肅高序中有「余自丙寅來守長沙，蒐輯郡志，得郡人廖大隱所彙次《楚風補》一書」云云，四庫館臣蓋即據此而誤以爲是編刻於乾隆十一年丙寅（1746）。

73. 濂洛風雅九卷（1773 中）

《總目》：是編輯周子……羅仲素……羅洪先十七家之詩。

按：此處「羅仲素」，殿本《總目》作「羅見素」，爲誤。羅仲素即羅從彥。羅從彥，字仲素，南劍人。生平詳見《宋元學案》卷 39《豫章學案》。

74. 棣華書屋近刻四卷（1775 上）

《總目》：國朝歷城朱緗、朱絳、朱綱兄弟三人之合集也。……絳字子桓，由貢生官至廣東布政史。

按：考《存目叢書》所收清刻本，卷首題作「魚丘朱絳子垣」。又考《清人室名字號索引》載：朱絳，字子垣，號棣華書屋。

75. 嶺南五朝詩選三十五卷（1775 中）

《總目》：國朝黃登編。……是編分爲二帙。第一帙二十卷，皆載詩之爲粵東作者。第二帙凡十五卷，則皆粵東人詩也。第一帙謂之名宦，頗爲無理。

按：《存目叢書》所收爲康熙三十九年（1700）黃登自刻本，凡三十七卷，分爲三帙：

第一帙所收爲五朝名宦之詩，凡十七卷。其中卷 1 爲唐，卷 2 爲宋，卷 3 爲元，卷 4、卷 5 爲明，卷 6 至卷 17 皆爲清。卷首有凡例云：「名宦風雅從志中訂者，多是省郡名勝之作；從原集訂者，則各體並錄，不區區於嶺吟也。」故第一帙所收之詩，亦有不爲「粵東作者」。

第二帙所收爲高僧和才女之詩，凡四卷。卷 1 明高僧，卷 2、卷 3 清高僧，卷 4 清才女。

第三帙自唐張九齡始，亦分唐、宋、元、明、清五朝而錄，凡十六卷。前十一卷所錄皆爲粵地縉紳名流之作，卷 11 末附有黃登之作。卷 12 至卷 14 收高僧之作，卷 15、卷 16 爲名媛才女之詩作。《總目》當時所見之本或有所殘缺，故與此本不合。

76. 義門鄭氏奕葉集十卷（1775 下）

《總目》：大和一名又融，字順卿，官至建康龍灣務提領大使。

按：《存目叢書》所收爲康熙五十四年（1715）鄭氏祠堂刻本。考此編卷首目錄，具載所收各人文集並有小傳，首即爲「元龍灣大使《貞和集》」。其小傳云：「公諱文融，一名大和，字順卿。」《總目》蓋因「文」、「又」字形

相似而誤。雍正《浙江通志》卷 189 有鄭大和小傳，可參見。

77. 渠風集略七卷（1776 下）

《總目》：國朝馬長淑編。……初，安邱張貞欲輯其邑自明以來迄於國朝之詩，名曰渠風，久而未就。長淑因踵成是編。……然意主誇飾風土，不免附會古人。如「方外」內闌入唐釋皎然一詩，殊不合斷自前明之例。而「流寓」內首列蘇軾，亦非事實也。

按：《存目叢書》所收爲乾隆八年（1743）輯慶堂刻本。卷前有馬氏自序云：「渠風之名何昉乎？吾邑張杞園先生嘗輯邑中古今人詩，名曰《渠邱詩留》，又曰《渠風》。又屬東武李漁村太史選定行世。」杞園即張貞之號。則張貞之所輯原爲自古至清之詩作，非僅限於明清之人，不知《總目》從何認定張氏所輯「斷自前明」？馬氏於此基礎上續成此編，收有唐皎然、宋蘇軾等「古人」之詩，自屬尋常。

78. 東皋詩存四十八卷（1777 下）

《總目》：國朝王之珩編。之珩字楚白，如皋人。……所載既多近時之作，而之珩之詩收至二百餘首。王逸、徐陵、芮挺章自錄己作，未如是之繁富也。

按：《存目叢書》所收爲乾隆三十一年（1766）文園刻本，凡《東皋詩存》四十八卷，並附詩餘四卷。是編編輯者應爲「汪之珩」，非爲「王之珩」，《總目》誤。考各卷卷下皆題作「同里汪之珩璞莊徵輯」，且卷 48 末有汪氏小傳云：「汪君之珩，字楚白，號璞莊，一號瓷簫海客。誥授資政大夫候補。有《文園六子詩》、《甲戌春吟》行世。」又有竹樓王國棟之跋云，「會今年五月梓人畢集，將付開雕而璞莊歿」，故由同人把汪氏所作之詩編入云云。據此可知汪氏原編僅《詩存》四十六卷、詩餘四卷。汪氏卒後，王國棟等人把汪之珩所作詩 269 首、詞 11 首代爲編入，非爲汪氏本人所爲。《總目》所指，實爲冤枉了汪氏。

79. 晚唐詩鈔二十六卷（1778 中）

《總目》：國朝查克宏編。克宏，海寧人。

按：《存目叢書》所收爲康熙四十二年（1703）查克弘刻本。卷前有淩紹乾所作之序，言及曾選定此編之事。又有查克弘之序云：「與研友淩子子健衡宇相望，遂出《晚唐戊籤》讀之，相與選訂，編爲二十六卷。」又有楊兆璘

序云：「余素不知詩，年來與查子可亭、淩子子健遊。……因讀《戊籤》，取其麗以則者，編次二十六卷。」考各卷卷下皆題作「海寧查克弘可亭、錢塘淩紹乾子健同選，楊兆璘友三校」。則可知此編實由查克弘、淩紹乾共同編成，楊兆璘亦參與其事。《總目》不知何故，只題克弘之名，未免掩蓋淩氏與楊氏之功。

80. 友聲集七卷（1778 中）

《總目》：國朝賴鯤升編。

按：《存目叢書》所收為康熙五十六年（1717）賴氏霞綺園刻本，題作清賴鯤升、賴鳳升、賴緯鄞輯。考此編各卷卷下亦皆題作「霞綺園後學鳳升桐村、鯤升滄嶠、緯鄞嵇立輯」，則《總目》此處不應只題賴鯤升一人之名。

《總目》：其父方勃偕弟方度於邑治之西闢霞綺園，與邑人沈開進、胡應相、曾鑑、歐有駿讀書其中，一時多為題詠。

按：卷前有吳正名序云「霞綺園在會昌邑治之北，湘水環焉」。卷中正文收有數人所作之《霞綺園記》，皆云此園在會昌之北，非為邑之西。如卷 1 收有乩仙鹿老人所作《霞綺園記》云：「霞綺園在會昌之水北，為賴氏別墅也。」

又考卷 1 收有胡應柏所作《沈仲孚詩序》，可知《總目》所謂「胡應相」應為「胡應柏」之誤。殿本《總目》此處亦作「胡應柏」，可證。

《四庫全書總目》明別集類存目提要辨證舉例

1. 甘白集六卷（1550中）

《總目》：明張適撰。適字子宣，蘇州人。明初以儒士徵，授水部郎中，旋放歸。見集中所作其妻沈氏壙志。而其《祭西平侯文》則自署「雲南滇池漁課司大使」，是洪武末又嘗官雲南，故集中每自稱「滇池老漁」也。

按：《存目叢書》所收爲南京圖書館所藏清王氏十萬卷樓抄本，題「甘白先生張子宜詩集六卷補遺三卷文集六卷」。據《總目》所述，知其當時所見應爲張氏文集六卷，蓋當時所據之本非爲全本，未有詩集。考此編詩集六卷，各卷卷首皆題作「甘白先生張子宜詩集」。卷首有正統六年（1441）陳鎰序云：「甘白先生詩集凡六卷，其孫大理評事祝承命於父放翁之所刻也。先生姑蘇人，姓張氏，名適，字子宣。……先生將以此自老，而復以明經薦授廣西理問，歷滇池漁課及宣課二司大使，遂終於官。」可知張適之字應作「子宜」爲是，蓋「宜」「宣」字形相近而誤。又胡玉縉《四庫全書總目提要補正》云：「陸氏《藏書志》有舊抄本《甘白先生張子宜詩集》六卷、《文集》六卷、《詩集補遺》二卷，有正統六年陳鎰序及丁卯收跋。據此，則適有詩集，詳《提要》語氣，此六卷似只文集也。丁氏《藏書志》亦有詩文抄本，不言有《補遺》，子宣作子宜，似與名適爲近。」〔註1〕正可爲定論。

《總目》僅據本集之文而考張氏生平，故所述不詳，現引他書詳述。錢

〔註1〕見《四庫全書總目提要補正》，頁1543。

謙益《列朝詩集小傳》有「張都水適」一條云：「適，字子宜，吳人。父爲元海道萬戶總管，母賤，其嫡妬之，名曰狗子。幼穎悟，七歲能賦詩彈琴，十歲通五經，十三應江浙鄉試，人以爲聖童。洪武初，以秀才舉，擢工部都水郎，以病免。得朱長文樂圃故地，與周正道、陳惟寅輩觴詠自得，復以明經舉，授廣西理問，歷滇池漁課、宣課二司大使，衣食不給，竟死於官。其詩名《甘白先生集》。有《樂圃集》二卷，《江館》、《南湖》、《江行》、《滇池》集各一卷。」〔註2〕張適生平亦可見王鏊《姑蘇志》卷54所載。

2. 竹居集一卷（1550中）

《總目》：明王琪撰。琪字廷珪，常熟人。是集爲其曾孫仲申所輯，其六世孫古始刊版。

按：《存目叢書》所收爲嘉慶六年（1801）王氏十萬卷樓抄本。此本卷首有宣德元年（1426）王進序，云：「……惜乎稿有所不存，其嗣子惠吉深慨之，每聞鄉之人傳誦輒收錄之，間於舊篋得其一二，遂彙編成集，名曰《竹居詩集》。」又有正德六年（1511）李傑《重刊竹居詩集序》云：「廷珪之曾孫仲申登進士第，官工部主事，得君遺稿，將鋟梓。」卷末有宣德二年（1427）徐謙以之跋云：「稿多不存，今得者家藏之什一也。永樂、宣德間予典教其塾，嗣子世竹叟命予繕寫成帙，復恐散失遺忘，遂鋟梓以藏祠室，用垂不朽。」又有正德九年（1514）自署「六世孫卞」之跋云：「嗚呼！是編乃卞六世祖竹居公所著也。舊板散失，先君水部公嘅後無傳，求大宗伯李先生序文，將重刊，弗果而歿。嗚呼痛哉！卞生不肖，凡於祖宗所志所事不敢不勉，謹命工鋟梓。」

又據《江蘇藝文志・蘇州卷》及《重修常昭合志》等可知，王迪，字惠吉，號世竹翁，明常熟人。琪子。諸生。王卞，字循甫，號竹里。明常熟人。琪六〔註3〕世孫，良翰子。貢生，考城知縣。

綜合以上各序跋可知，王琪之詩集曾於永樂、宣德年間由其子惠吉編成一帙，並有刻本行世。後此本散失，正德年間由琪曾孫仲申搜集舊稿準備重刊，並請李傑作序，然「弗果而歿」，後至仲申之子王卞始刊刻而成。《總目》所云「六世孫古」，未知何人，然據各序跋所知應指王卞，蓋「卞」「古」字形相似而訛。

〔註2〕見《列朝詩集小傳》甲集，頁132。
〔註3〕按：《江蘇藝文志》作五世孫，據此編所知爲誤，當據此改。

《總目》：朱彝尊《明詩綜》不載其名，蓋偶未見也。

按：考朱彝尊《明詩綜》卷16，收有王琪《溪橋晚步》詩一首，「偶未見」者應爲四庫館臣。

3. 新本白石山房稿五卷（1551 上）

《總目》：明張孟兼撰。……是編乃其十一世孫思煌所重編。思煌序稱孟兼舊有《白石山房文稿》二十卷，與《蜀山遺集》並遭回祿，無片紙隻字之存。

按：《存目叢書》所收爲乾隆十四年（1749）承啓堂刻本，題作《白石山房逸稿》五卷、《補遺》一卷。考此本卷首有各家之序，首有《白石山房遺稿敘》云：「……獨所著《白石山房文稿》二十卷，與《蜀山遺集》並遭回祿，莫能睹其片紙隻字。」末署「順治歲次癸巳律中無射望日十五世孫朝煌謹識」。則知《總目》所謂「思煌序稱」云云即指此序，然作序者不爲「思煌」，而爲「朝煌」。又有金尾所作之序云：「厥孫思晦博雅能文，克念爾祖，更能搜先生之斷簡殘篇而彙成集。」又張德行之序云：「予兄夫次不忍其湮沒，屬其後裔思晦搜覽群籍，凡有所見，輒爲校輯。」又倪一膺序云：「先生茲集乃孫朝煌思晦氏從他書遴次。」各卷卷下亦皆題作「十一世孫朝煌思晦氏彙輯」。據此可知，《總目》所謂「十一世孫思煌」應作「朝煌思晦氏」，蓋一時疏忽，竟混同名與字而成「思煌」。

《總目》：今計編中五言古詩九首，七言古詩三首，排律一首，五言律三首，七言律六首，七言絕句四首，樂歌八章，聯句二首，記四首，行狀二首，傳一首，雜文一首，皆掇拾他書而得者。附以諸家跋語，分爲二卷。

按：今計此本所收五言古詩共十九首，與《總目》所云「九首」之數不符。考之目錄及正文，「五言古詩」條下，頭一首題作「寄桃源鄭徵士十四首」，考之正文正收有十四首，後又有五言古詩五首，則共得十九首。《總目》於此處作「九首」，蓋是將「十四首」誤作「四首」，加另五首而得。又知五言律共五首，其中有三首爲從他書所輯得。其他各體所收與《總目》所述相符。

4. 退庵遺稿七卷（1551 中）

《總目》：明鄧林撰。林初名彝，又名觀善，字士齊，後成祖爲改今名。新會人。

按：此處「士齊」，武英殿本《總目》作「士齋」。然考《存目叢書》所收清抄本皆作「士齊」。又考《廣東通志》、《千頃堂書目》、《明詩綜》等皆云鄧林之字爲「士齊」，則知殿本誤，浙本是。

5. 尹訥庵遺稾八卷附錄二卷（1551 中）

《總目》：明尹昌隆撰。昌隆字彥謙，泰和人。洪武丁丑進士。永樂二年擢左春坊右中允。改禮部主事，爲尚書呂震誣構見殺。事蹟具《明史》本傳。

按：考《明史》卷 162：「尹昌隆，字彥謙，泰和人。洪武中進士及第。授修撰，改監察御史。……永樂二年冊世子爲皇太子，擢昌隆左春坊左中允。隨事匡諫，太子甚重之。解縉之黜，同日改昌隆禮部主事。」則知此處「右中允」應以「左中允」爲是。

6. 松月集一卷（1552 上）

《總目》：前有洪武癸酉俞貞序。

按：考之《存目叢書》所收永樂刻本，卷首有《總目》所云之序，序末署作「洪武癸酉六月朔包山俞貞木序」。俞貞木，初名楨，字貞木，後以字行，更字有立，號立廬。其生平可參見王鏊《姑蘇志》卷 52、錢謙益《列朝詩集小傳》甲集、同治《蘇州府志》卷 79 等。《總目》此處蓋脫一「木」字。

7. 別本東里文集二十五卷（1552 下）

《總目》：明楊士奇撰。……是集記二卷、序六卷、題跋四卷、碑銘十卷、雜文三卷，末一卷題曰《方外》，凡爲二氏所作，悉別編焉。

按：《存目叢書》所收爲杭州大學所藏明刻本。考此本目錄及正文，卷 1、卷 2 所收皆爲記，卷 3 至卷 8 共六卷爲序，卷 9、卷 10、卷 11 三卷爲題跋，卷 12 至卷 21 共十卷爲碑銘，卷 22 題作「傳錄」，卷 23 所收爲表、議、贊、告等文章，卷 24 所收爲辭、賦、銘、箴等文章，卷 25 所收皆爲有關方外的序、記、塔銘等文章。若按《總目》所述分類，則雜文應有卷 22 至卷 25 共四卷。《總目》所計與此本相比，題跋多計了一卷，應爲三卷；雜文少計了一卷，應爲四卷。

8. 節庵集八卷續編一卷（1553 上）

《總目》：明高得暘撰。得暘字節庵，錢塘人，遷居臨安。

按：《存目叢書》所收爲南京圖書館藏清抄本，考其卷端題曰「錢塘高得暘孟升」。錢謙益《列朝詩集小傳》「高經歷得暘」條云：「得暘，字孟升，錢

塘人。洪武間以文學薦，授教諭。永樂初，召爲宗人府經歷，與修《大典》，進講東宮。博物洽聞，名重一時。所著有《節庵集》。」〔註 4〕《本朝分省人物考》、《千頃堂書目》等所載亦同，並知「節庵」應爲其號。

9. 別本澹軒集八卷（1556 上）

《總目》：明馬愉撰。愉集散佚之後，其鄉人都御史遲翔鳳購得殘本，更於愉家掇拾逸作，補葺刻之，故題曰續刻。目中注「續刻」字者，皆翔鳳所增也。

按：「遲翔鳳」實爲「遲鳳翔」之誤。考《存目叢書》所收嘉靖四十一年（1562）刻本，卷端有序，末題作「嘉靖四十一年歲次壬戌孟多吉旦賜進士出身都察院都御史後學遲鳳翔謹序」，序中述及其續刻之事甚詳。馬愉爲臨朐人，遲鳳翔亦爲臨朐人，與《總目》所云「其鄉人」相符。遲鳳翔，字德徵，號朐岡。其生平可參見光緒《臨朐縣志》。

10. 畏庵集十卷（1556 下）

《總目》：是集凡詩賦五卷，雜文五卷。

按：《存目叢書》所收爲崇禎元年（1628）刻本，考之此本目錄及正文，卷 1 收有《庭試策》一篇和《及第謝恩表》二篇；卷 2 收賦銘六篇；卷 3 至卷 5 所收爲四、五、七言詩；卷 6 至卷 10 所收爲序、記、論策、祭文、行狀、政啓等雜文。則此編詩賦實只卷 2 至卷 5 四卷。

11. 卞郎中詩集七卷（1557 下）

《總目》：明卞榮撰。……是集爲其門人無錫吳鍵所刊。附以雜文十餘首，亦非所長。

按：《存目叢書》所收爲明成化十六年（1480）刻本。考此編卷首有浙江布政使祁陽寧良序云：「蘭堂詩各體凡若干首，其門生無錫吳以榮謀爲繡梓，儒士徐延齡而預爲校正之。」又各卷卷下皆題作「門生錫山吳綖編刊」。卷末又有朱鏞序云：「因錫山好事君子吳處明命其子綖編公稿以刻之。」又有徐壽跋云：「江陰卞戶部以詩鳴於時，吾邑吳公尚樸欲鋟梓行於世，乃命冢器省齋請其稿編之。……尚樸字處明，省齋名綖，字以榮。」又薛章憲《卞公墓銘》載：「所著詩，其門生吳綖爲刻梓行於世。」〔註 5〕李盛鐸《木樨軒藏書題記

〔註 4〕見《列朝詩集小傳》乙集，頁 225。
〔註 5〕見黃宗羲《明文海》卷 431，《四庫全書》本。

及書錄》、傅增湘《藏園群書題記》等各目錄亦皆錄作「吳綖」編。據此，可知《總目》所云「吳鍵」當係「吳綖」之誤。吳綖，字以榮，號省齋，錫山人。

12. 劉古直集十六卷（1558 上）

《總目》：明劉玨撰。……是集乃其子太常寺卿銃所編。

按：殿本《總目》此處「銃」字作「銳」字。考此編中李東陽等各人之序跋中皆作「銃」，又考《明史》劉玨本傳載：「子銃，字汝中。」可知殿本《總目》蓋因字形相似而誤

13. 禮庭吟二卷（1559 上）

《總目》：明孔承慶撰。承慶字永祚，曲阜人，至聖六十代孫也。年三十一，未及襲封而卒。其外祖王惟善爲哀其遺詩以成此集。有景泰間同郡許彬序，又有天順丁丑長洲劉鉉序。歲久散佚。康熙庚辰，衍聖公孔毓圻檢校先世遺稿，又得而重刊之。

按：《存目叢書》所收爲明景泰六年（1455）刻本，凡三卷。此本卷首有景泰年間許彬序云：「幸其有子二人，長弘緒，今甫七歲；次弘泰，今甫五歲，皆聰穎秀發……弘緒之外祖今順天府尹惟善王公憐承慶早世，取其遺稿，擇言之精者得百六十五首，命工壽梓。」則可知王惟善實爲孔承慶之子的外祖，即承慶之岳父。考《總目》所言之意，似以王惟善爲孔承慶之外祖，今可據而改正。又據《總目》所述，當時所見之本蓋爲康熙間重刻本，因散佚，故只得二卷。而景泰間原刻本實有三卷，今藏於北京大學圖書館。

14. 巽川集十六卷附錄二卷（1559 下）

《總目》：明祁順撰。……末附張元正所作墓誌、賈宏所作墓表，各爲一卷。

按：《存目叢書》所收爲康熙二年（1663）在茲堂刻本。附錄之卷末有題「南昌張元禎撰」墓誌一篇，又有《明故江西左布政使祁公墓表》一篇，末署「賜進士及第資政大夫禮部尙書兼經筵日講官鉛山費宏撰」。據此可知，「禎」因避諱而作「正」，「費」蓋因字形相似而訛作「賈」，實應以「費宏」爲是。費宏，字子充，鉛山人。事蹟見《明史》中其本傳。

又考附錄兩卷，《總目》所云之墓誌、墓表及祁順同時之人唱和投贈之詩文集爲一卷，另一卷題作《貞庵詩》，收有祁順之弟祁頤之詩若干首，則與《總

目》所云墓誌、墓表「各爲一卷」不符。

15. 龍臯文集十九卷（1560 下）

《總目》：明陸簡撰。簡字伯廉，號治齋，龍臯其別號也。武進人。

按：《存目叢書》所收爲嘉靖元年（1522）楊鑨刻本。考此編卷首有李東陽所撰《治齋陸公墓誌銘》云：「公諱簡，字廉伯，一字敬行，號治齋，一又號龍臯子。」又有太原喬宇所作《治齋陸先生像贊》，其中亦云「治齋陸公」。又殿本《總目》此處作：「簡字廉伯，號治齋。」康熙《常州府志》卷 23 載：「陸簡字廉伯，武進人。」則浙本《總目》所云字、號皆誤，而殿本《總目》號誤。陸簡生平亦可參見焦竑《國朝獻徵錄》、雷禮《國朝列卿記》等。

16. 梅巖小稿三十卷（1562 上）

《總目》：明張旭撰。……是集凡詩二十二卷，文八卷。

按：《存目叢書》所收爲正德元年（1506）刻本。據《浙江採集遺書簡錄總目》〔註 6〕所錄，四庫館臣當時所據即爲此本。考此編分類，詩實分二十卷，文實分十卷。卷前有弘治甲子（1504）陽堂主人張旭自序云：「因取其稿筆削之……稍可觀者復抄一過，以類收入，得詩二十卷，凡五、七言絕句與夫律詩、迴文、和韻、聯句、集古、排律、詩餘諸體頗具。附雜文十卷，序、記、傳、贊、歌、謠、字說、書箚、行狀、祭文，以至公移、奏疏之類，亦略備焉。」次有「凡例」，蓋張氏所定，亦云卷 1 至卷 20 所收爲詩，卷 21 至卷 30 所收爲雜文。考之目錄及正文，卷 21 所收爲歌附和韻，卷 22 所收爲雜著附和韻，皆屬張氏所分之文類中。蓋四庫館臣一見所附之和韻，不爲細考，即以爲該入詩類，故所述與張氏所分不符。

17. 碧川文選四卷（1562 中）

《總目》：明楊守阯撰。……此本爲其外孫陸錡所刻。

按：《存目叢書》所收爲嘉靖四年（1525）陸鈳刻本。此本卷首有莆田石峰陳琳序云：「碧川楊公自摘手稿凡一百五十三篇，藏於家，歿且十餘載矣。嘉靖乙酉，安慶守陸君鈳釐四卷，題曰《碧川文選》，梓之。」又有自署「嘉靖乙酉春正月外孫陸鈳」之識語云：「公原集諸稿總一千四百餘篇，梓者一百五十三篇，皆公晚年手選，蓋十之一也，故名《碧川文選》，而以舊序冠於首，俾讀者尚有望焉。」則知「陸錡」當爲「陸鈳」之誤。

〔註 6〕見《四庫採進書目》，頁 290。

18. 東所文集十三卷（1563下）

《總目》：明張翀撰。……是集凡雜文十卷、詩三卷。

按：《存目叢書》所收爲明嘉靖三十年（1551）張希舉刻本。卷首有嘉靖辛亥（1551）黃佐之序，次南昌張希舉之序。卷末有嘉靖辛亥倫以諒所撰後序。又東吳沈瀚跋。考之目錄所分，卷1爲奏疏，卷2、卷3爲序，卷4、卷5爲記，卷6爲書，卷7爲墓表、碑銘，卷8爲祭文、傳、說，卷9爲贊、題跋，卷10爲五言古詩，卷11爲五言律詩、五言排律，卷12爲七言律詩，卷13爲五、七言絕句，所分甚爲明瞭，考之正文亦是如此。則知此集實有雜文九卷、詩四卷，《總目》蓋一時偶誤。

19. 湘皋集三十三卷（1564上）

《總目》：明蔣冕撰。冕字敬所（案《明史》本傳，冕字敬之。然編首王宗沐、黃佐、陳邦偁、呂調陽四序俱稱「敬所」，同時之人不應有誤，疑《明史》乃刊本之訛），全州人。成化丁未進士，官至戶部尚書、謹身殿大學士。諡文定。事蹟具《明史》本傳。

按：《存目叢書》所收爲明嘉靖三十三年（1554）王宗沐等刻本。考此編卷首黃佐、呂調陽、陳邦偁、王宗沐四序確皆云「敬所」，與《總目》所云同。然考之各卷卷下皆題作「洮陽蔣冕敬之著，臨桂後學殷從儉輯」。於此顯明處，似不應有誤。今考明廖道南《殿閣詞林記》、黃虞稷《千頃堂書目》、雍正《廣西通志》等皆云蔣冕之字爲敬之，言之鑿鑿，不應皆爲刊本之訛。故《總目》所云「疑《明史》乃刊本之訛」，不可爲據。考明邱濬所撰《蔣冕敬之字辭》一文，知此字爲邱氏所題。邱氏云：「清湘蔣冕，予故人河西縣令希玉之子也。年十五，領廣右解首。明年試春官，卒業太學，與其兄升以故人子來見。……又明年，升爲之加布於其首。旅邸草草，雖弗能戒賓備禮，然名必有字，字必有辭，不可缺也。既冠，來拜予求字，乃命之曰敬之，又爲之補其祝辭。……」〔註7〕據此可知，《明史》本傳所云「蔣冕字敬之」實不誤，《總目》未及深考即妄下定論，改「敬之」爲「敬所」，大誤。「敬所」或爲其另一字，或爲其號。

20. 赤城集二十三卷（1564中）

《總目》：明夏鍭撰。……史稱鍭宏治四年謁選時，疏請復李文祥、羅倫

〔註7〕見明邱濬：《重編瓊臺會稿》卷21，《四庫全書》本。

官，並請罷大學士劉吉，忤旨下獄。

按：《總目》所云與《明史》所載不符。《明史》卷159載：「鏷舉進士。弘治四年謁選入都，上書請復李文祥、鄒智等官，罷大學士劉吉。忤旨，下獄，得釋。」又考谷應泰《明史紀事本末》載：「大理寺評事夏鏷上言：『主事李文祥、庶起士鄒智、御史湯鼐等皆以言獲罪，實大學士劉吉誤陛下，豈知劉吉之罪不減，萬安尹直乎！』疏留中，鏷謝病歸。」〔註8〕皆未見提及羅倫之名，不知《總目》何據。羅倫，字彝正，別號一峰，江西永豐人。成化二年進士第一，授翰林修撰。逾二月，以疏劾大學士李賢，謫福建市舶司副提舉。明年，詔還復原官，改南京供職，尋以疾歸，退居金牛山授徒講學。成化十四年卒，年四十八。〔註9〕羅倫卒於成化十四年（1478），而夏鏷上疏之事在弘治四年（1491），此時羅氏已過世十三年之久，夏鏷又如何能請復其官，《總目》所云大誤。

21.勉齋遺稿三卷（1565中）

《總目》：明鄭滿撰。……是集爲其仍孫梁敬所編。

按：《存目叢書》所收爲清康熙刻本。卷首有康熙戊申（1668）萬斯大之序，云：「友人鄭禹梅覽吾譜，謂與余竊有同心。……方走西郊稱謝於禹梅，而禹梅出其手錄勉齋公集授余曰：『吾家代有詩文，將次第書之而徐以及譜也。茲集先成，子盍弁以一言乎？』公諱滿，字守謙，勉齋其號也。蓋禹梅之十八祖云。」考各卷卷下皆題曰「明慈谿鄭滿守謙父著，仍孫梁敬輯」。萬斯大之序已明言此集爲鄭禹梅所輯，然未見提及「梁敬」二字，《總目》所云蓋抄錄卷下所題之文而得之。考《總目》卷183錄有鄭梁《寒村集》三十六卷，並云：「國朝鄭梁撰。梁字禹梅，慈谿人，康熙戊辰進士，官至高州府知府。」此鄭梁蓋即萬斯大序中所言之人。可知禹梅乃其字，梁爲其名，卷下所云「敬」字乃表恭敬之意，非爲其名。《總目》蓋誤以「梁敬」爲一人名，則此處應作「其仍孫梁所編」才確。

22.姚東泉文集八卷（1565下）

《總目》：明姚鏌撰。鏌字東泉，慈谿人。……事蹟具《明史》本傳。

按：《明史》卷200其本傳云：「姚鏌，字英之，慈谿人，弘治六年進士。」

〔註8〕見清谷應泰：《明史紀事本末》卷42，《四庫全書》本。
〔註9〕見《明史》卷179羅倫本傳。

則知姚鏌之字應爲英之，東泉實爲其號。

23. 南川稿十二卷（1566 中）

《總目》：明陶諧撰。……是編分爲十集，曰《西行稿》、《北上稿》、《洪都稿》、《十州稿》、《再北上稿》、《題贈稿》、《行臺稿》、《草堂續稿》、《北遊稿》、《歸閒稿》各一卷。雜著奏疏二卷，正德三年劉瑾所矯示奸黨敕諭一道及諧下獄自辨一疏亦附載於末。蓋其初刻之本，後乃重編爲莊敏集也。

按：《存目叢書》所收爲明嘉靖十二年（1533）嶺表書院刻本，題作《南川漫遊稿》，凡十卷，卷前有嘉靖十二年靖安舒柏《南川漫遊稿序》，又嘉靖改元王琥《西行漫稿序》，又正德辛未南川居士陶諧《西行漫稿引》。所收各集名稱同《總目》所述，僅卷 4 題作《中州稿》，不作《十州稿》。此編卷末有嘉靖十二年陵水縣儒學教諭張宿跋云：「《南川漫遊稿》，凡七卷，曰西行、次北上、次洪都、次中州、次再北上、次題贈、次行臺，詩凡若干首，詞賦凡若干篇，歌行凡若干章。」後無所云之雜著。可知此編後又有所增補。又考黃虞稷《千頃堂書目》載：「陶諧《南川漫遊稿》十卷，又《西行稿》，又《北上稿》，又《洪都稿》，又《中州稿》，又《行臺稿》，又《贈遺稿》。」亦可證應作《中州稿》爲是。

24. 陽明要書八卷附錄五卷（1566 下）

《總目》：明王守仁撰。葉紹容編。……紹永，吳江人。是書成於崇禎乙亥，取守仁全書摘其要語。前有小序八首，及凡例四條，皆著其刪纂之大意。

按：「紹永」應作「紹容」，蓋爲刊刻之誤。《存目叢書》所收爲明崇禎八年（1635）陳龍正刻本。卷首有崇禎乙亥（1635）張采之序云：「而幾亭陳子投我印本書六冊，曰陽明要書，且屬爲序。……見其當篇所次，總序一首，凡例四首，小序八首。」又有崇禎壬申（1632）陳龍正《要書序言》，詳述選書之事理。考各卷卷下亦皆題作「陳龍正纂」。《總目》所據爲浙江巡撫採進本，今考《浙江採集遺書簡錄總目》載：「陽明要書八卷附年譜三卷逸事辨證二卷（明崇禎間刊本），明王守仁撰，陳龍正輯。」〔註10〕吳慰祖按語云：「四庫存目作葉紹顒編。」又朱鶴齡《陽明要書序》云：「今全書其所手定也，顧名目紛糾，義例雜出，其駁而未純者不免。間有幾亭陳先生自未第時已覃精

〔註10〕 見《四庫採進書目》，頁 290。

理學，取先生之書剪截而刊定之，宣其義蘊，一其指歸。大廷尉葉公刻之廣中，於是先生之宗旨始粲然大明於天下。」〔註11〕據此可知，此編實由陳龍正所編輯，而由葉紹容所刊刻。《總目》云「葉紹容編」，誤。

25. 水南稿十九卷（1568 上）

《總目》：明陳霆撰。……末附詩話一卷，中間論詞一條，謂「明代騷人多不務此。間有知者，十中之一二」。則其自負亦不淺矣。

按：殿本《總目》此處作「末附詩話二卷，中間論詞一條……」。《存目叢書》所收爲正德五年（1510）刻本，考此本目錄，卷 1 至卷 10 所收爲詩，卷 11 至卷 14 所收爲詞，卷 15 至卷 17 所收爲文，卷 18、卷 19 兩卷爲詩話，正文同。則知《總目》云「詩話一卷」誤，殿本《總目》爲是。

26. 樗林摘稿三卷附錄一卷（1568 中）

《總目》：明秦鑌撰。……是集爲其子淮、漳所刊。凡詩三卷，附錄贊銘誌文爲一卷。

按：《存目叢書》所收爲嘉靖三十九年（1560）刻本。卷首有嘉靖乙巳（1545）倪容之序，又嘉靖辛亥（1551）豐城胡傑序，皆提及此編由淮、漳兄弟刻成。然又有署作「嘉靖三十九年歲次庚申十月朔誥封奉政大夫通政使司左參議男瀚百拜書於永思軒」之序云：「《樗林摘稿》一帙，實我先文林公樂易府君，手摘而輯錄以藏焉者。嘉靖甲辰，府君既棄我諸孤，我先仲兄嘗釐爲四卷而刻之矣。惟時急於手澤之傳，未及類分體裁，間亦不免一二訛字，瀚於是有餘情焉。庚申之夏，既刻成先曾祖中憲公修敬先生詩集，遂請命於伯兄，與姻家施少溪氏，取前所刻，以類而編次之，兼正其字訛者，約爲三卷，少溪且爲之於書而重刻焉。」考所附贊銘誌文一卷有陸燦所作之《樂易齋銘》曰：「無錫秦樂易公，早領鄉薦，以親老不復赴省詩，自號樂易。有四子，曰淮，曰漳，曰瀚，曰涵，皆遊庠序有聲。」據以上可知，秦鑌之集原由其子淮、漳編成四卷刻之，並由倪容和胡傑爲之作序。《總目》所云蓋即以倪、胡二序爲據。因四卷本未及分類，後又由秦鑌季子秦瀚以類而分，重爲編成三卷，並刻之，則此三卷本應爲秦瀚所刊。

〔註11〕見《愚庵小集》卷 7，《四庫全書》本。

參考文獻

1. （清）永瑢等：《四庫全書總目》，中華書局，1965 年。

2. 《四庫全書存目叢書》編纂委員會編：《四庫全書存目叢書·集部》，齊魯書社，1997 年。

3. 吳慰祖校訂：《四庫採進書目》，商務印書館，1960 年。

4. 胡玉縉撰，王欣夫輯：《四庫全書總目提要補正》，中華書局，1964 年。

5. 邵懿辰撰，邵章續錄：《增訂四庫簡明目錄標注》，上海古籍出版社，1979 年。

6. 余嘉錫：《四庫提要辨證》，中華書局，1980 年。

7. 李裕民：《四庫提要訂誤》，書目文獻出版社，1990 年。

8. 崔富章：《四庫提要補正》，杭州大學出版社，1990 年。

9. 李學勤、呂文郁主編：《四庫大辭典》，吉林大學出版社，1996 年。

10. 楊武泉：《四庫全書總目辨誤》，上海古籍出版社，2001 年。

11. 司馬朝軍：《〈四庫全書總目〉研究》，社會科學文獻出版社，2004 年。

12. 孫殿起輯：《清代禁書知見錄》，商務印書館，1957 年。

13. （清）姚覲元編：《清代禁燬書目（補遺）》，商務印書館，1957 年。

14. （清）張廷玉等：《明史藝文志·補·附編》，商務印書館，1959 年。

15. 安徽省圖書館編：《安徽文獻書目》，安徽人民出版社，1961 年。

16. 鄭振鐸：《西諦書目》，文物出版社，1963 年。

17. 王重民輯錄：《美國國會圖書館藏中國善本書目》，文海出版有限公司，1972 年。

18. 嚴靈峰編輯：《書目類編》，成文出版有限公司，1978 年。

19. 孫殿起錄：《販書偶記》，上海古籍出版社，1981 年。

20. 孫殿起錄：《販書偶記續編》，上海古籍出版社，1981 年。

21. （清）章鈺等編：《清史稿藝文志及補編》，中華書局，1982 年。

22. 上海圖書館編：《中國叢書綜錄》，上海古籍出版社，1982～1984 年。

23. 王重民：《中國善本書提要》，上海古籍出版社，1983 年。

24. 傅增湘：《藏園群書經眼錄》，中華書局，1983 年。

25. 李盛鐸等：《木樨軒藏書題記及書錄》，北京大學出版社，1985 年。

26. 周子美編：《嘉業堂抄校本目錄·天一閣藏書經見錄》，華東師範大學出版社，1986 年。

27. 傅增湘：《藏園群書題記》，上海古籍出版社，1989 年。

28. （清）黃虞稷撰，瞿鳳起、潘景鄭整理：《千頃堂書目》，上海古籍出版社，1990 年。

29. 羅偉國、胡平編：《古籍版本題記索引》，上海書店，1991 年。

30. （清）莫友芝撰，傅增湘訂補，傅熹年整理：《藏園訂補邵亭知見傳本書目》，中華書局，1993 年。

31. 馮惠民等選編：《明代書目題跋叢刊》，書目文獻出版社，1994 年。

32. 中國科學院圖書館編：《中國科學院圖書館藏中文古籍善本書目》，科學出版社，1994 年。

33. 南京師範大學古文獻整理研究所編：《江蘇藝文志》，江蘇人民出版社，1994～1996 年。

34. 《中國古籍善本書目》編輯委員會編：《中國古籍善本書目·集部》，上海古籍出版社，1996 年。

35. 駱兆平編著：《新編天一閣書目》，中華書局，1996 年。

36. 鄭振鐸：《西諦書跋》，文物出版社，1998 年。

37. 王紹曾主編：《清史稿藝文志拾遺》，中華書局，2000 年。

38. 李靈年、楊忠主編：《清人別集總目》，安徽教育出版社，2000 年。

39. 孫琴安：《唐詩選本提要》，上海書店出版社，2005 年。

40. 朱士嘉編：《中國地方志綜錄》，商務印書館，1958 年。

41. 杜連喆、房兆楹等編：《三十三種清代傳記綜合引得》，中華書局，1959 年。

42. 陳乃乾編：《清代碑傳文通檢》，中華書局，1959 年。

43. 朱保炯、謝沛霖輯：《明清進士題名碑錄索引》，上海古籍出版社，1980 年。

44. 錢謙益：《列朝詩集小傳》，上海古籍出版社，1983 年。

45. 洪煥椿編著：《浙江方志考》，浙江人民出版社，1984 年。

46. （清）黃宗羲：《明儒學案》，中華書局，1985 年。

47. （清）黃宗羲原著，全祖望補修：《宋元學案》，中華書局，1986 年。

48. 洪業等編：《八十九種明代傳記綜合引得》，上海古籍出版社，1986 年。

49. 臺灣中央圖書館編：《明人傳記資料索引》，中華書局，1987 年。

50. 楊廷福、楊同甫編：《清人室名別稱字號索引》，上海古籍出版社，1988 年。

51. 《明代地方志傳記索引》，大化書局，1989 年。

52. 《中國地方志集成》，江蘇古籍出版社，1991 年。

53. 《日本藏中國罕見地方志叢刊》，書目文獻出版社，1991 年。

54. 華東師範大學圖書館古籍部編：《天一閣藏明代方志選刊人物資料人名索引》，上海書店，1997 年。

55. 繆詠禾：《明代出版史稿》，江蘇人民出版社，2000 年。

56. 楊廷福、楊同甫編：《明人室名別稱字號索引》，上海古籍出版社，2002 年。

57. 《二十五史》，皆據中華書局校點本，不另注。

《千頃堂書目》考論

孫　瑾

作者簡介：

　　孫瑾，1984 年生，江蘇江都人。2009 年畢業於南京師範大學中國古典文獻學專業，獲得文學碩士學位。曾參與《清代地方人物傳記叢刊》《江蘇人物傳記叢刊》等的編纂。

內容提要：

　　清黃虞稷撰《千頃堂書目》，共三十二卷，所錄以有明一代著作爲主，是研究明人著作情況的一部重要書目。按照通常的觀點，此書既是《明史藝文志》著錄的基礎，也是《四庫全書總目》考校明人著作的重要依據。本書有《四庫全書》本，亦有上海古籍出版社出版的點校本。然而無論是《四庫全書總目》對《千頃堂書目》的使用或者四庫本《千頃堂書目》（本文使用爲文淵閣《四庫全書》本），都存在一些問題，本文將對此作初步的考訂。

目　次

前　言

　　按照通常的觀點，《千頃堂書目》爲《明史藝文志》的初稿，該書問世後的很長一段時間內，皆以鈔本形式流傳。但由於篇幅較大，傳抄不易，故鈔本稀缺，難以訪求，以致原目已失。直到一九一三年，張鈞衡始據十萬卷樓鈔本和漢唐摘殘抄本刻入《適園叢書》，後又於一九二○年增訂，我們稱爲庚申本。目前，對於《千頃堂書目》的研究，學術界涉及極少，亦無專書出版，就單篇論文而言，也大多爲考察其書的價值、思想、意義，或者就部分條目進行考訂。

　　《千頃堂書目》的版本，今通行本爲一九九○年上海古籍出版社出版的由瞿鳳起、潘景鄭整理的本子。該本以張鈞衡刻庚申本爲底本，以鐵琴銅劍樓王振聲用知不足齋本迻錄盧文弨、吳騫所校及其他材料而點校。該本因內容完備並加以點校、排版，多爲學者所用。另，文淵閣《四庫全書》收錄《千頃堂書目》，爲浙江巡撫採進本，內容多有舛誤、簡省和刪改之處。張鈞衡於一九一三年癸丑初刻《適園叢書》本，亦爲上海古籍出版社點校本所據底本。當然，此三種版本並非《千頃堂書目》原貌，之間內容有同有異。本文旨在考察文淵閣《四庫全書》本和上海古籍出版社校點本的文字，將《適園叢書》初刻本作爲參校本，對其中的錯誤進行考證，方可辨認原目精神。

　　關於對《千頃堂書目》的使用，《四庫全書總目》在考校明人著作的時候多次徵引該書，其重要性可見一斑。眾所周知，《四庫全書總目》作爲中國古典目錄的集大成者，對於我們「辨章學術，考鏡源流」，瞭解古代目錄著作情況具有重要的參考價值，它對《千頃堂書目》的使用有批判也有繼承，可供後世學者研究所用。然而《四庫全書總目》乃官修，難免意存偏頗，再加上

很多內容被刪削，竄改，以及館臣們的倉促草率，往往有誤解、錯引之失。本文就此問題展開分類討論並有針對性的舉例說明。

本文分為兩大類：

第一部分：《四庫全書總目》徵引《千頃堂書目》情況考論，並分情況討論和考辨。

第二部分：將四庫本《千頃堂書目》與通行的校點本其中經、史兩部的內容進行逐條對校，並指出正誤。

凡　例

一、爲行文方便，文中使用以下簡稱：

《千目》：《千頃堂書目》

《總目》：《四庫全書總目》

上古本：一九九〇年上海古籍出版社校點本《千頃堂書目》

四庫本：文淵閣《四庫全書》本《千頃堂書目》

適園本：《適園叢書》本《千頃堂書目》

《存目》：《四庫全書存目叢書》

《續修》：《續修四庫全書》

《禁燬》：《四庫禁燬書叢刊》

《綜錄》：《中國叢書綜錄》

《新編》：《叢書集成新編》

《續編》：《叢書集成續編》

凡引用藏書家題跋目錄和文集等，首次出現列出撰者姓名，下面則不再贅述。

二、第一部分，《總目》徵引《千頃堂書目》考辨，是基於上古本與四庫本一致的情況。

三、第二部分，四庫本與上古本異文考訂，引文首列四庫本，次列上古本，內容包括圖書著錄情況和原注。凡撰者、書名及卷數一致的情況，將此書名等列於條目之首，並加黑突出顯示，異文之中則不再重複出現。

四、頁碼：

第一部分：分別爲文淵閣《四庫全書》第一冊至第五冊《總目》的頁碼和欄位以及上古本《千頃堂書目》的頁碼和欄位。

第二部分：分別爲四庫本、上古本、適園本的頁碼以及欄位。

一、《四庫全書總目》引《千頃堂書目》考略

（一）《總目》對《千目》認同或繼承

1. 《千目》記有四庫館臣未見或與四庫本有異之書

卷八十：《南京吏部志》十五卷　明汪宗伊撰

《總目》：黃氏《千頃堂書目》載「宗伊尚有《留銓志餘》二卷」，蓋即補志中所遺者，今其書未見云。（2-668 下）

【按】《千目》卷九載：「汪宗伊《南京吏部志》二十卷又《留銓志餘》二卷」（234 下）。四庫館臣雖未見《留銓志餘》一書，但因見於《千目》著錄，亦予以提及。

卷一百八十九：《隋文紀》八卷　明梅鼎祚編

《總目》：案《千頃堂書目》載鼎祚所編尚有：《三國文紀》、《東晉文紀》、《後陳文紀》。《三國》、《東晉》，今未見其本，姑從闕如，《後陳》並不知爲何代，疑傳寫有訛，今亦未見其本，故置之不論焉。（5-85 下）

【按】《千目》卷三十一載：「梅鼎祚《皇霸文紀》十三卷，又《西漢文紀》二十卷，又《東漢文紀》二十卷，又《三國文紀》（缺）卷，又《西晉文紀》二十卷，又《東晉文紀》（缺）卷，又《宋文紀》十八卷，又《齊文紀》（缺）卷，又《梁文紀》（缺）卷，又《陳文紀》（缺）卷，又《北齊後周文紀》（缺）卷，又《隋文紀》（缺）卷，又《釋文紀》（缺）卷，又《後陳文紀》（缺）卷」（759 上）。歷史上無「後陳」朝代，黃氏所記似誤，總目存疑，態度較爲謹慎。《總目》對未見之書或與《千目》有異而又無法考證之書則予以說明，以使人們多少能瞭解一些《四庫》以外的圖書。

2. 凡無法考證的圖書，《總目》盡可能迻錄《千目》原文

卷一百九十三：《三僧詩》三卷

《總目》：三僧均不著其名，一曰《二楞詩稿》；一曰《高松詩稿》；一曰《中峯詩稿》。考《千頃堂書目》有智觀《中峯艸》註曰：「字止先，號蔚然，江都僧，雪浪弟子，居吳興雙髻峯。」（5-178 上）

【按】《千目》於卷二十八兩處載《中峯草》（698 下、703 上），注文與《總目》所述同。四庫館臣無從考證《三僧詩》撰者，故將《千目》著錄之文迻錄於此，以備考核。可見四庫館臣對古代圖書書目較爲推崇和尊重。

3. 《總目》藉《千目》所載考察版本情況

卷一百六十九：《考古文集》二卷　明趙撝謙撰

《總目》：《明詩綜》引黃宗義之言，謂其詩集名《考古餘事》，凡千首，不傳於世。今考焦竑《國史經籍志》撝謙集已不著錄。黃虞稷《千頃堂書目》雖列其名而不著卷數，則亦未見原本，信乎其久不傳也。此本所錄詩僅十餘篇，古文亦祇五十餘篇。前有順治丁酉黃世春《序》，稱「其子孫式微已甚，而能錄其遺集出沒於藏書之家，殆天將藉是而彰考古」云云，蓋其後人掇拾散亡，重裒成帙者耳。（4-467下）

【按】《千目》卷十七載：「趙撝謙《考古餘事》又《南遊紀詠集》五卷」（453上）。四庫館臣所見此書已非完帙之本，《千目》不載卷數，蓋因未見或已佚，《總目》據此判斷此本失傳已久。

卷一百二十二：《蟫精雋》十六卷　明徐伯齡撰

《總目》：《千頃堂書目》作二十卷，此本僅十六卷，前後無序跋，亦無目錄，不能知其完缺，其中多闕字闕句，又所錄詩文往往但存其標題，而其文皆作空行，蓋繕錄者圖省功力，因而漏落。今於有可考者補之，無可考者則亦姑闕焉。（3-646下）

【按】《千目》此書作二十卷（326下）。《總目》檢該書卷首尾不完備，又卷數與《千目》所記不合而疑其非完帙，態度謹慎，所疑合理。

4. 《千目》的著錄為《總目》考訂提供了依據

卷四：《易原奧義》一卷《周易原旨》六卷　元寶巴撰

《總目》：黃虞稷《千頃堂書目》稱舊有方回、牟巘二《序》。按回、巘皆宋末舊人，則寶巴為元初人矣。（1-103下）

【按】《千目》卷一載此書，原注云：「其書有方回、牟巘序」（15下）。此為《總目》據《千頃堂書目》所記方回、牟巘序，因而判斷《易原奧義》、《周易原旨》之著作年代。

卷一百一十六：《禽蟲述》一卷

《總目》：舊本題閩中袁達德撰，徐𤍤《筆精》云：「《山居雜卷》中《禽蟲述》一卷，乃閩中袁達撰。」達字德修，程榮署曰「袁達德」，傳之後世，誰復辨其姓名乎？案《千頃堂書目》載此書亦云袁達，字德修，閩縣人，正德癸酉舉人，官貴溪縣知縣。降補湖廣都司，經歷與𤍤語相合。然則此書實出

袁達，刊本誤衍德字也。（3-538下）

【按】考《千目》此書爲袁達撰（253上）。《總目》以《千目》爲依據，否定舊本作「袁達德」之說，可見，四庫館臣對《千目》的重視和信任程度相當之高，以《千目》的著錄情況作爲佐證。

5.《總目》認同《千目》對圖書的描述

卷十七：《詩說》一卷

《總目》：舊本題曰「申培撰」亦明豐坊僞作也。何楷《詩世本古義》、黃虞稷《千頃堂書目》、毛奇齡《詩傳詩說駁義》皆力斥之。今考《漢書·杜欽傳》稱「佩玉晏鳴，《關雎》歎之」，《後漢書·楊賜傳》稱「康王一朝晏起，《關雎》見幾而作」，注皆稱《魯詩》，而此《傳》仍訓爲太姒思淑女。又《坊記》注引「先君之思，以勗寡人」，爲衛定姜之作。《釋文》曰：「此是魯詩。」而此仍爲莊姜送戴嬀，培傳《魯詩》乃用《毛傳》乎？其僞妄不待問矣。（1-368上）

【按】《千目》卷一載豐坊《魯詩世學》三十六卷，原注云：「一作十二卷。坊言家有《魯詩世學》，其書傳自遠祖稷，然實自撰也。又作《詩傳》，託之子貢，而同時又有《詩說》託之申培者，皆僞書不錄」（28下）。《總目》通過考證漢代關於魯詩的記載，徵引《千目》等爲證，說明《詩說》是爲豐坊僞作。黃虞稷之著錄爲《總目》所接受。

6.《總目》認同《千目》對圖書的著錄

卷五十一：《平宋錄》三卷

《總目》：舊題杭州路司獄燕山平慶安撰。一名《大元混一平宋實錄》，又名《丙子平宋錄》。……此書黃虞稷《千頃堂書目》以爲劉敏中作。今按周明《序》稱平慶安請於行省……是此書實劉敏中撰，慶安特梓刻以傳。後人以其書首不題敏中姓名，未加深考，遂舉而歸之慶安耳。（2-158上）

【按】《千目》卷五：「劉敏中《伯顏平宋錄》二卷。原注云：一作十卷。」（141上）。此書現有鈔本存世，卷首有鄧錡作《大丞相伯顏平送錄序》，後又有錢塘周明《序》，曰：「平司獄之摻心也，且鋟梓，王行寔傳於世，名之曰丙子平宋錄。」卷末亦有：「燕山平慶安起蓋祠堂開板印平宋錄，大德八年甲戌月平慶安。」黃虞稷作劉敏中撰，當應見過該書。《總目》據原序得此結論，並徵引《千目》所記，對此加以印證，該書確爲劉敏中撰，而平慶安實爲刊

刻者。

卷七十四：《陝西行都司志》十二卷

《總目》：「不著撰人名氏，《千頃堂書目》作包節撰。考節字元達，華亭人，占籍嘉興，嘉靖壬辰進士。官監察御史，出按湖廣，劾守陵大璫廖斌不法，反被誣下詔獄，謫莊浪衛。卒於戍所。隆慶初追贈光祿寺少卿。事蹟具《明史》本傳。此書紀事止於嘉靖，且莊浪衛正陝西地，當即節書矣。」（2-560 下）

【按】《千目》卷六載此書作包節撰（176 上）。《總目》依《千目》所載之撰者，考其生平事蹟，結合此書記事所訖年代，從而認同《千目》的著錄情況。

卷八十二：《大金集禮》四十卷

《總目》：不著撰人名氏，亦不著成書年月。據黃虞稷《千頃堂書目》，蓋明昌六年禮部尚書張暐等所進。今考書中紀事，斷至大定，知為章宗時書。虞稷所載當不誤也。（2-699 下）

【按】《千目》卷九載此書，原注云：「明昌六年禮部尚書張暐等進。」（258 下）《總目》根據書中紀事大致推斷黃氏所載的正誤，較為謹慎。考《欽定續通志》卷五十二：「十二月戊午，禮部尚書張暐等進《大金集禮》。」《金史》卷十章宗二：「（六年十二月）戊午，禮部尚書張暐等進《大金儀禮》。」此處，時間、人物均一致，《大金儀禮》、《大金集禮》當為一書，《千目》所言甚是。另，《總目》稱「虞稷所載當不誤」，實際上也是對黃氏著錄的認同，並採用了《千目》的成果。

（二）《總目》對《千目》的存疑或批評

1. 《總目》對《千目》的記載存疑

卷二十八：《春秋本義》三十卷　元程端學撰

《總目》：所採自三傳而下凡百七十六家，卷首具列其目。《寧波府志》及《千頃堂書目》均稱所採一百三十家，未喻其故也。（1-562 下）

【按】《千目》卷二著錄程端學《春秋本義》三十卷《三傳辨疑》二十卷《或問》十卷《綱領》一卷，原注云：「端學慨《春秋》一經，未有歸一之說，徧索前代說《春秋》集，凡百三十家，折衷異同，湛思二十餘年，作《本義》，以發聖人之經旨。」（70 下）《總目》以《千目》所採一百三十家，未喻

其故，實則持此說者甚多。如明程敏政撰《新安文獻志》卷七十一有歐陽玄《積齋程君端學墓誌銘》云：「徧索前代說《春秋》者凡百三十家，折衷異同，續作《春秋記》，由是沉潛紬繹二十餘年，乃作《春秋本義》三十卷。」清朱彝尊《經義考》卷一百九十五援引《寧波府志》：「乃取前代百三十家，折衷異同，著《春秋本義》三十卷，《三傳辨疑》二十卷，《或問》十卷。用經筵官請命有司取其書板行天下。」《欽定續文獻通考》卷一百五十三著錄云：「程端學《春秋本義》二十卷、《春秋或問》十卷、《三傳辨疑》二十卷。因徧索前代說《春秋》者凡百三十家，折衷異同，湛思二十餘年，作《本義》，以發聖人之經旨。」《四庫全書薈要》第三十九冊著錄此書，提要亦云：「乃取前代百三十家，折衷同異，以作此書。」可見程端學取前代百三十家著作撰成《春秋本義》一書，是當時許多人的看法。《千目》著錄必有所依據，未可輕議其非。

卷八十五：《文淵閣書目》　明楊士奇編

《總目》：黃虞稷《千頃堂書目》作十四卷，不知所據何本。殆傳寫者以意分析，今釐定爲四卷云。（2-763 上）

【按】《千目》卷十載此書，確爲十四卷（294 上）。周中孚《鄭堂讀書記》卷三十二載：「《文淵閣書目》二十卷，《四庫全書》著錄作四卷，焦氏《經籍志》、《千頃堂書目》俱作十四卷，疑十誤衍，此本即從官本校刊。則以帙小葉繁，因依充編字號而分之，故有二十卷也。」考《欽定四庫全書簡明目錄》卷八：「《文淵閣書目》四卷，明楊士奇撰，所錄諸書以千字文編號，自天字至往字凡二十號。」考四庫所收《文淵閣書目》目錄，分字號二十種，據此可知，《鄭堂讀書記》作二十卷亦是有依據的，而《千目》作「十四卷」，疑誤。

卷一百三十：《居家必用事類全集》十卷

《總目》：《辛集》中有大德五年吳郡徐元瑞《吏學指南》序。又《永樂大典》屢引用之，其爲元人書無疑。黃虞稷《千頃堂書目》云「或謂熊宗立撰」，恐未必然也。（3-783 上）

【按】《千目》此書下有原注云：「一云熊宗立編」（400 上），又於卷十二載：「熊宗立《居家必用》十卷」（323 下）。該書現有明隆慶刻本存世，卷首《敘》云：「莫知作者之名，□疑其引用多□元事，爲元人所輯……往年梓於吾杭洪氏，今則廢置矣，予深惜之，於是捐資牧集重加校正，不可遺闕，使

永其傳以公於同志云，隆慶二年秋九月飛來山人書。」考書中芊集所記止於宋代，集之首亦有「有大德五年吳郡徐元瑞《吏學指南》序」，《總目》據此推斷，此書當爲元人所作。又，熊宗立爲明人，明朝初年去大德五年就有六十五年之久，故該書恐非熊宗立所撰，《總目》疑黃氏有誤有據可依。

卷一百四十三：《孤樹裒談》十卷　明李默撰

《總目》：考《千頃堂書目》以是書爲趙可與作，註云：「可與字念中，安成人，正德癸酉舉人，福建鹽運使提舉，舊作李默誤也。」未審所據，姑兩存之。（3-1029 上）

【按】《千目》卷五：「趙可與《孤樹裒談》十卷」（137 上）。下有原注云：「字會中，安成人，正德癸酉舉人。福建鹽運使。舊作李默，誤。」卷十五又載：「司馬文泰《文獻彙編》卷八十八：「《孤樹裒談》，李默」（405 上）。考周中孚《鄭堂讀書記》卷六十五載此書爲明李默撰，云：「考王漁洋《皇華紀聞》，稱廣州老城內督糧道署西圃中有管樹一株，明太宰古沖李公默著《孤樹裒談》於此樹下，李公有記刻石嵌於樹，今尚存。據此，知黃俞邰以不誤爲誤矣。」此說爲撰者爲李默提供了明證，《總目》表示存疑，態度較爲謹慎。又，考文獻著錄此書，亦多作李默撰。宋犖《西陂類稿》卷二十八《跋孤樹裒談》云：「《孤樹裒談》十八卷，雜記明太祖迄武宗朝事，最爲纖悉。建寧李公古衝著。公名默。」李清馥《閩中理學淵源考》卷八十六《文愨李時言先生默》云：「所著有《羣玉樓稿》、《孤樹裒談》、《建安人物傳》、《朱子年譜》諸書，皆傳於世。」均可証。惟《御定佩文齋書畫譜》卷首《纂輯書籍》著錄此書作趙可與撰。然此或從《千目》著錄之故。今仍應作李默著。

2.《總目》對圖書的歸類情況作了調整

卷二十一：經部禮類

《總目》：案訓釋《大學》、《中庸》者，《千頃堂書目》仍入禮類，今並移入《四書》，以所解者，四書之《大學》、《中庸》，非《禮記》之《大學》、《中庸》，學問各有淵源，不必強合也。（1-450 上）

【按】此爲經部禮類案語，指出訓釋《大學》、《中庸》之書移入「四書類」之理由。這是《總目》對《千頃堂書目》之分類所作的調整。

卷四十九：紀事本末類

《總目》：故未有是體以前，微獨紀事本末創，即紀傳亦創，編年亦創。既有是體以後，微獨編年相因，紀傳相因，即紀事本末亦相因，因者既眾，

遂於二體之外，別立一家。今亦以類區分，使自爲門目凡一書，備諸事之本末與一書，具一事之本末者，總彙於此。其不標紀事本末之名而實爲紀事本末者，亦並著錄。若夫偶然記載，篇帙無多，則仍隸諸雜史傳記，不列於此焉。（2-93 上）

【按】《千目》無此類。《千目》所記紀事本末之書有：卷二：「孫範《左傳紀事本末》二十二卷」、勾龍傳《春秋三傳分國紀事本末》，入「春秋類」。卷四：「馮錡《宋史紀事本末》二十八卷」、「陳邦瞻《元史紀事本末》六卷」、「沈朝陽《通鑑紀事本末》前編十二卷」、「歐陽守道《皇宋通鑑紀事本末》一百五十卷」，入「編年類」，卷五：「高廟紀事本末」，入「別史類」。以上圖書《總目》統一入紀事本末類，並沒有沿用黃氏的分類法。

《總目》把題目標紀事本末的和不標紀事本末的書均入此類，以區別於其他體裁。《千目》以則《左傳紀事本末》、《春秋三傳分國紀事本末》當屬「春秋」範疇而歸入「春秋類」，蓋因內容而分類。然將《宋史紀事本末》等四種歸編年類則似不妥。《總目》云：「至宋袁樞以《通鑑》舊文，每事爲篇，各排比其次第，而詳敘其始終，命曰《紀事本末》，史遂又有此一體」，「既有是體以後，微獨編年相因，紀傳相因，即紀事本末亦相因，因者既眾，遂於二體之外，別立一家。今亦以類區分，使自爲門目。」實際上是認爲紀事本末體開創了記載史實的另一種體裁，而編年既專立一目，紀事本末體也當別立爲一目。

3.《總目》訂正《千目》的文字錯訛

卷五十六：《前川奏疏》二卷　明曾忭撰

《總目》：明曾忭撰，忭號前川，泰和人。嘉靖丙戌進士，官至兵科都給事中。《千頃堂書目》載《前川奏疏》二卷，與此本合，其作曹忭，則以字形相近而訛也。（2-251 上）

【按】《千目》卷三十著錄曹忭《前川曹先生奏議》二卷（742 下）。下有校記云：「別本曹作曾。」檢《明清進士題名碑錄索引》，嘉靖五年丙戌科第三甲有「曾忭」。又，明宋儀望撰《華陽館文集》卷十一有《明故兵科給事中前川曾公行狀》中云：「按公姓曾氏，諱忭字汝誠，別號前川。」「所存有《太平》二十策，《安邊》十二策，《奏疏》二卷⋯⋯」可見黃氏作曹忭，爲形近而誤，《總目》對其作了糾正。

卷一百二十二：《敬齋古今黈》八卷　永樂大典本

《總目》：《元史》本傳、邵經邦《宏簡錄》、黃虞稷《千頃堂書目》俱作《古今難》，當因字形相似，傳寫致訛。（3-638 下）

【按】《千目》卷十二：「李冶《群書叢削》十二卷又《泛說》四十卷又《古今注》四十卷」（330 上）。考四庫本《千目》作「古今難」，故《總目》稱《千目》「作《古今難》，當因字形相似，傳寫致訛」。然上古本《千目》作《古今注》亦誤。《總目》釋該書名之義云「以『黈』名者，案《漢書・東方朔傳》：『黈纊充耳，所以塞聽。』顏師古注曰：『示不外聽。』冶殆以專精覃思，穿穴古今，以成是書，故有取於不外聽之義歟。」所言甚明。又，《鄭堂讀書記》卷五十六及《持靜齋書目》卷三皆著錄此書，均為《敬齋古今黈》。上古本作《古今注》、四庫本作《古今難》，皆誤。《總目》對此加以訂正。

卷一百：《海寇議》一卷　明萬表撰

《總目》：案黃虞稷《千頃堂書目》載：表《海寇前後議》一卷。此乃袁褧採入《金聲玉振集》者，所錄僅一卷。疑已佚其後議，又訛萬為范，尤為失考矣。（3-169 下）

【按】《千目》卷八著錄萬表《海寇前後議》一卷（208 上）；卷五又著錄范表《前後海寇議》三卷又《海寇後編》（130 下）。《存目》子部三十一冊載《海寇議》二卷，包括《海寇議前》、《海寇後編》。卷首題有「《金聲玉振集》范表著。」書中云：「寧波自來海上無倭寇，每年止有漁船出近洋打漁樵柴，並不敢過通番者。……近年海禁漸弛，貪利之徒勾引番船紛然往來，而海上寇盜亦紛然矣。」考《籌海圖編》卷十一載：「都督萬表云：『向來海上漁船出近洋，打漁樵柴無敢過海通番。近因海禁漸弛，勾引番船紛然往來海上。』」又，雍正《廣東通志》卷九中亦有此語。可知，此書作者當為萬表，《金聲玉振集》作范表，恐誤。然黃虞稷或作范表或作萬表，前後不能統一，亦不知何故。

卷一百一十四：《琴譜正傳》六卷

《總目》：題明無錫宋仕校正楊嘉森編，後又有梧岡道人黃獻跋，稱「少學琴於司禮監太監戴某，刻譜以廣其傳」。案黃虞稷《千頃堂書目》有黃獻《梧岡琴譜》十卷，注云：「獻字仲賢，廣西平樂人，憲宗時為中官，嘉靖丙午陳經序」。今此本目止六卷，亦無陳經《序》，而有嘉靖辛酉總督漕運都御史吉陽何遷序，稱「培菴楊子持《梧岡琴譜》並無錫宋君七曲示之」云云。則此

書乃黃獻原本，楊嘉森等所重刻，而併其卷數。其卷首列三十八勢及詳明字母等篇，鄙俚尤甚，當亦嘉森等所增入也。又獻序自稱，宏治丙辰進入內府，則爲孝宗時中官，虞稷稱憲宗時者，或偶誤歟？（3-476 上）

【按】《千目》所記內容與《總目》所述一致。（58 上）此書現有嘉靖間刻本存世，爲十卷。卷首有陳經《序》，卷末有黃獻《琴譜後序》，云：「余姓黃氏名獻，字仲賢，號梧岡，生於嶺外人。弘治丙辰進入內府，時年方十一，蒙孝廟皇上命學琴書於司禮太監竹樓戴公門下，朝夕孜孜，頃刻無怠。……余年躋六十餘，其志未嘗少倦，而琴龕知不忍自諱，恐泯其傳，乃託司禮宜軒王公、友琴劉公並同志……輩助資刻其譜以廣其傳。」又，《故宮珍本叢刊》第七百二十八冊亦收錄《梧岡琴譜》，與嘉靖本一致。據此可知，黃獻的生活年代當爲弘治至嘉靖年間，黃虞稷作「憲宗時爲中官」顯然有誤。《總目》於此加以糾正，所言甚是。

然而，《千目》作十卷也並非毫無根據。考此嘉靖本，雖題十卷，書中內容實則不分卷，考其目錄，列有十種琴調，十卷之說當由此而來。《總目》稱「題明無錫宋仕校正楊嘉森編」，書中不見有載，又稱「此書乃黃獻原本」，則不知所據何本。

4.《總目》批評《千目》圖書著錄的不當

卷五十八：《古今列女傳》三卷　明解縉等奉勅撰

《總目》：黃虞稷《千頃堂書目》稱此書成於永樂元年十二月。今考成祖御製序，實題九月朔旦，知虞稷未見原書，僅據傳聞著錄矣。（2-289 上）

【按】《千目》記載此書原注云：「永樂元年十二月書成。」（285 下）該書《原序》末有：「朕於是書，實有望焉。永樂元年九月朔旦御製」。可見，此書當成明成祖作御製前，《總目》據此否定黃氏「成於永樂元年十二月」，是符合邏輯的。《千目》未見此書卻妄加論斷，顯然不合理。

卷七十：《長安志圖》三卷　元李好文撰

《總目》：《千頃堂書目》載此編作《長安圖記》，於本書爲合。此本題曰《長安志圖》，疑李經與《長安志》合刊，改題此名。然今未見好文原刻，而《千頃堂書目》傳寫多訛，不盡可據。故今仍以《長安志圖》著錄，而附載其異同於此，備考核焉。（2-510 上）

【按】《千目》卷八載此書作《長安圖記》（230 下）。《總目》稱《千目》「傳寫多訛，不盡可據」，是對《千目》著錄圖書不當的批判。考《長安志圖》

原序:「……皆不可遺者,悉附入之,總爲圖二十有二,名之曰《長安志圖》。」陳振孫《直齋書錄解題》卷八云:「《長安圖記》一卷。案:呂大防著《長安圖記》,此本作《長安國記》,誤,今改正。」雍正《陝西通志》卷七十四載:《長安圖記》一卷。丞相藍田呂大防撰。據此可知,《長安圖記》乃宋人呂大防之作,《千目》對於該書的記載未經詳考便錯誤記載。而《總目》對其進行了校正。

卷一百零九:《星學大成》十卷　明萬民英撰

《總目》:《明史·藝文志》及黃虞稷《千頃堂書目》皆以此書爲陸位撰,而別出萬民育《三命會通》十二卷,今檢此書卷首自序及凡例,確爲民英所撰。《藝文志》蓋沿黃氏之誤,故仍以民英名著錄云。(3-361 下)

【按】《千目》卷十三載著錄陸位《星學綱目正傳》二十卷又《星學大成》十八卷(367 上)。考該書卷首《原序》末題「易水萬民英謹序」,又《星曜凡例前引》末題「易水育吾子識」,育吾即萬民英之字。此書當爲萬民英撰無疑,《總目》所言甚是,黃虞稷所載有誤。考《明史》卷九十八《藝文志》,所載與《千目》一致。《明史藝文志》本依《千目》刪削而成,內容大多沿用其書,與《千目》同誤的情況自然不在少數,《總目》於此加以說明並糾正其錯。

5. 《總目》批評《千目》圖書的分類不當

卷九十一:《鹽鐵論》十二卷內府藏本　漢桓寬撰

《總目》:蓋其書之大旨,所論雖食貨之事,而言皆述先王,稱六經,故諸史列之儒家。黃虞稷《千頃堂書目》改隸史部食貨類中,循名而失其實矣。(3-7 下)

【按】此書《千目》列於卷九食貨類(249 上)。《總目》批評《千目》僅據書名而不考內容就將此書歸爲史部食貨類。關於《鹽鐵論》的歸屬,歷代經籍志、藝文志、書目均將其歸爲子部儒家類,如班固《漢書》、晁公武《郡齋讀書志》、尤袤《遂初堂書目》、陳振孫《直齋書錄解題》,及《新唐書藝文志》、《宋史藝文志》等。《欽定四庫全書簡明目錄》卷九於該書提要中云:「所論者食貨之政,而諸史皆列之儒家,蓋古之儒者主於誦法先王,以適實用,不必言心言性,而後謂之聞道也。」亦可表明《鹽鐵論》當入子部儒家類,此分類已爲人們所公認。

6.《總目》批判《千目》考證不精

卷五十二：《國初禮賢錄》一卷

《總目》：舊本題明劉基撰，《千頃堂書目》皆作基撰。然錄中所載即明太祖任用基及葉琛、章溢、宋濂四人事，且有「基馳驛歸里，居家一月而薨」之文，則非基所作審矣。（2-177 下）

【按】《千目》卷五著錄劉基《禮賢錄》一卷（125 上）。考此書內容，記有關於基卒事，與《總目》所稱「基馳驛歸里，居家一月而薨」吻合，此書當不是基所作。《總目》據此懷疑《千目》所載有誤，是合乎邏輯的。

卷七十六：《鄧尉山志》一卷　明沈津撰

《總目》：書成於嘉靖壬寅，靳學顏嘗爲之序，黃虞稷《千頃堂書目》遂以爲學顏所作，失考甚矣。（2-597 下）

【按】《千目》卷八著錄靳學顏《鄧尉山志》一卷（218 上）。明陸粲《陸子餘集》卷七《書鄧尉山志後》云：「鄧尉吳之名山也，前此未有志，沈君潤卿始爲之。讀者謂其詳贍得體，非苟作也。」《浙江採集遺書總錄》著錄《鄧尉山志》一冊，爲明長洲沈津撰。上古本增入吳騫校補：「沈津《鄧尉山志》一冊」（214 下）。亦可證撰者當爲沈津而非靳學顏。《千目》僅據原序斷定撰者有些主觀，《總目》對此提出了批評。

卷一百三十五：《羣書會元截江網》三十五卷

《總目》：前有至正七年東陽胡助序。黃虞稷《千頃堂書目》遂指爲助撰，誤矣。（3-865 下）

【按】《千目》卷十五著錄胡煦《羣書會元截江網》十六卷。（422 上）考四庫所收該書，卷首確有胡助序。《浙江採集遺書總錄》庚集載此書元刊本，曰「元國史院編修官東陽胡助序……成書者不著姓名，其書爲至正四年所刊。」又，《皕宋樓藏書志》卷六十著錄此書明弘治刊本，亦作不著撰人姓氏，卷末題有「東陽胡煦識」。且不論序撰者爲何人，文獻所載此書多認爲著者不可考，《千目》將序撰者作其著者，有誤。《總目》於此加以說明。

7.《總目》指出《千目》未收或當收而未收之書

卷一百八十九：《文章辨體彙選》七百八十卷　明賀復徵編

《總目》：又每冊首有晉江黃氏父子藏書印記，而《千頃堂書目》乃不載是編，均莫詳其故也。（5-86）

【按】該書每冊首有黃氏父子印記，《千目》卻未收，《總目》不得其緣故，予以指出。

8. 《總目》稱《千目》有誤或與《千目》有異，蓋因所見版本不一

卷十九：《周禮集說》十卷

《總目》：不著撰人名氏。……黃虞稷《千頃堂書目》云：「關中劉儲秀嘗補注以行」，今未之見，亦姑仍其舊，闕之焉。（1-397 下）

【按】《千目》卷二著錄此書爲十二卷，有原注云：「不知何人所輯，元吳興陳友仁君復得之於沈則正，因傳之。內《地官》末卷亡，明關中劉儲秀嘗補注。」（38 下）考雍正《陝西通志》卷七十四：「《周禮集說補》二卷，兵部尚書咸寧劉儲秀撰。」《朱修伯批本四庫簡明目錄》載《周禮集說》十卷，注云：「有明成化刊本十一卷，後附《復古編》，明田勤甫刊，明關中劉儲秀嘗補注。」是以印證黃氏說法不誤，蓋因四庫館臣未見。丁丙《善本書室藏書志》載元刊本《周禮集說》十二卷附《復古編》，云：「右元槧本，闕卷六、卷七、卷十一三卷，以成化張氏瑄建陽刊本配全。」丁氏又云：「明張刻闕《地官》，劉儲秀補之。此獨完善無闕，尤可寶也。」清瞿鏞《鐵琴銅劍樓藏書目錄》載明刊本《周禮集說》十一卷《復古編》一卷，提要云：「前有凡例、綱領，每官有總論，末附俞庭椿《復古編》一卷，亦題陳友仁編，其標目則云《周禮復古編》卷第十二，蓋合集說並數耳。案《千頃堂書目》云：『《周禮集說》十二卷，內《地官》末卷亡，明關中劉儲秀嘗補注。』據此則黃氏所見本，《地官》尚非全闕，此則地官二卷，俱係劉補，又劉補在卷三、四，其卷皆復出或後人不欲易陳氏舊第，故以劉補編入而不增卷也，明成化間閩撫張瑄刻於建陽書院。」

《四庫》所收本雖爲十卷，但第九卷又分上下二卷，合之十一卷。而此本闕《地官》，後爲劉儲秀補，遂與《復古編》合爲十二卷，方爲完帙。黃氏見到的當爲此本，故有「內《地官》末卷亡，明關中劉儲秀嘗補注」之說，四庫館臣未見該補注而存疑，蓋因所見版本不同所致。

卷七十六：《華嶽全集》十三卷

《總目》：舊本題明華陰縣知縣李時芳撰。今按時芳之本，《千頃堂書目》作十卷，乃嘉靖四十一年所修，至萬曆二十四年汝州張維新爲潼關道副使，以時芳書多舛錯，與華陰知縣貴陽馬明卿重加銓敘。前載圖說、形勝、物產、靈異、封號，後載藝文，增成十三卷。前有巡撫賈待問《序》及維新《自序》

述之頗詳。題時芳所撰，誤也。（2-601下）

【按】《千目》卷八著錄張維新《華嶽志》十三卷。又著錄李時芳《華嶽全集》十卷，原注云：「嘉靖壬戌修，華陰知縣，含經堂作十一卷」（214上）《續修》史部第七百二十二冊收錄《華嶽全集》，卷首有張維新《序》以及賈待問《刻〈華嶽全集〉敘》，《總目》所述甚是。然僅憑此二《序》斷定撰者爲張維新有些不妥。考《浙江採集遺書總錄》戊集著錄《華嶽全集》十三卷，提要云：「明知縣貴陽馬明卿輯。先是嘉靖間李時芳纂有是書，萬曆丙申明卿爲華陰宰，兵備副使張維新檄令重修。爰據王處一志，特增加明代祭告及詩文而已。」又，黃虞稷載十卷應當看的是李時芳的舊本，而四庫館臣所見十三卷本當爲經後人補入的。《總目》稱其有誤，有失偏頗。

（三）《總目》有誤

1. 《總目》未經詳考而懷疑或否定《千目》的著錄情況

卷十二：《讀書管見》二卷　元王充耘撰

《總目》：黃虞稷《千頃堂書目》稱「充耘，字與耕」，而原《序》及梅鷟《跋》並稱『耕野』，疑虞稷誤也。吉水人。（1-273上）

【按】《千目》卷一載此書，原注云：「字與耕，吉水人。」（25上）雍正《江西通志》卷七十六載：「王充耘，字與耕。吉水人，元統進士，所著有《書經管見》、《四書經疑》，行於世。」王士禎《居易錄》卷五云：「《兩漢詔誥》二卷，元進士王充耘與耕撰。」解縉《文毅集》卷十二《翰林院修撰王欽止先生墓表》云：「王君欽止，諱艮。……君少失父，自知讀書爲文。其祖與畊先生，治尙書，學聞天下。著《書經管見》，藏於家。《矜式主意》《四書經疑貫通》，能發前人所未發。」另有，閻若璩《尙書古文疏證》卷八云：「元王充耘，號耕野，吉水人。著《讀書管見》。」凡此種種表明：王充耘字與耕，號耕野，黃氏並無誤。而《四庫》所收王充耘所撰的另一部書《書義矜式》提要中載：「臣等謹案，《書義矜式》六卷，元王充耘撰。充耘，字與耕，吉水人。元統甲戌進士。」顯然，四庫中內容前後不一致，有疏漏之處，實難自圓其說。《四庫全書總目提要補正》：「陸氏《儀顧堂題跋》云：『《西江人物志》：充耘字與耕，吉水人，元統進士。著有《讀書管見》、《四書疑經》等書。《序》稱耕野，不曰與耕，疑耕野其號，與耕乃其字耳。』」另，「與耕」與「耕野」意思相近，這也符合中國古代文人所起的字和號意義相關的傳統。《總目》懷疑黃虞稷誤是沒有根據的。

卷二十五：《二禮集解》十二卷　明李黼撰

《總目》：黼始末未詳。黃虞稷《千頃堂書目》稱爲嘉靖間無錫人。亦據卷首題「錫山」，卷末題「嘉靖十六年常州府刊行」字耳，無他證也。（1-508上）

【按】《千目》卷二載此書，原注云：「嘉靖間無錫人，合《周禮》、《儀禮》爲一集。」（47上）《總目》認爲《千目》據卷首題「錫山」，卷末題「嘉靖十六年常州府刊行」而定撰者李黼籍貫，自是《總目》之謹慎。然《千目》以李黼作嘉靖間無錫人，並非無據。明王愼中撰《遵巖集》卷二十二《與鄭海亭書》，曾多次提及常州，如云：「向聞應常州已考績入都。」「有歐巡撫便新識應常州。」「子去無錫，想亦不久。時過必行，亦易之道也。李生黼者，僕未詳其行，然能潛心講究，有稽古之長，與虛誕浮薄之士作字寫畫者大不同也。應常州爲此生刻《二禮集解》。向曾許以作序，未就也。應君見寄一部，已爲人取去。子到毘陵，能爲予寄一二部來尤望。」此處所說，均與常州有關，且更與無錫有關。由此可見李黼爲當地人，應無疑義。王愼中稱「應常州爲此生刻《二禮集解》」云云，與此書題「嘉靖十六年常州府刊行」亦吻合。

卷六十八：《無錫縣志》四卷

《總目》：不著撰人名氏，考《千頃堂書目》有元王仁輔《無錫縣志》二十八卷，與此本卷數不符，蓋別一書也。

【按】《千目》卷八著錄：「王仁輔《無錫志》二十八卷」（230下）。《善本書室藏書志》卷十一載此書舊鈔本，作《無錫縣志》四卷，提要云：「元王仁輔撰。《無錫金匱志·流寓傳》：王仁輔，字文友，鞏昌人，久寓邑中，兩娶皆吳產，故多知吳中山水人物，刱修《縣志》成二十八卷。」「《千頃堂書目》有王仁輔《無錫縣志》二十八卷，提要因卷數不符，疑此書爲明人撰。按此書近編四卷，第一卷爲爵里；第二卷爲山川；第三卷爲事物，分上下二子卷；第四爲詞章，分上中下三子卷，子卷中又分小類二十一，合之正與二十八數合。」《總目》未詳考圖書之貌，而斷定黃氏所載之本爲別一書，非是。

卷七十八：《百夷傳》一卷　明錢古訓撰

《總目》：黃虞稷《千頃堂書目》以此書爲李思聰作，今據砥序及夏原吉後序知實古訓所作，虞稷偶失考也。（2-642下）

【按】《千目》卷八載此書作李思聰《百夷傳》一卷，原注云：「洪武二十九年思聰爲行人，出使緬國，因采其山川人物風俗道路爲書以進。」（217上）《存目》史部第二百五十五冊收錄該書，書中前後確有楊、夏二人之序，並僅提及錢古訓。《明史》卷九十七《藝文志》載：「李思聰《百夷傳》一卷。洪武中出使緬國所紀。」卷三百十五又載：「二十九年復來訴，帝遣行人李思聰、錢古訓諭緬。」雍正《湖廣通志》卷五十五：「（李思聰）奉詔往諭罷兵，思倫發聽命，會其部酋刁幹孟叛亂，思聰宣示朝廷威德，遂懾服。思倫發餽遺寶器，賦詩卻之。使還，圖其山川險要以進。」乾隆《雲南通志》卷十八《錢古訓傳》：「洪武二十九年，緬甸爲夷僰侵其境，遣使入訴。太祖命思聰等二人齎詔往諭。……思聰等還，具奏其事，且著《百夷傳》，記述其山川人物風俗道路之詳以進。太祖嘉之，各賜衣一襲。」由史實記載可見，李思聰、錢古訓兩人都奉明成祖之命出使緬甸，《百夷傳》應該是合兩人之力轉成，黃氏所載並非無根據，《總目》稱其失考，有些武斷。

卷一百三十五：《韻府羣玉》二十卷　宋陰時夫撰、其弟中夫註

《總目》：按黃虞稷《千頃堂書目》云：「陰幼遇一作陰時遇，字時夫，奉新人。數世同居。登宋寶祐九經科。入元不仕。其兄中夫名幼達。」據此，則時夫乃幼遇之字，而中夫又時夫之兄，與世所傳不同，當必有據。然舊刻皆題其字，未詳何義也。（3-872上）

【按】檢《千目》所載此書原注，《總目》所引甚是。（422下）然《千目》以陰中夫爲兄，陰時夫爲弟，與《總目》相反。考雍正《江西通志》六十七：「陰幼遇，字時夫，奉新人，家數百口，五世同居。登寶祐九經科，入元不仕。父鄉貢士應夢授以凡例，幼遇著《韻府羣玉》若干卷，兄中夫幼達復爲注釋若干卷，傳於世。應夢號竹埜，幼達號復春，幼遇號勁弦。按：陰幼遇，《南昌耆舊記》、林誌俱以爲元人。」又檢《宋人傳記資料索引》、《元人傳記資料索引》，俱作時夫爲中夫弟。對此，楊守敬在其《日本訪書志》卷四中也提出了質疑：「今以此書證之，中夫爲時夫之兄見於《自序》，與黃氏所說合，不知提要緣何以中夫爲時夫之弟，豈以標題時夫居中夫之前乎？」，又云：「陰中夫爲時夫之兄，名勁達，字中夫，以字行，又別字復春。其書爲時夫所作，其注爲中夫所作，故標題弟居兄前。」凡此種種，皆可表明中夫當爲時夫之兄是也。《總目》僅據標題署名先後順序斷定二者關係，失考也，但稱「當必有據」，態度較爲謹慎。

另，《總目》又稱「然舊刻皆題其字，未詳何義也」，亦未能明白陰氏兄弟常以字行，不題其名之故。

卷一百六十四：《汶陽端平詩雋》四卷　宋周弼撰

《總目》：黃虞稷《千頃堂書目》載之，乃稱爲新建人，洪武間，以明經官訓導。考是編，前有寶祐丁巳菏澤李龏《序》稱與弼同庚生，同寓里，相與論詩三十餘年，……且與龏同里，亦不得爲新建人，虞稷所云誤也。（4-324上）

【按】《千目》卷二十九著錄周弼《端平詩雋》四卷（710上）。該書下原注四庫本和上古本均無「新建人」。《千目》卷三十一又載周弜《三體唐詩》四卷，原注云：「新建人，洪武間以明經授訓導，詩選於元。一作二十卷。」然《端平詩雋》列於宋代，而此書列於明代，周弜與周弼當爲兩人，疑《總目》因形近訛誤，將兩人混爲一談，而認爲《千目》有誤。

卷一百六十七：《中菴集》二十卷　元劉敏中撰

《總目》：黃虞稷《千頃堂書目》雖有其名，而獨作三十五卷，與史不符。蓋虞稷所列諸書，乃徧徵各家書目爲之，多未親見，其本故卷數多訛，存佚不確，未可盡援爲據也。（4-394上）

【按】《千目》卷二十九著錄劉敏中《中庵集》二十五卷（719下）。而四庫本《千目》作三十五卷，「三」疑爲「二」字之訛。該書現存的本子有殘鈔本《中菴集》十一卷（殘存卷數爲第八卷至十八卷），其內容與四庫所收本基本吻合。另有元刻本《中庵先生劉文簡公文集》二十五卷，粗考其內容，其卷數與四庫本雖異，類目亦有出入，但各篇目內容基本與四庫本一致，只是目錄分合有別、篇章順序有倒，但可以肯定黃氏所記二十五卷是有根據的。疑此《文集》與《中菴集》實爲一書，僅卷數有異。《總目》稱千目「所列諸書乃徧徵各家書目爲之，多未親見，其本故卷數多訛，存佚不確，未可盡援爲據也」，乃未經詳考，率爾立論。

2.《總目》對《版本》的理解有誤

卷八十五：《授經圖》二十卷　明朱睦㮮撰

《總目》：舊無刊板，惟黃虞稷家有寫本。康熙中虞稷乃同錢塘龔翔麟校而刻之。虞稷序稱：「西亭舊本（案西亭即睦㮮之別號）……」虞稷等附註其下，稱新增入古今作者二百五十五人，經解凡七百四十一部，六千二百一十八卷。則虞稷等大有所竄改，非復睦㮮之舊矣。（2-763下）

　　【按】《千目》卷三著錄周藩宗正睦㮮《授經圖》二十卷（83 上）。此書業經黃虞稷等增訂，內容與作者原意相悖，但四庫館臣僅見到此重刊本，認為此本歷來無刻本。莫友芝《宋元舊本書經眼錄》附錄卷一載有此書萬曆二年朱氏原刊本二十卷，云：「此朱中尉西亭氏原本。康熙間龔蘅圃因以重刊，黃俞邰校之，頗有增訂。」又云：「四庫謂無刊本為龔刊著，則未見此本也。」此說否定了《總目》所稱「舊無刊本，惟黃虞稷家有寫本」之說。

　　3. 《總目》對《千目》的批評，有時可能是出於誤解

　　卷三十六：《四書經疑貫通》八卷　元王充耘撰

　　《總目》：是編黃虞稷《千頃堂書目》謂其已佚。此本為明范欽天一閣舊抄，尚首尾完具。（1-729 下）

　　【按】《千目》卷三著錄王充耘《四書經疑貫通》八卷（92 上），《總目》所言不確。黃氏當時應該見過此書，故能有所著錄。然黃氏在《讀書管見》二卷下云「《四書經疑貫通》及《兩漢詔誥》皆失傳」，蓋指此二書的刻本已佚，故云失傳。而當時應有抄本流傳，故其又能據抄本著錄。《總目》未能明白黃說所指，故所言不確。

　　卷一百七十七：《江午坡集》四卷　明江以達撰

　　《總目》：以達，字於順，號午坡，貴溪人。嘉靖丙戌進士，官至湖廣提學副使。按《千頃堂書目》作福建提學，誤。福建去湖廣頗遠，不至忤楚藩也。（4-725 下）

　　【按】《千目》卷二十三著錄江以達《午坡集》四卷。原注云：「字於順，貴溪人，福建提學副使。」（569 上）雍正《江西通志》卷八十六《人物志》本傳云：「江以達，字於順，貴溪人。嘉靖進士。初授刑部主事，典閩試，遷閩督學僉事，楚督學副使。會章聖梓宮，南祔顯陵，三司出迎，達居守以關防門禁，為楚藩所構，逮繫詔獄，廷杖削籍。節義文章，並推重於時。著有《午坡文集》行世。」乾隆《福建通志》卷二十九《名宦志》云：「江以達，字於順，貴溪人。嘉靖初以刑部郎典試福建，尋轉僉事，督閩學。一時人士造就甚眾。」又，同治《貴溪縣志》卷八《人物傳》載：「遷閩督學僉事，複調督學楚副使。」是江以達先督學福建，後督學湖廣。其忤楚藩事在其督學湖廣任上。惟因《千目》僅稱其任福建提學副使，未提及督學湖廣事，遂使《總目》有「福建去湖廣頗遠，不至忤楚藩」之疑惑，並因此斷定《千目》有誤。《總目》非也。

4. 《千目》所載不在一列，而《總目》誤認為其為同一人所作

卷五十三：《平吳錄》一卷

《總目》：不著撰人名氏。末有袁裒跋，稱此書相傳爲吳文定公所撰。案：吳寬，字原博，號匏庵，長洲人。成化壬辰進士第一，官至禮部尚書，諡文定。《明史》載入《文苑傳》，則所謂吳文定者乃寬也。《千頃堂書目》別載有黃標《平吳錄》一卷，與此書同名。見陸楫《古今說海》中，與此本詳略不同，截然二書。則謂此書爲寬作，或亦有所傳歟？（3-187 上）

【按】《千目》卷五載：「黃標《平夏錄》一卷」（125 下）。於此書後又載有《平吳錄》，無撰者，而《總目》稱其「別載有黃標《平夏錄》」，誤將該書列爲黃標名下。

卷一百一十六：《亳州牡丹志》一卷

《總目》：不著撰人名氏，《千頃堂書目》列朱統鑑《牡丹志》後，疑亦統鑑作也。（3-532 下）

【按】《千目》卷九著錄朱統鑑《牡丹志》，又著錄《亳州牡丹志》一卷（252 上）。《千目》並未將《亳州牡丹志》列於朱統鑑下，而是另起一列，已明其非同一人所著之書。《總目》所疑無據。

5. 《千目》不載而《總目》稱其載

卷十五：《慈湖詩傳》二十卷　宋楊簡撰

《總目》：是書原本二十卷，焦竑《國史·經籍志》及黃虞稷《千頃堂書目》尚載其名而朱彝尊《經義考》註曰：已佚。（1-330 下）

【按】檢《千目》全書，並未收錄該書。

6. 《千目》不誤而《總目》反誣其誤

卷一百二十三：《言行龜鑑》八卷　元張光祖編

《總目》：元張光祖編……黃虞稷《千頃堂書目》著錄作八卷，蓋一門爲一卷也，原序又稱類列八十有二，枚舉爲九百五十有五。今原本散佚，惟載於《永樂大典》。（3-664 下）

【按】《千目》卷十一載：「張光祖《言行龜鑑》十卷。」（319 下）上古本和四庫本均是。《總目》稱「著錄八卷」，未知何據。

卷一百六十九：《草澤狂歌》五卷　明王恭撰

《總目》：《千頃堂書目》有其名而闕其卷數。（4-474 上）

【按】《千目》卷十七載王恭《草澤狂歌》五卷（454下），四庫本亦載其卷數，《總目》稱「有其名而闕卷數」，失考。

7. 《總目》對與《千目》著錄有異之處未加說明

卷一百七十四：《讀杜愚得》十八卷　明單復撰

《總目》：復字陽元，會稽人。《千頃堂書目》作嵊縣人，洪武中爲漢陽河泊官，又云一名復亨，舉懷才抱德科。（4-607下）

【按】《千目》卷三十二著錄此書，原注云：「字陽元，嵊縣人。」（781下）考《杜詩叢刊》〔註1〕所收《讀杜詩愚得》十八卷坿年譜一卷，宣德九年江陰朱氏刊本。卷首題有「古剡單復陽元讀」。剡，古縣名。在今浙江嵊縣西南。考同治《嵊縣志》載有單復。可知，單復當爲浙江嵊縣人，並非會稽人。《千目》地名不誤，《總目》並未認同而別作會稽，有誤。

（四）《千目》與《總目》同誤

1. 《總目》在考訂時未發現《千目》其他錯誤

卷三十七：《日進直講》五卷　明高拱撰

《總目》：《千頃堂書目》作十卷，今本止五卷。（1-753上）

【按】《千目》卷三著錄高拱《日進直解》十卷（85上）。《四庫存目標注》中有《日進直講》一條：「明萬曆馬之駿等刻《高文襄公全集》本，有《大學直講》一卷，《中庸直講》一卷，《論語直講》三卷。」又云：「《河南省呈送書目》：『《日進直講》，明高拱著，五本。』」又，民國《河南通志藝文志稿》載此書亦作五卷，云：「是書黃虞稷《千頃堂書目》作十卷，今僅五卷。自《學庸》至《論語》『子路問成人』章爲不全之本，蓋拱爲講官時進講四子書，先訓句解，次敷陳大義從日講之例耳。」可知，此書當爲五卷而非十卷，亦可證書名當作「直講」而非「直解」。《千目》著錄有誤，《總目》僅對卷數加以糾正而非發現書名著錄錯誤。

2. 《千目》有誤，而《總目》引用亦因形近而誤

卷五十三：《北征事蹟》一卷　明袁彬撰

《總目》：《千頃堂書目》載此書云一作尹宣撰，未知何據，似不然也。（3-185下）

〔註1〕黃永武輯，臺北大通書局，1974年。

【按】《千目》該書原注云：「一作尹宜。」又校記云：「別本宜作直。下有彬字文質，江西新昌人。」（127 下）此書《續修》第四百三十三冊中收錄此書《金聲玉振集》本，篇首有『袁彬』，篇末題『臣尹直謹識』。《綜錄》亦載各本《北征事蹟》，均爲明袁彬撰，明尹直錄。《千目》稱「一作尹宜」，蓋因「宜」「直」形近致誤，當以別本爲是。

另，《總目》所引不確，又將《千目》之「宜」訛爲「宣」，亦誤。

另，《千目》雖字形有誤，但可看出黃氏已注意到此書撰者別有一說，《總目》所稱「未知何據，似不然也」，失考。

二、四庫本與上古本《千頃堂書目》經部、史部異文考辨

（一）經部

1. 易類

《周易傳義大全》二十四卷《義例》一卷

四庫本：永樂十二年，命學士胡廣、侍講楊榮、金幼孜等纂修《五經四書大全》。《周易》則取程傳及朱子本義，博採二程《遺書》、《外書》、《朱子語類》、《文集》及於易者，與諸家之說羽翼之。書成，頒行天下學宮。（3 上）

上古本：永樂十二年十一月，命學士胡廣、侍講楊榮、金幼孜等纂修《五經四書大全》。《周易》則取程傳及朱子本義，博采二程《遺書》、《外書》、《朱子語類》、《文集》之論易者，與諸家之說羽翼之。明年九月書成，頒行六部並兩京國子監及天下郡縣學。（1 上）

【按】《太宗實錄》卷一百五十八：「（永樂十二年十一月）甲寅，上諭行在翰林院學士胡廣、侍講楊榮、金幼孜曰：『五經四書皆聖賢精義要道』……命廣等總其事」。又，卷一六八載：「（十三年九月）己酉，《五經四書大全》及《性理大全》書成」，卷一八六載：「（永樂十五年三月乙未）頒《五經四書性理大全》書於六部並兩京國子監及天下郡縣學。」凡此種種，可知上古本詳而四庫本略，並有刪削。

四庫本：朱升《周易旁注全圖》二卷《周易旁注》十卷（3 上）

上古本：朱升《周易旁注前圖》十二卷（1 上）

【按】《存目》、《續修》均收錄有此書作《周易旁注前圖》，四庫本作《全圖》，誤。朱彝尊《經義考》卷四十九：「朱氏升《周易旁注前圖》二卷，《周

易旁注》十卷。」亦可證書名不作《全圖》。

又，《明史》卷九十六《藝文志》、《經義考》均作《周易旁注前圖》二卷，《周易旁注》十卷，可見《前圖》和《旁注》原爲兩書，上古本著錄爲一書，有誤，四庫本對此已有糾正。

又，《存目》和《續修》所載爲明刻本《周易旁注》二卷《卦傳》十卷《前圖》二卷，其中《卦傳》列入《周易旁注》中，即《旁注》實爲十二卷，與上述各本所載均不相同。

梁寅《周易參義》十二卷

四庫本：寅以程朱二甲釋經義，殊乃融合二家，合以爲一。（3上）

上古本：寅以程朱二甲釋經義，殊乃融洽二家，合以爲一。（1上）

【按】從文意上講，當以「融合」爲是，上古本有誤。

四庫本：方孝孺《大易板辭》（3上）

上古本：方孝孺《大易枝辭》（1下）

【按】《經義考》卷四十九：「方氏孝孺《大易枝辭》，佚。」《北京圖書館古籍珍本年譜叢刊》及《獻徵錄》所載《方孝孺傳》俱作《大易枝辭》。而《大易板辭》，文獻不見有此書，四庫本當因形近而誤。

程汝器《周易集傳》十卷

四庫本：師事趙坊（3下）

上古本：師事趙汸（1下）

【按】《明史》卷二百八十二：「趙汸，字子常，休寧人。」《獻徵錄》卷一百十四載《東山趙先生汸行狀》：「避地新安海寧之龍源里。」休寧、新安實爲同一地，而程汝器亦爲休寧人，師從趙氏，也符合常理。四庫本作「趙坊」有誤。

胡璉《易學會通》

四庫本：字商用，高要人。（3下）

上古本：字商用，高安人。（2上）

【按】《明一統志》卷五十七、明淩迪知撰《萬姓統譜》卷十一均作：「胡璉，高安人。」雍正《江西通志》卷七十一云：「胡璉，字商用，高安人。」可證胡璉爲江西高安人，四庫本作「高要人」，誤。

鄭宏《味易餘吟》

四庫本：字以純（3下）

上古本：字以仁（2上）

【按】考萬曆《嘉定縣志》卷十二：「鄭閎，字以純。」乾隆《江南通志》卷一百四十五：「鄭閎同爲經生所宗。閎字以純，精易學。」《萬姓統譜》卷一百七：「鄭洪，字以仁。」鄭宏字作「以純」，一作「以仁」。

四庫本：王雲鳳《訂正復古易》十二篇（5上）

上古本：王雲鳳《訂正復古義》十二篇（3下）

【按】《經義考》卷五十著錄王雲鳳《訂正復古易》十二篇。又引其《後序》曰：「秦以《易》爲卜筮書，得不焚，故《易》在六籍中爲完書。」據此，此書所論均與《周易》有關，且《千頃堂書目》也置於易類，故書名當爲《復古易》而非《復古義》。

四庫本：黃正憲《周易管窺》十五卷。字懋容，萬曆二十四年丙申序。（9上）

上古本：黃正憲《周易管見》十五卷。字仲容，秀水人。萬曆二十四年丙申序（7下）

適園本：同四庫本（5下）

【按】《續修》第十一冊收錄該書明刻本，書名作《易象管窺》。《浙江採集遺書總錄》甲集作：「《易象管窺》十五卷。明諸生嘉興黃正憲撰。」《明史》卷九十六亦作：「黃正憲《易管窺》十五卷。」書名雖與《千頃堂書目》著錄有不同，但作「管窺」不作「管見」，則同。此書名也應以四庫著錄爲是。

又，此書卷首其伯兄黃正色作《序》，稱「余仲懋忠」「余季懋容」。又考《欽定續文獻通考》卷一百四十四：「黃正憲《易象管窺》十五卷。正憲字懋容，秀水人，與其兄少詹事洪憲皆喜談易。」據此可知，黃正憲爲洪憲和正色之弟，字當爲懋容是也。上古本誤將排行作其表字。

四庫本：萬廷吉《易原》四卷。字以忠，號思默。萬曆丁亥序。（9下）

上古本：萬廷言《易原》四卷。字以忠，號思默。嘉靖壬戌進士，雲南按察司僉事。萬曆丁亥序。（8下）

【按】黃宗羲《明儒學案》卷二十一：「萬廷言，字以忠，號思默。」雍

正《江西通志》卷五十四：「萬廷言，南昌人，雲南提學僉事。」又，卷六十九云：「萬廷言以忠，號思默，南昌人，虞愷子。」查《明清進士題名碑錄》，萬廷言爲嘉靖四十一年壬戌科進士。可知四庫本作「萬廷吉」，有誤。

楊時喬《周易古今文全書》二十一卷

四庫本：萬曆十八年庚寅序。（9下）

上古本：萬曆八年庚寅序。（8下）

【按】《存目》經部第八、九冊收錄該書，前有《總序》，序末題有「萬曆十八年庚寅八月望信州楊時喬書」。又，萬曆八年爲庚辰，十八年爲庚寅，亦可得證上古本有誤。

四庫本：張浦《周易注疏大全合纂》六十七卷（13上）

上古本：張溥《周易注疏大全合纂》六十七卷（12上）

適園本：同四庫本（8上）

【按】《經義考》卷六十四：「張氏溥《周易注疏大全合纂》六十八卷，存。徐盛全曰：『溥，字天如，號西銘，太倉州人。崇禎辛未進士，改庶起士。』」《明史》雖不載此書，卷九十六有：「張溥《詩經注疏大全合纂》三十四卷」，故，此書作者當爲張溥，四庫本因形近而誤，上古本亦對適園本作出校正。

朱元昇《三易備遺》十卷

四庫本：建寧府松溪，政和縣巡簡，述其自得之學。（14上）

上古本：建寧府松溪，政和縣巡檢，述其自得之學。（13下）

【按】《經義考》卷三十九著錄本書引家鉉翁《進狀》、《欽定續文獻通考》卷一百四十二均作：「松溪，政和巡檢。」四庫本作「簡」，爲「檢」字之訛誤。

王申子《大易緝說》十卷

四庫本：前印州兩請進士。（14下）

上古本：前邛州兩請進士。（14上）

【按】考四庫所收該書，卷末有田澤撰《續刊大易緝說始末》，稱「王申子，前邛州兩請進士。」四庫本有誤。

2.書類

四庫本：全天敘《禹貢畧》一卷（23上）

上古本：全天啓《禹貢畧》一卷（23上）

適園本：余又敘《禹貢畧》一卷（14下）

　　【按】雍正《浙江通志》卷二百四十一：「《禹貢署》一卷，尤氏《藝文志》余天敘撰。」《經義考》卷九十四：「全氏天敘《禹貢略》一卷，未見。」姓氏姑不論，其名多作「天敘」，故擇其多者而從之。考余天敘，文獻不載此人，而全天敘，《明史》有載，大致活躍在萬曆年間，而《千目》排列多按年代順序，故黃氏所載此書很可能是「全天敘」所作，上古本、適園本均誤。

　　四庫本：徐汝廉《思勉齋尚書解》。（23下）

　　上古本：徐允祿《思勉齋尚書解》。原注：字汝謙，嘉定人。（23下）

　　適園本：徐汝廉《思勉齋尚書解》（15上）

　　【按】上古本載徐氏之名，四庫本、適園本均取其字。然上古本原注稱其「字汝謙」，《千目》卷二亦載徐允祿《春秋愚謂》，注云：「字汝廉，嘉定縣人。」卷二十六載徐允祿《思勉集》十四卷，注云：「字汝廉，嘉定學生。」又，《經義考》卷九十一：「徐氏允祿《勉思齋尚書解》，未見。陸元輔曰『明嘉定徐允祿汝廉撰』。」可知，徐允祿字當爲「汝廉」是也，上古本原注有誤。

　　四庫本：薛季宣《書古文訓》十六卷（24下）

　　上古本：薛季宣《書古文訓》十六卷（24上）

　　【按】《經義考》卷八十一：「薛氏季宣《書古文訓》十六卷，存。」雍正《浙江通志》卷二百四十一：「《書古文訓》十六卷，萬曆溫州府志，薛季宣撰。」四庫本誤。

董鼎《書經輯錄纂注》六卷

　　四庫本：鼎詳稽朱子遺語，旁採諸家附於蔡傳本條之左。有同有異，俱有所裨。（25上）

　　上古本：鼎詳稽朱子遺語，旁採諸家附於蔡傳本條之左。有同有異，俱有所釋。（24下）

　　適園本：同四庫本。（16上）

　　【按】「有同有異，俱有所裨」，語見元吳澄《吳文正集》卷十九《書傳輯錄纂注後序》，亦見《經義考》卷八十五所引。上古本作「所釋」有誤。

程直方《蔡傳辨疑》一卷

　　四庫本：字道夫，婺源州人。（25上）

上古本：字道大，婺源州人。（25 上）

【按】乾隆《江南通志》卷一百六十四：「程直方，字道大，婺源人。」明程敏政撰《新安文獻志》卷七十《前村程先生直方傳》載：「先生諱直方，字道大，號前村，新安婺源人。」又，方回《桐江續集》卷十六亦有《寄還程道益直諒道大直方昆季詩卷》，《喜程道大直方至約諸友二首》兩文，凡此種種，知程直方字當爲「道大」非「道夫」，四庫本有誤。

3. 詩類

四庫本：薛騰蛟《毛詩附說》十卷（28 上）

上古本：薛騰蛟《毛詩附說》十卷（28 下）

【按】《經義考》卷一百十三：「薛氏騰蛟《毛詩附說》十卷，未見。」雍正《陝西通志》卷七十四：「《毛詩附說》十卷，俱參政渭南薛騰蛟撰。」薛騰蛟，文獻不載此人，上古本因形近而誤。

四庫本：劉誠《風雅遺旨》。原注：輯楚漢以下詞人之作，得三百篇之旨者。（28 下）

上古本：劉誠《風雅遺音》。原注：輯楚漢以下詞人之作，得三百篇之旨者。（29 上）

【按】此書文獻鮮有記載，唯明何喬新撰《椒邱文集》卷三十《朝列大夫湖廣布政司右參議劉君墓誌銘》云：「楚漢以降詞人之作，散見諸書，君采其得三百之旨者，作《風雅遺音》。」然四庫本作「遺旨」，亦可視爲呼應注文「得三百篇之旨者」，不可證之誤，故付之闕如。

徐奮鵬《詩經毛朱二傳刪補》

四庫本：學者稱筆峒先生。（30 上）

上古本：學者稱華峒先生。（30 下）

適園本：同四庫本（19 下）

【按】同治《臨川縣志》卷四十三：「學者稱爲筆峒先生」，是爲明證，而適園本亦作「筆峒」，知上古本有誤。

四庫本：程直方《學筆記》（31 上）

上古本：程直方《學詩筆記》（32 下）

【按】《新安文獻志》卷首《先賢事畧上》載：「程前村直方……學詩筆記。」《經義考》卷四十四載程直方，云：「董時乂曰：『詩則有《學詩筆記》。』」

四庫本作《學筆記》，顯然誤脫「詩」字。

四庫本：不載

上古本：毛直方《詩學大成》（33 上）

適園本：同四庫本

【按】前文《詩錢氏集解》一書後有注文云「以下失名氏」，此書四庫本不載，而上古本俱載其名和作者，不知何故。《千目》又於卷十五藝術類載此書。

4. 三禮類

汪克寬《經禮補逸》九卷

四庫本：克寬是書歿後為人所竊，幾不傳。程敏政使族人啟訪，得手稿乃為刊行，一名儀禮補逸。己酉二年曾魯序。（33 上）

上古本：克寬歿後，是書為人所竊，幾不傳。程敏政使族人啟訪，得手稿乃為刊行，一名儀禮補逸，弘治二年己酉曾魯序。（35 上）

適園本：二年己酉曾魯序。（22 上）

【按】該書原序云：「洪武二年歲在己酉，秋八月，下灄臨江曾魯序。」上古本作「弘治二年」，弘治二年雖為己酉，但非序言所指年歲，有誤。此處，四庫本省去年號，當從黃氏所載時間之序，默認為洪武年間，四庫本不誤。

四庫本：王志長《儀禮注疏羽翼》十七卷（34 上）

上古本：王志長《儀禮注疏刪翼》十七卷（35 下）

【按】《總目》卷十九：「《明史·文苑傳》附見其兄志堅，傳中稱其亦深於經學，是書於鄭注賈疏多刊，削其繁文，故謂之刪，又雜引諸家之說，以發明其義，故謂之翼。」而《千頃堂書目》卷二後又有王志長《周禮注疏刪翼》三十卷，注文曰：「刪節注疏之繁，而附以後儒之論，以為聖經羽翼。」可見，四庫本因形近而誤。

柯尚遷《周禮全經釋原》十二卷《附錄》二卷

四庫本：嘉靖乙巳序。（35 上）

上古本：嘉靖丙午自序。（37 上）

適園本：同四庫本（23 上）

【按】書中有原序，序末題有「嘉靖乙巳二月朔旦柯尚遷序」，可知上古

本有誤。

　　四庫本：陳襃《禮記正蒙》（37 下）

　　上古本：陳襃《禮記正蒙》（39 下）

　　【按】《千目》卷二十三又有《驪山集》十六卷，四庫本作陳襃，上古本作陳襃。有原注：「字邦進，寧德人。」「襃」和「襃」當爲二字。《經義考》卷一百四十五作：「陳氏襃《禮記正蒙》。」乾隆《福建通志》卷四十八：「陳襃。著《禮記正蒙》。」光緒重刊本《福寧府志》選舉志載：「正德九年甲戌：陳襃，字邦榮，寓姪，行人，寧德人。」「嘉靖二十三年癸未：陳襃，字邦進，襃弟，有傳，寧德人。」可知陳襃和陳襃爲兄弟，上古本均作「陳襃」，有誤。

　　四庫本：徐師曾《禮記集註》三十卷（38 上）

　　上古本：徐師曾《禮記纂註》四十九卷（40 上）

　　【按】《存目》經部八十八收錄該書：《禮記集註》三十卷。乾隆《江南通志》卷一百九十：「《禮記集註》三十卷，吳江徐師曾。」《經義考》卷一百四十五：「徐氏師曾《禮記集注》三十卷，存。」《禮記纂註》實爲湯道衡所撰。考書中所載內容，析爲四十九篇，上古本作「四十九卷」，當是由此而來。

　　四庫本：吳應賓《中庸釋論》十一卷。相城人。（40 上）

　　上古本：吳應賓《中庸釋論》十二卷。桐城人。（43 上）

　　【按】乾隆《江南通志》卷一百二十三：「吳應賓，桐城人。」《明詩綜》卷六十：「應賓，字尚之，又字客卿，桐城人。」而相城屬姑蘇，非同一地，知四庫本有誤。另，《經義考》卷一百五十五載：「吳氏應賓《中庸釋論》十二卷」，亦知道四庫本卷數有誤。

　　四庫本：楊廉《大學衍義丘畧》二十卷。字以德，秀水人。是書精當切要，無一言非人君爲治之法，無一字非人臣責難之心，恐萬幾之煩，難於遍覽，因節畧其表進呈。（41 下）

　　上古本：楊廉《大學衍義節畧》二十卷。廉以德秀是書精當切要，無一言非人君爲治之法，無一字非人臣責難之心，恐萬幾之煩，難於徧覽，因節畧具表進呈，時官南京禮部尚書。（43 下）

　　【按】《經義考》卷一百五十八云：「楊氏廉《大學衍義節略》二十卷。」

又云：「廉序曰：『《大學衍義》，先儒眞德秀之所著也。曰節略者臣不揆寡陋冒昧爲之也。舊四十三卷今爲二十卷，云竊謂德秀之書，雖其援引之富，論說之辨，然無一言而不源流於孔子之經，無一句而不根本乎曾子之傳，無一言而非人君爲治之法，無一句而非人臣責難之忠，至當至精，至切至要。臣之過慮，惟恐萬幾之繁，經筵之講讀未易以畢，乙夜之披閱或難於周，此節略之所由以成也。』」據此可知，書名當爲《節略》，四庫本作《丘略》，有誤。又，「德秀」乃《大學衍義》原作者宋眞德秀，而非一詞，四庫本斷章取義作「字以德，秀水人」，失考。考《明史》卷二百八十二：「楊廉，字方震，豐城人。」又，雍正《江西通志》卷六十八，亦可得證，楊廉爲江西豐城人。

曾景修《大學中庸詳說》

四庫本：名生，以字行，莆田人。洪武中德安府學教授。（44 上）

上古本：名生，以字行，莆田人。洪武中安慶府學教授。（46 上）

適園本：同四庫本（29 下）

【按】《閩中理學淵源考》卷四十九《教授曾先生景修》載「歷官德安教授」，乾隆《福建通志》卷三十九：「曾景修，玉山教諭，陞安德教授，著《大學中庸詳說》行世。」上古本作「安慶府」，有誤。

四庫本：金履程《大學章句疏義》一卷（46 下）

上古本：金履祥《大學章句疏義》一卷（48 下）

【按】《元史》卷一百八十九金履祥傳云：「所著書曰《大學章句疏義》二卷」《鄭堂讀書記》卷十二載「《大學疏義》一卷，藕塘祠塾重刊本」。又云：「宋金履祥撰。《四庫全書》著錄，倪氏錢氏《元志》俱作《大學章句疏義》」則此書爲金履祥著無疑，四庫本作「金履程」，有誤。

四庫本：呂洙《大學辨疑》（47 上）

上古本：呂洙《大學辨》一卷（49 上）

【按】《經義考》卷七十一載呂氏《太極圖說》，云：「應廷育曰：『呂洙，字宗魯，永康人。與弟溥從許謙遊，著《太極圖說》《大學辨疑》。』」乾隆《浙江通志》卷二百四十二：「《大學辨疑》一卷，萬曆《金華府志》，呂洙著。」上古本書名有疏漏，而四庫本卷數有缺。

四庫本：吳澄《三禮考注》六十八卷（47 上）

上古本：吳澄《三禮考注》四十八卷（49 上）

【按】于敏中《天祿琳瑯書目》卷七載《三禮考註》，作六十四卷。此外，丁丙《善本書室書目》及陸心源《皕宋樓藏書志》亦俱作「六十四卷」，《鄭堂讀書記》載十四卷，云：「《四庫全書》本十卷，其第一第七第九第十四卷各分上下，故有十四卷。倪氏錢氏補《元志》俱作六十八卷，朱氏《經義考》作六十四卷，皆據所見本，各異也。」關於該書卷數，有六十八、十四、六十四三說，皆因所見不同而異。然上古本作「四十八卷」，未知何據，俟考。

5. 禮樂類

《明集禮》五十三卷

四庫本：滕公瑛等至京。（47 下）

上古本：劉公琰等至京。（50 上）

【按】考《明太祖實錄》卷四十四載：「（洪武二年八月）上以國家創業之初……於是儒士徐一夔、梁寅、劉於、周子諒、胡行簡、劉宗弼、董彝、蔡深、滕公琰至京。」上古本作「劉公琰」，四庫本作「滕公瑛」均誤。

車垓《內外服制通釋》九卷

四庫本：男瑢所編次。（50 下）

上古本：男珩編次。（盧校：珩下有所字）（53 上）

適園本：同四庫本（34 下）

【按】四庫收錄該書實為七卷，《提要》稱第八、九卷已佚。卷末有跋文，題口「戊寅孟春望日男瑢百拜謹識」，此人當為車垓之子。上古本作「男珩」，不知何據。

四庫本：陳大任《遼禮儀志》（51 上）

上古本：陳大任《遼禮儀制志》（53 下）

【按】上古本卷九亦載陳大任該書，作《遼禮儀志》。《遼史》卷四十九：「今國史院有金陳大任《遼禮儀志》，皆其國俗之故。」上古本此處於「志」上加「制」字，不知何故。

《永樂琴書集成》二十卷

四庫本：凡有古典集中涉於琴者，皆備悉之。（55 下）

上古本：凡有古典籍中涉於琴者，皆備悉之。（57 下）

【按】據文意可知，當以「典籍」爲是，四庫本有誤。

四庫本：胡文煥《文會堂琴譜》一卷（56 上）

上古本：胡文煥《文會堂琴譜》六卷（58 上）

【按】《存目》子部第七十四冊收錄此書明萬曆二十五年胡氏文會堂刻本，作六卷。雍正《浙江通志》卷二百四十二亦作六卷。四庫本作一卷，未知何據。

6. 春秋類

張宣《春秋胡傳標注》

四庫本：字蘊仲。（58 上）

上古本：字藻仲。（61 上）

【按】雍正《江南通志》卷一百六十六載：「張宣，字藻重，江陰人。」明廖道南撰《殿閣詞林記》卷八《編修張宣》云：「字藻仲」又，《千頃堂書目》卷十七亦載張宣著作《青陽集》，四庫本與上古本均有注文云：「字藻仲，初名瑄，江陰人。」可見，四庫本此處作「蘊仲」當誤。

四庫本：馬理《春秋修義》（60 上）

上古本：馬理《春秋備義》（63 上）

適園本：馬理《春秋脩義》（41 下）

【按】光緒《三原縣志》卷六及《明儒言行錄》卷四馬理傳，俱作：「著有《四書注疏》、《周易贊義》、《尚書疏義》、《詩經刪義》、《周禮注解》、《春秋修義》及《陝西通志詩文集》若干卷。」上古本作《春秋備義》，當以「脩」字訛爲「備」，有誤。

四庫本：王崇慶《春秋析義》二卷（60 下）

上古本：王崇慶《春秋斷義》二卷（63 上）

【按】《經義考》卷二百一引崇慶《自序》，序末題：「作《春秋斷義》，嘉靖戊戌。」知四庫本有誤。

四庫本：石瑤《左傳章畧》三卷（61 上）

上古本：石瑤《左傳敘畧》三卷（63 下）

【按】《經義考》與上古本同。雍正《山東通志》及《萬姓統譜》均作《左氏敘略》。雖書名作《左傳》、《左氏》有別，但作「敘略」則同。四庫本

非是。

袁仁《鍼胡篇》一卷

四庫本：吳江人，祥之子，顯之父也。（62上）

上古本：吳江人，仁祥之子，顯祥之父也。（64下）

按：袁氏祖孫三人之關係，四庫本作：祖祥、父仁、子顯。考雍正《浙江通志》卷一百九十二：「袁仁：《兩浙名賢錄》，字良貴，嘉善人。父祥、祖顯。……顯嘗作《春秋傳》三十卷，祥作《春秋或問》八卷以發其旨，仁復作《鍼胡編》以闡之。」《經義考》卷五十三載袁氏顯《周易奧義》，引其孫仁記曰：「大父菊泉先生名顯字孟常。」卷二百一載袁祥《春秋或問》，引子仁狀曰：「吾父諱祥，字文瑞，怡杏其別號也。以大父菊泉所著《春秋傳》有獨得其奧，而人不易明者，因著《春秋疑問》四卷，以發其微旨。」卷二百三載袁仁《春秋鍼胡編》，引仁自序曰：「吾祖菊泉先生……潛心十載別爲袁氏《傳》三十卷，按之胡氏《傳》幾五倍之。吾父怡杏府君復作《或問》八卷，以闡其幽釋春秋者。」又，《千目》所載三人著作之序亦能明其長幼關係。由此得知，當以祖顯、父祥、子仁之序爲是，四庫本有誤。

另，上古本作「仁祥之子，顯祥之父也」，斷句當以「仁，祥之子；顯，祥之父也」爲宜。

四庫本：馬森《春秋伸義辨類》二十九卷（62下）

上古本：馬森《春秋伸義辨類》二十九卷（65下）

【按】《明史》卷九十六《藝文志》載：「馬森《春秋伸義辨類》二十九卷」，《閩中理學淵源考》卷四十五《恭敏馬孔養先生森》及乾隆《福建通志》卷四十三均載：「著有《四書口義》、《書經敷言》、《周易說義》、《春秋伸義辨疑》。」知上古本有誤。

錢時俊《春秋胡傳翼》三十卷

四庫本：常熟人。嘉靖甲戌進士，萬曆辛亥序。（63上）

上古本：常熟人。萬曆甲辰進士，萬曆辛亥序。（65下）

【按】考《明清進士題名碑錄索引》，嘉靖年並無甲戌科。錢時俊，爲萬曆三十二年甲辰科。又，乾隆《江南通志》卷一百二十三萬曆甲辰科楊守勤榜，有「錢時俊，常熟人」。四庫本有誤。

四庫本：耿汝忢《春秋忢渡》十五卷（64下）

上古本：耿汝忞《春秋愍渡》十五卷。字克勵，黃安人，耿定向子。（67下）

【按】考康熙《黃安縣志》，卷十載耿汝忞：「字克勵。贈大司農諱定力之子也。……有《春秋愍渡》行世。」據此可知，四庫本作「耿汝志」為誤。又知，耿汝忞為耿定力之子，而非耿定嚮之子。《黃安縣志》載耿定力：「尋病歿，所司請卹，贈南京戶部尚書，男孝廉汝忞克世其家」，亦可證之。上古本雖補四庫本之缺，然亦有錯。

四庫本：丘葵《春秋通義》（65下）

上古本：丘葵《春秋正義》（69下）

適園本：同四庫本（45上）

【按】《閩中理學淵源考》卷三十三《徵士丘釣磯先生葵》、乾隆《福建通志》卷四十五《丘葵傳》及《經義考》卷一百九十一俱作《春秋通義》。可見上古本有誤。

7. 孝經類

四庫本：孫蕡《孝經集傳義》（70下）

上古本：孫蕡《孝經集傳善》（73上）

【按】《總目》卷一百六十九著錄孫蕡《西菴集》，提要云：「是編前有黃佐葉春及所撰小傳，稱蕡著述甚富，自茲集外，尚有《通鑑前編綱目》、《孝經集善》、《理學訓蒙》和《陶集古律詩》。其《孝經集善》則宋濂為之序。」《明史》卷九十六《藝文志》著錄孫蕡《孝經集善》一卷。是孫蕡此書未有題《孝經集傳義》者。

四庫本：汪旭奇《孝經疏義》（72上）

上古本：江旭奇《孝經疏義》（74下）

【按】四庫本作汪旭奇誤。《總目》卷一百三十八著錄江旭奇著《朱翼》，提要云：「旭奇，字舜升，歙縣人。萬曆中官安岳縣縣丞。《江南通志》列之《儒林傳》，稱其在太學日嘗奏上所著《孝經翼》、《孝經疏義》，並請敕儒臣補成《孝經大全》，命題取士。蓋亦講學之家。」可證上古本不誤，而四庫本誤錄。《明史》卷九十六《藝文志》著錄江旭奇《孝經疏義》一卷，乾隆《江南通志》卷一百六十四《人物志‧儒林傳》云：「江旭奇，字舜升，婺源人。補諸生。入太學，奏所著《孝經翼》、《孝經疏義》。」亦可證。

四庫本：張須立《孝經口義》（72下）

上古本：張塁《孝經口義》（75上）

【按】四庫本誤。元吳澄撰《吳文正集》卷七十三《故文林郎東平路儒學教授張君墓碣銘》云：「君，蜀人也。姓張氏，諱塁，字達善。世居永康之導江。」又云「著述有《四經歸極》、《孝經口義》」等。朱彝尊《經義考》卷二百二十七、乾隆《江南通志》卷一百九十《藝文志》著錄亦作《孝經口義》，張塁撰，均可證本書作者爲張塁。四庫本誤將人名拆成「須立」二字。

8. 經解類

四庫本：章懋《諸儒講義》二卷（78上）

上古本：章懋《諸經講義》二卷（81下）

【按】章懋此書於《千頃堂書目》卷十一《儒家類》亦有著錄，四庫本、上古本均作《諸儒講義》。《明史》卷九十六《藝文志》著錄章懋《諸經講義》二卷。是此書書名各有所據，待考。

四庫本：黃喬棟《二經傳習錄》（79下）

上古本：黃喬棟《十二經傳習錄》（83下）

【按】《閩中理學淵源考》卷六十一《恭肅黃葵峰先生光昇》云：「子喬棟，事父至孝。以蔭授臨安知府，有廉名。著《十二經傳習錄》、《讀書管見》。」朱彝尊《經義考》卷二百五十亦作《十二經傳習錄》，並引陸元輔曰：「喬棟，恭肅公光昇子。恭肅有諸經注解，獨《詩經》未就，喬棟足成之，撰有《十二經傳習錄》。」是四庫本脫去「十」字。上古本云：「盧校無二字。」意爲盧文弨校本作《十經傳習錄》，亦非。

四庫本：曹學佺《五經可說》（80上）

上古本：曹學佺《五經困學》九十卷（84上）

【按】四庫本非是。朱彝尊《經義考》卷二百五十著錄，即作《五經困學》，並引曹學佺《自序》曰：「曰：子之名困學也，何故？曰：昔者夫子發憤忘食，樂以忘憂。而又曰學而不思則罔，思而不學則殆。罔與殆皆其所不容不憤也。夫子有樂以通之，予惟知有憤而不知有樂也。夫是之謂學，夫是之謂困。」此釋其書名命名之義，是作「困學」，不作「可說」。

9.四書類

四庫本：張洪《四書講義》三十卷（84上）

上古本：張洪《四書解義》二十卷（88下）

【按】《姑蘇志》卷五十二、黃宗羲編《明文海》卷四百五十一《明翰林院編修止菴張先生墓碑》中均作《四書解義》，《中國善本書目提要》亦載明刻本《四書解義》。又，《經義考》卷二百五十六：「張氏洪《四書解義》二十卷。」可見，四庫本書名和卷數均有誤。

四庫本：顧夢麟《四書通考》二十卷（86上）

上古本：顧夢麟《四書十一經通考》二十卷（90下）

【按】《經義考》卷二百五十九：「顧氏夢麟《四書十一經通考》二十卷。」清汪琬撰《堯峰文鈔》卷三十四《楊顧兩先生傳》載：「顧先生尤好著述，所纂《四書說約》二十卷、《詩經說約》二十八卷、《四書十一經通考》二十卷。」是其書名本作《四書十一經通考》，四庫本有誤。惟《明史》卷九十六《藝文志》著錄作《十一經通考》，或有遺漏。

四庫本：薛允文《四書纂類》。字彬入，永嘉人。（88上）

上古本：蔣允文《四書纂類》。字彬夫，永嘉人。（92下）

【按】《經義考》卷一百五十八：「蔣氏允汶《大學章旨》佚。王瓚曰：『溫州府學教授，永嘉蔣允汶彬夫撰。』」《萬姓統譜》卷八十六：「蔣允汶，字彬夫，永嘉人，……著述有《四書蔡類》藏於家」另，《千頃堂書目》卷十七，四庫本、上古本均載：「蔣允汶《蒼崖集》。字彬夫，永嘉人，元進士，洪武初薦，起爲溫州府學訓導。」此處，四庫本撰者和字號均誤。

10. 小學類

龔時憲《洪武正韻注疏》缺卷

四庫本：常州人。（89下）

上古本：太倉州人。（95上）

【按】宣統《太倉州鎮洋縣志》及民國《太倉州志》俱作龔持憲。乾隆《江南通志》卷一百九十：「《左傳合註》，俱太倉龔持憲。」可知撰者當爲太倉州人，而太倉州隸屬蘇州府，非常州府，故，四庫本作常州人，有誤。另，《千目》作者作「龔時憲」，亦誤，當爲「龔持憲」是也。

四庫本：劉彥振《纂韻集抄》。（90上）

上古本：劉彥辰《纂韻集鈔》。（校記：別本纂作篡）（95下）

【按】四庫本、上古本皆有原注：「鄱陽劉彥昺弟，洪武中薦舉，官知縣。」

史簡編《鄱陽五家集》卷十五：「劉彥正，諱爆，鄱陽人。……有《篆韻集鈔》行於世。」考同治《鄱陽縣志》，卷十載劉炳，云：「從弟爆字彥正，工籀法，通譯書，著有《篆韻集鈔》五冊，筆法蒼秀，宋濂有序。」又，宋濂撰《文憲集》卷五《篆韻集鈔序》有「鄱陽劉君爆，幼承先訓，留意於篆學歷年之久」、「爆，字彥正」等云云。上述資料可證，撰者為劉彥正爆，上古本和四庫本著錄均不準確。此書名為《篆韻集鈔》，上古本對此已出校記。

馬琬《偏旁辨証》

四庫本：字文璧，秦淮人。（90 上）

上古本：字文璧，紹興人。（95 下）

適園本：同四庫本（62 下）

【按】《御定佩文齋書畫譜》卷五十五作：「馬琬，字文璧，秦淮人。」又，《明詩綜》、《御選宋金元明四朝詩・御選明詩》均作「江寧人」。秦淮、江寧均屬今南京，是為一地也，而上古本作「紹興人」，有誤。

四庫本：釋眞定《貫珠集》八卷（95 上）

上古本：釋眞空《貫珠集》八卷（99 下）

【按】《欽定天祿琳琅書目》卷七載：「《重刊改併五音集韻》，金韓道昭編，十五卷，前載金崇慶元年原序，次唐郭知玄、孫愐《唐韻舊序》二篇，後附明沙門眞空《貫珠集》八卷。」四庫本作「釋眞定」，有誤。

四庫本：陳翼之《重修攷古圖》十卷（97 下）

上古本：陳翼子《重修攷古圖》十卷（102 下）

【按】于敏中《欽定天祿琳琅書目》卷八載：「泊如齋重修《考古圖》，宋呂大臨輯。十卷前大臨自序。此書刊刻極精，楷體仿二王書，篆法亦古，乃明版中傑出之本。第《考古圖》別本均有元大德二年茶陵陳才子、翼子兄弟二序。」又，陸心源《皕宋樓藏書志》卷五十三載《考古圖》陳翼子序，題曰「大德己亥復日茶陵陳翼子翼倛識」，可見此書當為茶陵陳翼子重刊，四庫本有誤。

黃常《小學訓解》十卷

四庫本：字叔彛，江陵人。（100 下）

上古本：字叔彛，江陰人。洪武初常州府學訓導。（105 下）

【按】考康熙《常州府志》卷十四職官類，洪武三年常州府學訓導，黃

常，江陰人。知四庫本有誤。

四庫本：朱升《小學名教》（100 下）

上古本：朱升《小學名數》（105 下）

【按】《新安文獻志》卷七十六《朱學士升傳》云：「所注書有《易》、《書》、《詩》、《周官》、《儀禮》、《禮記》、《論語》、《孟子》、《大學》、《中庸》、《孝經》、《小學旁注》，讀《老子》、《孫子》，亦為旁注，他如《小四書》、《小學名數》醫家諸書之奧義。」知四庫本有誤。

四庫本：林道學《原教錄》一卷（102 下）

上古本：林學道《原教錄》一卷（107 下）

【按】《閩中理學淵源考》卷五十五《學正林致之先生學道》載：「林學道，字致之，莆田人。」雍正《福建通志》卷六十八亦載：「林學道《原教錄》二卷。」四庫本作林道學，有誤。

四庫本：劉芳《敏求機要》十六卷（102 下）

上古本：劉芳實《敏求機要》十六卷（107 下）

【按】丁丙《善本書室藏書志》卷二十、陸心源《皕宋樓藏書志》卷六十一俱作「月梧劉芳實撰，鳳梧劉茂實註。」《千頃堂書目》卷十五又載此書，作劉芳實劉茂實《敏求機要》十六卷。原注：「芳實，字月梧；茂實，字鳳梧，同編。」《總目》載此書，稱「舊本題月梧劉實撰，鳳梧劉茂實注，而撰人於劉字之下實字之上空一字，疑二人兄弟，本以實字連名，舊本模糊，傳寫者因於撰者之名空一字也。」《存目》子部一百七十二冊收錄該書，卷首亦題劉實撰，劉茂實註。疑此人當為劉芳實，舊本於「實」字上空一字，當為脫字而非空白。四庫本作「劉芳」，顯然有誤。

（二）史部

1.國史類

《明宣宗章皇帝實錄》一百十五卷

四庫本：宣德七年七月丙子，命大學士楊士奇……（104 下）

上古本：宣德十年七月丙子，命大學士楊士奇……（109 下）

【按】考《明實錄》，《宣宗實錄》止於宣德九年，故修撰當不在宣德七年。另，宣德七年七月亦無丙子一日。事見《英宗實錄》宣德十年七月。故，四庫本有誤。

《穆宗莊皇帝實錄》七十卷

四庫本：隆慶六年十月勑修，總裁張居正、呂調陽，副總裁王希烈、丁
壬美、汪鏜、申時行、王錫爵纂修官范應期等二十四人，二年七月書成進御。
（105 下）

上古本：隆慶六年十月勑修，總裁張居正、呂調陽，副總裁王希烈、丁
士美、汪鏜、申時行、王錫爵纂修官范應期等二十四人，二年七月書成進御。
（110 上）

【按】《禮部志稿》卷六十五《隆慶實錄官》有：「少師兼太子太師吏部
尚書建極殿大學士張居正、太子少保禮部尚書兼武英殿大學士呂調陽爲總
裁」、「太常寺卿兼翰林院侍讀學士掌院事丁士美」云云，四庫本作丁壬美，
有誤。

四庫本：《明太祖文皇帝寶訓》十五卷。宣德五年修。（106 上）
上古本：《太宗文皇帝寶訓》十五卷。宣德五年修。（111 下）

【按】前文已載有太祖《明寶訓》十五卷，此處當爲太宗《寶訓》。考《明
史》卷九十七《藝文志》載：「《明太祖實錄》二百五十七卷，《寶訓》十五卷。
《成祖實錄》一百三十卷，《寶訓》十五卷」，此處《明史》所載成祖《寶訓》
即爲《太宗文皇帝寶訓》。又，《寶訓》修纂一般與《實錄》同時，此處爲宣
德五年修，與太宗《實錄》的修纂年份洪熙元年相去不遠。又，明太祖謚號
爲高皇帝而非文皇帝，可證四庫本有誤。

2. 正史類

宋濂等修《元史》二百十二卷

四庫本：洪武二年二月丙寅朔詔修《元史》……乃詔中書右丞相宣國公
李善長爲監修。（108 上）

上古本：洪武二年二月丙寅朔詔修《元史》……乃詔中書左丞相宣國公
李善長爲監修。（114 上）

【按】《明史》卷一百二十七《李善長列傳》載：「太祖爲吳王，拜右相
國，善長明習故事」、「吳元年九月，論平吳功，封善長宣國公，改官制，尚
左，以爲左相國」、「洪武三年大封功臣，帝謂：『善長雖無汗馬勞，然事朕久，
給軍食，功甚大，宜進封大國。』乃授開國輔運推誠守正文臣、特進光祿大
夫、左柱國、太師中書左丞相、封韓國公，歲祿四千石。」云云。可見，洪
武二年，太祖已改官制，李善長當爲左丞相是也。故，四庫本有誤。

鄭曉《吾學編》六十九卷

四庫本：《大政紀》十卷，《遜國紀》一卷，《同姓諸王表》二卷，《傳》三卷，《異姓諸侯表》一卷，《傳》二卷，《直文淵閣諸臣表》一卷，《兩京典銓表》一卷，《名臣紀》三十卷，《遜國臣紀》八卷，《天文述》一卷，《地理述》二卷，《三禮述》二卷，《百官述》二卷，《四夷考》二卷，《北地考》一卷，《外吾學編餘》一卷。（108下）

上古本：《大政紀》十卷，《遜國紀》一卷，《同姓諸王表》二卷，《傳》三卷，《異姓諸侯表》一卷，《傳》二卷，《直文淵閣諸臣表》一卷，《兩京典銓表》一卷，《名臣紀》三十卷，《遜國臣紀》八卷，《天文述》一卷，《地理述》二卷，《三禮述》二卷，《百官述》二卷，《四裔考》二卷，《北鹵考》一卷，《外吾學編餘》一卷，餘無。（114下）

【按】《續修》四百二十四冊收錄該書隆慶刻本，考其序略及目錄，所載內容十四種，爲《大政記》十卷，《遜國記》一卷，《同姓諸王表》二卷《傳》三卷，《異姓諸侯表》一卷《傳》二卷，《直文淵閣諸臣表》一卷，《兩京典銓表》一卷，《名臣記》三十卷，《遜國臣記》八卷，《天文述》一卷，《地理述》二卷，《三禮述》二卷，《百官述》二卷，《四夷考》二卷，《北虜考》一卷。上古本作《四裔考》、《北鹵考》，均有誤，而四庫本作《北地考》，亦誤。

另，《大政記》當爲十卷，上古本非是，對此整理者已出校記。

四庫本：何喬遠《名山藏》一百八卷（108下）
上古本：何喬遠《名山藏》一百卷（114下）

【按】《續修》四百二十五收錄該書崇禎刻本，爲一百零九卷。近人羅振常《善本書所見錄》卷二載《名山藏》亦爲崇禎刊本，卻爲一百卷，與上古本同。《明史》卷九十七《藝文志》作三十七卷，考該書有三十七類，《藝文志》所載之卷數當據此而定。上古本、四庫本、《續修》刻本卷數各不相同，孰是孰非暫無定論，然《續修》刻本載一百零九卷，必有根據。

劉振《識大錄》

四庫本：字自成，宣城人。（109上）
上古本：字自我，宣城人。（115上）

【按】考光緒《宣城縣志》卷七：「劉振，字自我，少高尚博學。」乾隆《江南通志》卷一百六十七亦爲「字自我」。四庫本作「自成」，形近而誤。

3. 通史類

四庫本：吳統《史類》六百卷（110下）

上古本：吳琓《史類》六百卷。字汝秀，號甘泉，長興人。（117上）

【按】雍正《浙江通志》卷一百七十九：「吳琓，《長興縣志》，字汝琇。所著有……《史類》六百卷。」《萬姓統譜》卷十：「吳琓，字汝秀，號甘泉，長興人。」《千頃堂書目》卷二十四：「吳琓《環山樓集》六卷。字汝秀，長興人。」可知，四庫本有誤。

四庫本：祝叔祺《二史會編》十六卷（110下）

上古本：況叔祺《二史會編》十六卷（117下）

【按】雍正《江西通志》卷七十一：「況叔祺，字吉夫，高安人。」《明史》卷九十八《藝文志》載況叔淇《考古詞綜》二十卷，後有校記云：「況叔淇，原作『祝叔淇』，據《千頃堂書目》卷一五、秬璜《續文獻通考》卷一八六、《四庫全書總目》卷一三七改。況叔淇，見《明進士題名碑錄》嘉靖庚戌科。」可知四庫本撰者姓氏有誤。

四庫本：楊寅冬《歷代史彙》一百四十卷。泰和人，楊寅秋弟，有孝行稱。（110下）

上古本：楊寅冬《歷代史彙》二百四十卷。泰興人，楊寅秋弟，有孝行稱。（117下）

【按】雍正《江西通志》卷七十九：「楊寅秋，字義叔，泰和人。」泰興屬江蘇，上古本有誤。《明史》卷九十七《藝文志》載此書作二百四十卷，四庫本與之不符，因暫無他證，付之闕如。

4. 編年類

四庫本：黃光昇《昭代典則》三十八卷（110下）

上古本：黃光昇《昭代典則》二十八卷（118上）

【按】《明史》卷九十七《藝文志》：「黃光昇《昭代典則》二十八卷」。《存目》史部十二冊收有此書萬曆二十八年周日校萬卷樓刻本，爲二十八卷。又，《中國善本書提要》所收本亦爲萬曆間本，與《存目》本同。可知此書當爲二十八卷，四庫本有誤。

《續宋元資治通鑑綱目》二十七卷

四庫本：成化初年勅修。（111下）

上古本：成化九年勅修。（119 下）

【按】考《憲宗實錄》卷二百八十：「（成化）癸巳，內官監皇莊者害民，輅言：『天子以天下爲家，何以莊爲？』上嘉納之。改戶部仍兼舊職。修《續資治通鑑綱目》成，兼文淵閣大學士。」癸巳即成化九年，與上古本所述相符。另，《明史》卷九十七載：「《續宋元資治通鑑綱目》二十七卷。成化中商輅等修。」亦可得證，此書修纂爲成化九年非初年，四庫本有誤。

四庫本：張美和《元史節要》二卷（112 上）

上古本：張九韶《元史節要》二卷。九韶，字和美，清江人。（120 上）

【按】《明史》卷一百三十七及《明儒言行錄》卷一俱載：「張美和，名九韶，以字行，清江人。」考崇禎《清江縣志》卷七：「張九韶，字美和，號吾樂。」是爲明證，張九韶，字美和，上古本非是。

5. 別史類

四庫本：劉璟《閣門遇恩》一卷（116 下）

上古本：劉璟《閣門恩遇錄》一卷（125 上）

【按】《叢書集成新編》一百一十九冊收錄劉仲璟《遇恩錄》一卷。可知此處，書名當不作「恩遇」，而爲「遇恩」，上古本有誤。

四庫本：陸深《平胡錄》一卷（117 上）

上古本：陸深《平元錄》一卷（125 下）

【按】周中孚《鄭堂讀書記》卷十九載《儼山外集》本《平元錄》一卷，爲明陸深撰。《叢書集成新編》一百二十冊收錄此書，作《平胡錄》。又，《中國叢書總錄》亦載各本《平胡錄》，其中有《儼山外集》本，當爲《鄭堂讀書記》所載之本。「元」作「胡」，蓋明代對元代之貶稱，實爲一書。

四庫本：劉大宣《夏召錄》一卷（120 上）

上古本：劉大夏《宣召錄》一卷（128 下）

【按】《明史》卷九十七作：「劉大夏《宣召錄》一卷」，明王樵《方麓集》卷十六亦載：「劉忠宣公《宣召錄》。」考《明史》一百八十二卷《劉大夏列傳》，載「十一年五月卒年八十一，贈太保諡忠宣。」劉忠宣公即爲劉大夏，書名爲宣召錄是也，四庫本將撰者名和書名誤倒。

林瓊《罪黜錄》一卷

四庫本：臨清州人。嘉靖中瓊官刑部郎中，以傳會張延齡獄，坐黜。自

記其事。（122 上）

上古本：臨清州人。嘉靖中瓊官刑部郎中，以不肯傅會張延齡獄，坐黜。自記其事。（130 上）

【按】雍正《山東通志》卷二十八之三：「林瓊，字廷獻，臨清人。嘉靖丙戌進士，授刑部主事。天性簡澹，論事依傅古義。領部內章奏，精察不苛。有天文生董至者，誣建昌侯謀逆。書上，詔下司寇獄。瓊廉其狀，窮治無左驗，力白侯枉。上怒，罷瓊官。侯卒得不誅。瓊歸，杜門掃跡，裒所著文曰《霜柏稿》。」此講林瓊不肯傅會董至對張延齡的誣陷，還張延齡以清白，四庫本缺「不肯」二字，和史實截然相反。

四庫本：趙志高皐《平臺召見紀事》一卷（123 上）

上古本：趙志皐《平臺召見紀事》一卷（131 下）

【按】雍正《浙江通志》卷二百四十三：「《平臺召見紀事》一卷，《徵信叢錄》，趙志皐著。」趙志皐，《明史》有其列傳，與王錫爵、申時行同為隆慶間臣，符合黃氏所載人名之序，故此處當為趙志皐，四庫本誤衍「高」字。

《點將錄》一卷

四庫本：王紹徽作。（126 下）

上古本：汪紹徽作。（134 下）

【按】《明史》中多處載此書，如：「崇禎元年，薦起御史言奸黨王紹徽創《點將錄》」、「天啟時王紹徽等撰所為《東林點將錄》」、「王紹徽亦造《點將錄》」云云，上古本作「汪紹徽」，乃形近而訛。

四庫本：談愷《平奧錄》二卷。嘉靖丁巳殷正義序。（128 上）

上古本：談愷《平粵錄》二卷。嘉靖丁巳殷正茂序。（136 下）

【按】此書有嘉靖間刻本，作《平粵錄》二卷《後平粵錄》二卷，四庫本作《平奧錄》，為形近而誤。又，《後平粵錄》卷首署作「嘉靖丁巳夏季月朔，賜進士出身中憲大夫奉敕，提督學校廣西等提刑按察司副使、前禮科給事中殷正茂頓首謹撰」，四庫本作「殷正義」，亦誤。

王世貞《弇山堂別》集一百卷又《弇山堂識小錄》二十卷

四庫本：初輯名《丁亥小識》，嘉靖丁未，迄戊午，後多所增益，更今名。（129 上）

上古本：初輯名《丁戊小識》，始嘉靖丁未，迄戊午，後多所增益，更今名。（137 下）

【按】王世貞《弇州四部稿》卷七十一《弇山堂識小錄》篇末云：「初起嘉靖丁未，至戊午，凡十二年得者曰《丁戊小識》，而最後有所增益，書成而藏之弇山堂，重題曰《弇山堂識小錄》」。又，從命名的角度講，該書名各取丁未、戊午前兩字，亦可知初名當爲《丁戊小識》，而非《丁亥小識》，四庫本有誤。

四庫本：顧季亨《明朝武功紀勝通考》八卷（130 上）

上古本：顏李勝《明朝武功紀勝通考》八卷（別本李勝作季亨）（138 下）

【按】《禁燬》收錄史部第七十冊該書，爲天啓刻本，卷首朱之藩爲之《序》，曰「斯編顏先生所著也。」考書中內容，各篇末均有「顏季亨曰」，可證此書撰者爲顏季亨是也，對此上古本已出校記，而四庫本姓氏則有誤。

四庫本：《漢襟事秘》十一卷。楊慎得於安寧上官家，不知何人作。（130 下）

上古本：《漢雜事秘辛》一卷。楊慎得於安寧土官家，不知何人作。（139 下）

【按】丁日昌《持靜齋書目》卷三載《漢雜事祕辛》一卷，爲漢魏叢書刊本，又津逮祕書刊本，不著撰人。《總目》卷一百四十三載此書：「不著撰人名氏，楊慎序，稱得於安寧土知州」。《新編》收錄該書，撰人不詳，卷首有《漢雜事秘辛題辭》：「成都楊慎。《漢雜事》一卷得於安寧州土知州」據此可知，四庫本作《漢襟事祕》，脫「辛」字，另，此書得於安寧土知州，四庫本作「上官家」，乃形近而誤。

四庫本：朱諫《宋史辨疑》（131 上）

上古本：宋諫《宋史辨疑》（140 上）

【按】雍正《浙江通志》卷二百四十三作：「《宋史辨疑》，萬曆《溫州府志》，朱諫撰。」《獻徵錄》卷八十七有《吉安府知府朱先生諫行狀》：「所著有《學庸圖說》、《李白詩註》、《宋史辯疑》。」上古本作「宋諫」，爲誤。

6.霸史類

四庫本：《開國羣雄事略》十五卷。無姓名。（133 上）

上古本：錢謙益《開國羣雄事略》十五卷（142 上）

【按】清傅以禮《華延年堂題跋》卷上載《國初羣雄事略》，云：「右《國初羣雄事略》，裒輯元宋末韓林兒、郭子興、徐壽輝、陳友諒、明玉珍、方谷眞、張士誠、李思齊、納哈出、擴廓帖木兒、陳友定、何眞十二人事蹟，以一人爲一篇，無卷數。亦無撰人名氏。考徐氏秉義《培林堂書目》載有錢謙益《羣雄事略》三冊抄，亦不分卷，篇帙與此同。《明史藝文志》作錢謙益《開國羣雄事略》十五卷，殆一書而名偶異耳。」又，《禁燬》史部第八冊收錄此書，作《國初羣雄事略》，凡十二卷，卷前有錢謙益《序》，是以一人事蹟爲一卷，故分十二卷。文獻多作《國初羣雄事略》，與此處名稱雖異，實爲一書，當爲錢謙益撰無疑。

另，《總目》卷首乾隆四十一年十一月十七日上諭云：「若彙選各家詩文，內有錢謙益、屈大均所作，自當削去」，錢謙益爲明朝遺臣，四庫館臣因違礙而有意識地隱去其名，故稱「無姓名」。

7. 史學類

四庫本：蔣誼《讀宋論紀》（134 下）

上古本：蔣誼《續宋論紀》（143 下）

【按】《獻徵錄》卷六十六載《監察御史蔣公誼傳》：「所著有《經緯文衡》、《續宋論紀》……」，四庫本因形近而誤。

四庫本：貢珊《史學斷疑》（135 下）

上古本：貢珊《史學斷義》（144 下）

【按】乾隆《江南通志》卷一百九十一《藝文志》載「《史學斷義》，宣城貢珊」。考乾隆《宣城縣志》卷十六有載：「貢珊，字廷甫……著《周易發鑰》、《正蒙解》、《皇極解》、《史學斷義》諸書，藏於家。」四庫本作《史學斷疑》，有誤。

8. 史抄類

陳朝璋《南北史藻》四卷

四庫本：臨川人，萬曆選貢，韋州府通判。（139 上）

上古本：臨川人，萬曆選貢，常州府通判。（148 下）

【按】《千目》卷十四又載其書《扶生堂醫書》，四庫本、上古本均作：「常州府通判。」考康熙《常州府志》，卷十三職官下，通判欄萬曆三十八年有陳朝璋，作「臨川人，選貢」，與上古本所載吻合，四庫本作「韋州」，有誤。

四庫本：李督《李氏藏書》六十卷（139 上）

上古本：李贄《李氏藏書》六十卷（148 下）

【按】《續修》第三百零一冊載李贄撰《藏書》六十卷，卷首有焦竑等作《李氏藏書序》，疑《李氏藏書》即《藏書》。李督，文獻則不見有此人，四庫本當誤。

四庫本：余文龍《史臠》二十五卷（139 上）

上古本：金文龍《史臠》二十五卷（別本補入）（149 上）

【按】《總目》卷六十五載此書，提要云：「明余文龍編，文龍字起潛，古田人，萬曆辛丑進士。」《存目》史部第一百四十六冊收錄明萬曆四十六年余兆胤刻本，爲余文龍撰，上古本有誤。

9. 職官類

四庫本：伊嵩《太常典禮總覽》六卷。字仲卿，當塗人，嘉靖乙丑進士。（230 上）

上古本：倪嵩《太常典禮總覽》六卷。字仲卿，當塗人，嘉靖己丑進士。（236 上）

【按】《明清進士題名碑錄》嘉靖八年己丑科三甲載「倪嵩」，乾隆《江南通志》卷一百四十九載：「倪嵩，字中卿，當塗人。嘉靖己丑進士，授太常博士，釐《奉常典禮輯總覽》一書。」《太常續考》卷七：「倪嵩，直隸當塗人。己丑進士，歷南京都察院右都御史。」四庫本誤。

四庫本：葉東敬《明謚考》三十八卷（238 上）

上古本：葉秉敬《皇明謚考》三十八卷（244 上）

【按】《四庫存目》史二百七十冊載《明謚考》，作葉秉敬撰。《明史》卷九十七《藝文志》作「葉秉敬」。《總目》卷八十三亦載此書，作「明葉秉敬撰，秉敬有《字孿》，已著錄」。疑四庫本將「秉」訛爲「東」。四庫本誤。

參考文獻

1. （清）黃虞稷撰，瞿鳳起、潘景鄭整理：《千頃堂書目》，上海古籍出版社，1990 年。
2. （清）永瑢、紀昀等編：《景印文淵閣四庫全書》，臺灣商務印書館，1986 年。
3. （清）紀昀等：《四庫全書總目》，中華書局，1965 年。
4. （清）張廷玉等：《明史》，中華書局，1965 年。
5. （明）焦竑編：《獻徵錄》，上海書店，1987 年。
6. （清）朱彝尊：《經義考》，中華書局，1998 年。
7. （清）紀昀：《景印摛藻堂四庫全書薈要》，臺灣世界書局，1988 年。
8. （清）朱學勤編撰：《朱修伯批本四庫全書簡明目錄》，北京圖書館出版社，2001 年。
9. 臺灣中央研究院歷史語言研究所校印：《明實錄》，臺灣中央研究院歷史語言研究所，1963 年。
10. 四庫全書存目叢書編纂委員會編：《四庫全書存目叢書》，齊魯書社，1997 年。
11. 續修四庫全書編纂委員會編：《續修四庫全書》，上海古籍出版社，2002 年。
12. 四庫禁燬書叢刊編纂委員會：《四庫禁燬書叢刊》，北京出版社，1997 年。
13. 王重民：《中國善本書提要》，上海古籍出版社，1983 年。
14. 胡玉縉撰，王欣夫輯：《四庫全書總目提要補正》，中華書局，1964 年。
15. 翁連溪編校：《中國古籍善本總目》，綫裝書局，2005 年。
16. 上海圖書館編：《中國叢書綜錄》，上海古籍出版社，1982～1984 年。

17. 新文豐出版公司編輯部：《叢書集成新編》，新文豐出版公司，1985 年。

18. 故宮博物院編：《故宮珍本叢刊》，海南出版社，2000 年。

19. 國家圖書館編：《國家圖書館藏古籍題跋叢刊》，北京圖書館出版社，2002 年。

20. 嚴靈峰編輯：《書目類編》，臺灣成文出版社有限公司，1978 年。

21. 林夕主編：《中國著名藏書家書目匯刊》，商務印書館，2005 年。

22. 羅偉國，胡平編：《古籍版本題記索引》，上海書店，1991 年。

23. 江蘇古籍出版社等編輯：《中國地方志集成》，江蘇古籍出版社、上海書店、巴蜀書社，1991 年。

24. 臺灣成文出版社輯：《中國方志叢書》，臺灣成文出版社，1966～1985 年。

25. 國家圖書館編：《地方志人物資料叢刊》，北京圖書館出版社，2002 年。

26. 華東師範大學圖書館古籍部編：《天一閣藏明代方志選刊人物資料人名索引》，上海書店，1997 年。

27. 朱保炯、謝沛霖：《明清進士題名碑錄索引》，上海古籍出版社，1989 年。

28. 杜澤遜：《四庫存目標注》，上海古籍出版社，2007 年。

29. 臺灣圖書館編印：《明人傳記資料索引》，臺灣圖書館，1978 年。

30. 王德毅、李榮村、潘柏澄編：《元人傳記資料索引》，中華書局，1987 年。

31. 中國科學院北京天文臺主編：《中國地方志聯合目錄》，中華書局，1985 年。

32. 張昇：《〈四庫全書〉提要稿輯存》，北京圖書館出版社，1996 年。

33. 楊廷福、楊同甫：《明人室名別稱字號索引》，上海古籍出版社，2002 年。

從《曝書亭集》看四庫編纂問題

楊麗霞

作者簡介：

　　楊麗霞，1981 年生，江蘇鹽城人。2009 年畢業於南京師範大學中國古典文獻學專業，並獲得文學碩士學位。曾在《圖書館研究與工作》等雜誌上發表有關《四庫全書》違礙等問題的研究文章數篇，並參與江慶柏主編的《清代地方人物傳記叢刊》編纂工作。現在南京體育學院從事教學工作。

內容提要：

　　《四庫全書》是清代乾隆年間官修的一部規模巨大的叢書，也是「中國古代卷帙最大的叢書」。後人對其毀譽參半。近代學者稱《四庫全書》爲「功魁罪首」。「功魁」，是說《四庫全書》囊括了從先秦到清乾隆以前的歷代重要典籍，涵蓋了古代中國的幾乎所有的學科領域，因而又被譽爲「中華傳統之總會，古代典籍之淵藪」。「罪首」，是說不計其數的歷史文獻或被銷毀禁絕，或橫遭抽毀、篡改。

　　兩種評價如此大相徑庭，原因何在？這不得不聯繫到主持纂修《四庫全書》的清朝統治者乾隆皇帝。爲了加強文化專制，鞏固統治，乾隆皇帝打著「稽古右文」的旗號，肆意地將所謂「違礙悖逆」的書籍摒棄乃至禁燬，即使收入四庫的書籍，也有許多遭到了程度不同的抽毀、改易。

　　對於圖書抽毀、改易的原因，已有很多學者作了研究，但迄今尚未有人以清初朱彝尊所撰《曝書亭集》一書爲例加以分析。本文以康熙五十三年刻

本（上海涵芬樓四部叢刊影印原刊本）《曝書亭集》爲底本，對校文淵閣《四庫全書》本，通過仔細比較，發現其中有二百三十餘處相異文字。本文分析其相異的原因，一是因「違礙」問題而遭刪改，其次是因四庫抄寫時校勘不夠精細。通過本文的分析，希望能進一步補充因「違礙悖逆」而遭抽毀、改易的具體原委，探究《四庫全書》的編纂思想。

論文包括引言、《曝書亭集》之編纂及刊刻情況、四庫本《曝書亭集》刪改情況及其原因、校勘記四個部分。

一、引言

《四庫全書》見在清高宗乾隆皇帝親自主持下，由總纂官、總裁官、校勘官、監造官等人組成的一支龐大的隊伍完成，在版本鑒別、辨偽、考證抄寫、校對等方面做了大量的工作。從乾隆三十八年（1773）正式開設四庫全書館，到乾隆四十六年（1781）文淵閣《四庫全書》告竣，歷時近十年。《四庫全書》幾乎將先秦至清乾隆時期所有重要典籍搜羅殆盡，總計存書達三千五百零三種，七萬九千三百三十卷；存目六千八百一十九部，九萬零三十四卷。

《四庫全書》堪稱爲我國古代史無前例的一部大型叢書，對我國的文化建設作出了重要貢獻。然而，由於《四庫全書》的編纂受到統治者的嚴加干涉，不得不帶上當朝政治的色彩，因此也被後人視爲一場「文化浩劫」。

說這是一場「文化浩劫」，是指在修纂《四庫全書》過程中出現的大規模禁書活動和讓人噤若寒蟬的文字獄。除此以外，即便收錄四庫的書籍也是經過了嚴格的審閱，出現任何對清王朝不利的文字都被肆意抽毀、任意改易，甚至使得有些書籍面目全非。近代史學家顧頡剛先生在考證了《四庫全書》的許多纂改文字之後，非常氣憤地說：「我常覺得影印《四庫全書》是一件極蠢笨的舉動，徒然使得世界上平添了許多錯誤的書，實非今日學術界所應許。」（《四部正訛·序》）〔註 1〕顧先生的話固然過於偏激，但也不是全無道理，乾隆皇帝的二十五道諭旨就充分體現出《四庫全書》的編纂思想受到統治者從維護自身利益出發的影響。

具體抽改之處及其原委，民國時期陳登原先生在其所著《古今典籍聚散考》中作了比較詳細的考證和分析，歸納具體條例如下：1.直接忌諱之抽毀。因爲清朝是少數民族入主中原建立的政權，清朝統治者對自己少數民族的身份非常敏感，甚至忌諱漢族人講「華夷之辨」，所以，收錄四庫的書籍只要提及「胡」「狄」「虜」「夷」等字樣都遭到不同程度的改易，甚至抽毀。2.託辭道德之抽毀。如清初朱存孝所編《迴文類聚補遺》，其中收錄有《美人八詠詩》等作品。乾隆皇帝以爲「詞意媟狎，有乖雅正」，下令「即行撤出」，並藉此傳諭旨給四庫館臣，凡遇「各種詩集，內有似此者」，均「一併撤出，以示朕釐正詩體，崇尚醇雅之至意」。3.以人廢言之抽毀。以錢謙益爲例，凡錢謙益

〔註 1〕 轉引自姚福申：《中國編輯史》，復旦大學出版社，1990 年版，第 224 頁。

所作詩义一概禁燬，連同明末文集中有其作序或言論的，也都抽毀，簡直是消除一切痕跡。4.爲利己之道德而篡改。改關羽之諡；禁止用古帝王名；改契丹國志。5.爲利用其書而篡改。改明季諸臣遺著；改名臣奏疏。以上所列五條皆爲陳登原先生總結，但這只是歸納出的主要刪改原委，具體還遠遠不止這些。就清初朱彝尊所作《曝書亭集》爲例，書中就有一百多處被刪改的地方，被改之原因也不僅如上面所述。

如果說因「違礙」而大量刪改是出於政治原因的話，那麼，《四庫全書》中所收錄的書籍與原刻本個別字詞的出入之處，這應該歸結到抄寫、校勘上面來了。原因之一是原書中有錯誤的地方，經過抄寫者的認真考辨，將原書的錯誤加以更正，這也顯示出館臣學術功力之深；其次就是將原書抄誤，在復校時也未查出，儘管乾隆帝制定了嚴格的考成制度，對抄寫、校對不力嚴加懲罰，但是「魯魚豕亥」之誤仍頻頻出現，甚至有些編纂者爲了顯示自己的水準，妄加改易。這類情況在《曝書亭集》中竟有八十多處。

本文擬以四庫本《曝書亭集》與原刻本（即康熙本）對校，對全書出入之處詳加分析，並盡可能分析其中的原因。

二、《曝書亭集》之編纂及刊刻情況

《曝書亭集》八十卷，收賦一卷，詩二十二卷（按時間順序收錄），詞七卷，文五十卷（按文體排列），附錄《葉兒樂府》一卷。《四庫全書總目》云：「此集凡賦一卷，詩二十二卷，皆編年爲次。始於順治乙酉，迄於康熙己丑，凡六十五年之作。其紀年皆用《爾雅》歲陽歲陰之名，從古例也。詞七卷，曰《江湖載酒集》，曰《茶煙閣體物集》，曰《蕃錦集》。襍文五十卷，分二十六體。附錄《葉兒樂府》一卷，則所作小令也。」《總目》所述詞七卷，未提及其中的《靜志居琴趣》一卷。《總目》稱其與《風懷二百韻》詩一起因「流宕艷冶」而被刊除（實際上《靜志居琴趣》長短句收錄在詞七卷中，並未被刊除）。

《曝書亭集》代表了朱彝尊的藝術成就和學術水準。朱彝尊（1629～1709），字錫鬯，號竹垞，又號鷗舫，行十，晚號小長蘆釣魚師，又號金風亭長，浙江秀水人。康熙十八年己未舉博學鴻儒，除翰林院檢討。朱彝尊是明末清初的著名學者、文學家和文獻家。在當時文壇享有盛譽，其詩與王士禛齊名，時稱「南朱北王」。他又是「浙西詞派」的創始人，還精於考據，勤於著述。其一生傳世著作主要有《曝書亭集》八十一卷（含附錄一卷），《明詩綜》

一百卷，《詞綜》三十六卷，《經義考》三百卷，《日下舊聞》四十二卷。其中前四部均有幸被選入《四庫全書》。《四庫全書》極少收錄當代人的著作，而朱氏卻有四部作品錄入，不能不說這是他的一項殊榮，也是對他的肯定。

　　《曝書亭集》由朱彝尊晚年手自刪定，收順治二年迄康熙四十八年所作詩、詞、文，由好友曹寅付刻，康熙五十三年由其孫朱稻孫刊刻竣工。前有康熙戊子（四十七年）仲春潘耒序，康熙五十三年查慎行序，王士禛、魏禧、查慎行原序，曹爾堪、葉舒崇詞原序，柯維楨《蕃錦集》原序。末有陳廷敬撰《皇清敕授徵仕郎、日講官、起居注翰林院檢討竹垞朱公墓誌銘》。後附《葉兒樂府》一卷，其子朱昆田撰《笛漁小稿》十卷。《笛漁小稿》前有華亭高層雲菰村序，嘉定張雲章序。此本為《曝書亭集》最早的刻本。

　　商務印書館《四部叢刊》收錄《曝書亭集》，扉頁有「上海涵芬樓影印原刊本，原書版框高營造尺六寸，寬四寸二分。」目錄後有「孫男桂孫、稻孫同校」，「曾孫男振祖、賜書覆校」字樣，可見是影印康熙原刻本。而《四庫全書》收錄《曝書亭集》亦使用康熙原刻本（未附《笛漁小稿》），前有提要。兩本使用同一版本，卻有二百多處異文，原因不得不歸結到《四庫全書》編纂問題上面來了。

三、四庫本《曝書亭集》刪改情況及其原因

　　乾隆四十六年（1781），完成《四庫全書》第一分書，藏於文淵閣。《曝書亭集》收入集部目錄類中。所用底本，為康熙五十三年刻本。但筆者通過兩本對校，發現有兩百三十餘處不同。一部分因「違礙」字句而刪改，一部分因抄寫致誤，另外也有原本錯誤經纂修者改正。大致情況如下：

（一）《曝書亭集》因「違礙」問題被刪改

1.《風懷二百韻》之抽刪

　　《風懷二百韻》詩是《提要》中明白列出被刪的，「惟原本有《風懷二百韻》詩及《靜志居琴趣》長短句，皆流宕艷冶，不止陶潛之賦閒情。夫綺語難除，詞閒常態。然韓偓《香奩集》別為篇帙，不入《內翰集》中，良以文章各有體裁，編錄亦各有義例，溷而一之，則自穢其書。今並刊除，庶不乖風雅之正也。」但《靜志居琴趣》長短句並未真正被刪，或因館臣疏忽。所謂「流宕艷冶」、「有失雅正」，即有違儒家倫理觀念，這是當朝官方的判定。李調元《雨村詞話》云：「至世所稱《洞仙歌》十七闋與集中《風懷》百首，

則近似狹邪，不無宋玉登徒子之譏，雖豔麗，非余所好。」〔註2〕李的觀點正是基於正統觀念對朱氏的批駁。

陳登原先生在《古今典籍聚散考》中對四庫抽毀書籍所總結的理由之一即「託辭道德之抽毀」，其文云：「原夫忌諱之發生，大約明季之書爲甚。自假借於道德，以爲抽毀之本，於是刪削之厄，厄且及於宋人矣。」〔註3〕《美人八詠詩》收錄在清初朱存孝所編《迴文類聚補遺》中，乾隆皇帝以爲「詞意媟狎，有乖雅正。夫詩以溫柔敦厚爲教，孔子不刪鄭衛，所以示刺示戒也。故三百篇之旨，一言蔽以無邪。即美人香草，以喻君子，亦當原本風雅，歸諸麗則。所謂託興遙深，語在此而意在彼也。自《玉臺新詠》以後，唐人韓偓輩，務作綺麗之詞，號爲香奩體，漸入浮靡尤而傚之者，詩格更爲卑下。」下令「即行撤出」，並藉此傳諭旨給四庫館臣，凡遇「各種詩集內有似此者」，均「一併撤出，以示朕釐正詩體，崇尚雅醇之至意」。〔註4〕正是乾隆帝這道上諭，館臣們在抄錄時分外留意，凡遇類似此的詩詞無一保留。朱彝尊的《風懷二百韻》也是其中一例。

個中原委不止是詩句語言「有失雅正」，更主要的是詩中有著朱氏的「自傳性」，他打破了「現有」的倫常秩序、禮教規約。冒廣生在其《小三吾亭詞話》中說：「世傳竹垞《風懷》二百韻，爲其妻妹作。其實《靜志居琴趣》一卷，皆風懷注腳也。竹垞年十七，娶於馮。馮孺人名福貞，字海媛，少竹垞二歲。馮夫人之妹名壽常，《風懷詩》所謂『巧笑元名壽，妍娥合號嫦』也。字靜志，《兩同心》詞所謂『《洛神賦》中央小字，只有儂知』也。少竹垞七歲。竹垞生崇禎己巳，而《風懷》詩云：『問年愁豕誤。』故知靜志生崇禎乙亥，爲少七歲也。曩聞外祖周季貺先生言，十五六年前，曾見太倉某家藏一簪，簪刻『壽常』二字。因悟《洞仙歌》詞云：『金簪二寸短，留結殷勤，鑄就偏名有誰認』，蓋眞有本事也。」〔註5〕冒氏又取詞以證詩，作《風懷詩案》一卷，詳加考證朱彝尊與其妻妹這段非同尋常、「有違倫常」的戀情。

《風懷二百韻詩》是朱彝尊在編定《曝書亭集》時頂著輿論壓力，堅決

〔註2〕 李調元：《雨村詞話》，《詞話叢編》卷二，中華書局，1996年版，第1435頁。

〔註3〕 陳登原：《古今典籍聚散考》，上海書店出版，1983年，卷一第八章，第114頁。

〔註4〕 《四庫全書總目》卷首，乾隆四十六年十一月六日諭。

〔註5〕 冒廣生：《小三吾亭詞話》，《詞話叢編》卷五，中華書局，1996年版，第4711頁。

不刪，才得以流傳下來的，在當時還傳爲佳話。然而在宣導以「騷雅」、「雅正」爲品詞的標準，以封建倫理道德觀念爲準則的《四庫全書》標準中，朱氏的這首詩自是躲不過被當朝否認的厄運。這樣的事例在收入四庫的書中比比皆是。

2.「屈大均、金堡、錢謙益及李清」等人之刪改

有關「屈大均、金堡、錢謙益」三人之詩作或詩文中提及此三人及其相關資料被刪改的是全書刪改最多的地方，共有 35 條；有關李清的共 1 條。

（1）全部刪除者 11 條

《東官客舍屈五過譚羅浮之勝時因道阻不得遊悵然有懷作詩三首》（卷三 16a）

《過朱十夜話》番禺屈大均作（卷三 16b）

《題錢宗伯謙益文集後集社》（卷六 17b）

《題吳徵君雯詩卷二首》缺一首（卷十 14a）

《送少詹王先生士禛代祀南海兼懷梁孝廉佩蘭屈處士大均陳處士恭尹》（卷十二 3b）

《題王給事又旦過嶺詩集》（卷十三 2b）

《同屈五大均過五羊觀》（卷十六 4a）

《嶺海將歸梁起士佩蘭載酒邀同屈大均陳恭尹吳韋王準陳元基梁無技季煌燕集五層樓席上分賦得會字》（卷十六 4b）

《嶺外歸舟雜詩十六首》缺一首（卷十六 6b）

《嶺外歸舟雜詩二十首》缺五首（卷二十 14a）

《九歌草堂詩集序》（卷三十六 15a）

以上 11 條中，前 10 條皆爲詩作，因詩歌受字數限制，不好作改易，第 11 條《九歌草堂詩集序》雖是文章類，但文中主要記敘友人屈大均之事，只得全部刪去，不留絲毫痕跡。

（2）詩文題目或文中字句段落提及此三人被刪改的有 24 條

• 將詩題中「屈五」（屈大均排行第五，故又稱屈五）改作「友人」的有 5 條

卷四

①康熙本：《喜羅浮屈五過訪》（5a）

四庫本改作：《喜羅浮友人過訪》（1317-432）

②康熙本：《寄屈五金陵》（8b）

四庫本改作：《寄友人金陵》（1317-435）

③康熙本：《過筱公西谿精舍懷羅浮屈五留白下》（9b）

四庫本改作：《過筱公西谿精舍懷羅浮友人留白下》（1317-436）

④康熙本：《同王二猷定登種山懷古招屈五大均》（14a）

四庫本改作：《同王二猷定登種山懷古招友人》（1317-437）

⑤康熙本：《寓山訪屈五》（15a）

四庫本改作：《寓山訪友人》（1317-440）

- 將詩題或文中「屈大均（翁山）」刪去的有 6 條

①康熙本：《同杜（濬）俞（汝言）屈（大均）三處士放鶴洲探梅分韻》（卷四 11a）

四庫本改作：《同杜（濬）俞（汝言）二處士春日在放鶴洲探梅分韻》（卷四 1317-437）

②康熙本：《送梁孝廉（佩蘭）還南海》「舊交陳恭尹屈大均況無恙，相與散策探林霏。」（卷十二 16a）

四庫本改作：舊交雖少況無恙，相與散策探林霏。（卷十二 1317-536）

③康熙本：《程職方詩集序》「處士屈大均翁山、陳恭尹元孝」（卷三十七 3a）

四庫本改作：「庶常梁佩蘭、藥亭處士元孝」（卷三十七 1318-72）

④康熙本：《憶雪樓詩集序》「於是梁起士芝五、屈處士翁山、陳處士元孝交相評論。三君子者，嶺南詩人之冠。」（卷三十九 2a）

四庫本改作：「於是梁起士芝五、陳處士元孝交相評論。諸君子者，嶺南詩人之冠。」（卷三十九 1318-94）

⑤康熙本：《儒林郎戶科給事中郃陽王君墓誌銘》「君以奉使闈事畢，偕番禺處士屈大均入羅浮山。」（卷七十五 4b）

四庫本改作：君以奉使闈事畢，入羅浮山。（卷七十五 1318-486）

⑥康熙本：《徐州蕭縣儒學訓導樂君墓誌銘》「暇招番禺屈大均賦詩，宛平韓昌援琴，鼓羽化之曲，陶然樂其志也。」（卷七十七 9a）

四庫本改作：暇則賦詩鼓琴，陶然樂其志也。（卷七十七 1318-506）

- 將「翁山」（屈大均字）改作「蕭山」的有 1 條

康熙本：《與顧寧人書》「去夏過代州，遇翁山天生道。」（卷三十一 5b）

四庫本改作：去夏過代州遇<u>蕭山</u>。（卷三十一 1318-5）

- 將文章中涉及「金堡」一事的大段文字刪改的有 3 條
    ① 康熙本：《零丁爲陸進士寅作并序》「時前進士知臨清州事金君堡遁跡浮屠，南雄陸太守世楷爲闢丹崖精舍，緪鐵鎖以上，先生依焉。」（卷六十一 13a）

    四庫本：此段刪（卷六十一 1318-336）

    ② 康熙本：《知伏羌縣事蔣君墓誌銘》「杭有金堡道隱，徐之瑞蘭生；禾有巢鳴盛端明，咸高不事之節。君既退歸，自處仕隱之間，諸君酬酢。」（卷七十五 7b）

    四庫本改作：杭有徐之瑞蘭生，禾有巢鳴盛端明。君既退歸，諸君酬酢。（卷七十五 1318-488）

    ③ 康熙本：《中憲大夫知思州府事陸公墓誌銘中憲大夫知思州府事陸公墓誌銘》「晚結方外社與禪人通復、今釋，縱譚清淨理。通復工於詩。今釋者，前進士，仁和金堡也。公守南雄，日爲治丹霞精舍以居。公歸後，舍之於東園，遂終老焉。」（卷七十八 3a）

    四庫本：此段刪。（卷七十八 1318-509）

- 將「錢尚書」「錢謙益」「錢氏」等詞改作「後之選者」「藏書家」「或」等的有 7 條
    ① 康熙本：《史館上總裁第四書》「錢受之、駁之矣。」（卷三十二 7b）

    四庫本改作：或又有駁之矣。（卷三十二 1318-16）

    ② 康熙本：《答刑部王尚書論明詩書》「嘗熟錢氏不加審擇」（卷三十三 9a）

    四庫本改作：後之選者不加審擇（卷三十三 1318-26）

    ③ 康熙本：《書絕妙好詞後》「從虞山錢氏抄得」（卷四十三 5a）

    四庫本改作：後乃於藏書家抄得（卷四十三 1318-141）

    ④ 康熙本：《唐會要跋》「借抄嘗熟錢氏寫本」（卷四十五 4b）

    四庫本改作：借抄嘗熟藏書家寫本（卷四十五 1318-164）

    ⑤ 康熙本：《書姚學士明山存稿後》「而虞山錢氏偏信其說」（卷五十二 12a）

    四庫本改作：而後之論者偏信其說（卷五十二 1318-239）

    ⑥ 康熙本：《嚴孺人墓誌銘》「翁從遊錢尚書謙益之門，勤學嗜古，博

覽典籍。」（卷七十九 3b）

四庫本改作：翁勤學嗜古，博覽典籍。（卷七十九 1318-519）

⑦康熙本：《嚴孺人墓誌銘》「翁之葬也，錢尚書銘其藏矣。」（卷七十九 4b）

四庫本改作：翁之葬也，於某里某原。（卷七十九 1318-516）

- 將錢謙益詩集《列朝》改作「當朝」、「選明詩者」的有 2 條

①康熙本：《答刑部王尚書論明詩書》「意在補《列朝》選本之闕漏。」（卷三十三 9a）

四庫本改作：意在補當時選本之闕漏。（卷三十三 1318-27）

②康熙本：《跋名蹟錄》「虞山錢尚書《列朝詩集》入之明人之列」（卷四十三 12b）

四庫本改作：後之選明詩者，入之明人之列。（卷四十三 1318-147）

以上二十四條中，四庫館臣對詩文中涉及到三人之處作了不同的刪改。屈大均是朱彝尊好友，兩人經常有倡和之作，所以詩題中出現屈大均人名的大都改作友人，文中不便改易的就直接刪去其人名。而朱彝尊因與金堡無什交往，只是記錄其事蹟，館臣在處理「金堡」一事時，便將提及「金堡」的整段刪除。至於錢謙益，作為一代名儒，其詩文著作影響深遠。館臣們刪改「錢謙益」時，大多以「藏書家」代之，也算是對其尊重與肯定。

- 有關「李清」的被刪 1 條

康熙本：《興化李先生清壽詩》（卷十 9b）

四庫本：此詩全刪。

對以上四人作不同程度、不同方式的刪改，可謂費盡了四庫館臣的心思，在《曝書亭集》中見不到四人的任何話語。那麼四庫館臣為何要如此篡改四人之言，甚而可以說，乾隆皇帝為何那麼痛恨此四人，使他們從歷史中徹底消失？這是本文研究重點之一。

屈大均，字翁山，初名紹龍，又作紹隆，因排行第五，故又稱屈五。廣東番禺人。生於明朝崇禎二年（1630），卒於清康熙三十五年（1696）。清兵入粵時，曾參加抗清隊伍，失敗後削髮為僧，不久還俗，改名大均，奔走南北，繼續從事抗清活動。他的「忽而為儒，忽而為僧，忽而為道，忽而還俗」〔註6〕

〔註6〕《清代文字獄檔》第二輯，乾隆四十年正月三十日兩江總督高晉奏摺。

為乾隆帝所不恥，又因屈大均詩文獨步一時，流露出強烈的反清思想。雍正年間，因受曾靜、張熙投書案牽連，屈大均所有詩文被禁，這也成了乾隆時期「禁書運動」首當其衝的目標。不僅其一生著作被禁燬，連任何收錄《四庫》的書籍提及到屈大均都要被抽刪或篡改，可見影響之深。

金堡，字衛公，又字道隱。崇禎十三年（1640）年考取進士。順治二年（1645），清軍攻下杭州，金堡偕原都督同知姚志卓起兵抗清，勢孤而敗。永曆二年（1618），桂林為清兵所破，金堡於是削髮為僧，初取名性因，之後投到廣州雷鋒寺函是和尚門下，又名澹歸。金堡在這之後於廣東韶州（今韶關市）關丹霞寺，任住持，又名今釋，號舵石翁，隱居著述以終。禁書活動不久，金堡就因「《遍行堂集》一案」，乾隆就下令「將所有澹歸碑石亦即派誠妥大員椎碎推僕，不使復留於世間」〔註7〕。

可能因兩人有著相似的經歷，都參加過抗清鬥爭，失敗後為僧，詩文中亦流露出反清思想，遂被乾隆作同一處理，「而金堡、屈大均則又遁跡緇流，均以不能死節，靦顏苟活，乃託名勝國，妄肆狂猘，其人實不足齒，其書豈可復存？自應逐細查明，槩行燬棄，以勵臣節而正人心。」〔註8〕

如果說屈大均和金堡二人因參加過抗清鬥爭，且著作中含有反清思想而被清王朝嚴加查辦，那麼錢謙益可能俱因其大節有虧，因而人品為乾隆所不恥，兼其詩文集中有「詆毀本朝」之語更讓乾隆大為不悅。

錢謙益，字受之，號牧齋，晚號蒙叟、東澗老人，江蘇常熟人。生於明神宗萬曆十年（1582），卒於康熙三年（1664）。明末文壇領袖，與吳偉業、龔鼎孳並稱為江左三大家。自萬曆三十八年中進士後，歷翰林院編修，禮部右侍郎兼翰林院侍讀學士。順治元年（1644）五月，福王稱制南京，錢謙益上書頌揚馬士英之功，遂以原禮部尚書任用。順治二年清兵南下，錢謙益率先上表稱臣。這也成了錢謙益永遠磨滅不掉的污點。甚至連清乾隆帝都為所不恥，「錢謙益本一有才無行之人，在前明時身躋膴仕，及本朝定鼎之初，率先投順，洊陟列卿，大節有虧，實不足恥於人類。」蓋又因閱錢謙益《初學》、《有學》二集，發現其中多有將後金稱作「虜」、「奴」等「荒誕悖謬」之語，於是下令查禁。乾隆三十四年六月六日下諭曰：「今閱其所著《初學集》、《有

〔註7〕 《清代文字獄檔》第三輯，《澹歸和尚遍行堂集案》，乾隆四十年閏十月十九日諭。
〔註8〕 《辦理四庫全書檔案》，乾隆四十一年十一月十七日諭。

學集》，荒唐背謬，其中詆謗本朝之處，不一而足。夫錢謙益果終爲明臣，守死不變，即以筆墨贍謗，尚在情理之中，而伊既爲本朝臣僕，豈得復以從前狂吠之語刊入集中，其意不過欲藉此以掩其失節之羞，尤爲可鄙可恥。」不僅錢謙益之人品被乾隆嫌惡，連同他的所有著作也都遭禁燬。爲了杜絕一切有關錢謙益的言論，乾隆四十一年九月三十日再次下諭：「又若彙選各家詩文內有錢謙益、屈大均所作，自當削去，其餘原可留存，不必因一二匪人致累及眾。」至此，各家詩文才沒有受牽連（包括朱彝尊的《曝書亭集》），只是作了不同程度的刪改。

而李清詩文之抽刪與前三人略有不同，前三人著作都在四庫開館之初即被禁燬。李清著作是在《四庫全書》陸續繕校完畢，乾隆抽閱時發現其中有「詆毀本朝」之語而遭禁燬。

李清（1602～1683），字心水，號映碧，出身於興化世宦之家，明末清初的著名史學家、法學家、文學家，並被奉爲全國明遺民領袖，《清史稿‧明遺民列傳》首列李清之傳，乾隆修四庫亦首列撤毀李清之書。乾隆五十二年（1787）三月，續繕三分全書即將全部告竣，乾隆抽閱進呈書籍，發現李清所撰《諸史同異錄》一書內，竟有稱清世祖「與明崇禎四事相同，妄誕不經，閱之殊堪駭異」。在乾隆看來，「李清係明季職官，當明社淪亡，不能捐軀殉節，在本朝食毛踐土，已閱多年，乃敢妄逞臆說，任意比擬，設其人尚在，必當立正刑誅，用彰憲典。今其身既悖逃顯戮，其所著書籍悖妄之處，自應搜查銷毀，以杜邪說而正人心。」〔註9〕至此，不僅其所有著作一併撤毀，凡有引李清之語的書籍也遭刪削。

以上四人俱爲明末遺民，因其著作中有違背清王朝統治之言論，遂其所有著作都被禁燬，進而其他著作中提及此四人都要遭或抽刪或改易，不留下任何蛛絲馬蹟。正如陳登原先生在其《古今典籍聚散考》中總結此爲「以人廢言之抽毀」，並以錢謙益爲例，此略。

3. 對語涉清朝「剃髮」制度之刪改

①康熙本：《五經進士譚先生墓表》（卷七十二 1a）

四庫本：全文刪。

②《歲貢生潘君墓誌銘》

康熙本：年十二，開剃令下，髮落，輒以尺紙裹之。齒牙爪甲謹藏

〔註9〕《辦理四庫全書檔案》，乾隆五十二年三月十九日諭。

之筍，沒入周身之具。（卷七十七 8b）

四庫本：此段刪。（卷七十七 1318-506）

《五經進士譚先生墓表》是在《四庫全書》完成之後遭「撤改」的。當時軍機處處理仍有「違礙」問題的書籍時開列了一系列的清單。《五經進士譚先生墓表》也在其列：

朱彝尊《曝書亭集》並無違礙，惟紀昀指出《譚貞良墓表》內所稱『貞良百折不回，卒保其髮膚其領，從君父於地下』等語，似有語病，應一律抽毀。〔註10〕

《譚貞良墓表》即指《五經進士譚先生墓表》，此文被抽毀原因是「先生百折不回，卒保其髮膚首領，從君父於地下」等語似有語病，這樣的理由十足是館臣惑人耳目，眞正被抽毀的原因應是文中「卒保其髮膚首領」一句觸犯了清王朝「剃髮」制度。本書卷七十七《歲貢生潘君墓誌銘》「年十二，開剃令下，髮落，輒以尺紙裹之。齒牙爪甲謹藏之筍，沒入周身之具。」一段也因同樣理由被刪。

剃髮，爲清初時人（尤其明末遺民）抵制的一種制度，當時就有「留發不留頭」之傳言，乾隆皇帝爲極力維護這樣的制度，大開殺戒。最令人髮指的是兩樁文字獄：徐述夔《一柱樓詩》案、卓長齡「憶鳴詩集案」。徐爲其兩弟子取名爲「徐首發」、「沈成濯」。乾隆認爲「首發」、「成濯」，「四字合看，明是取義《孟子》『牛山之木』、『若彼濯濯』，詆毀本朝剃髮之制」。〔註11〕判二人「斬監侯秋後處決」，徐述夔被剖棺戮屍。而卓長齡因詩集內有「楚衽乃知原尚左，剃頭輕卸一層氈」，「髮短何堪簪，魘此頭上幘」等句，被乾隆帝大罵，「將本朝制度作詩指斥，不法已極」。卓氏亦遭「銼碎其屍，梟首示眾」，家人也受牽連。在乾隆認爲，「國家定制，損益從宜，即以剃髮而論，自較便於前朝」〔註12〕。在這一點上，乾隆帝不容許有任何不滿。四庫館臣爲秉承旨意，故將類似於此的文字全部刪去，甚至提及「剃髮」二字都一概不留。

〔註10〕《辦理四庫全書檔案》，乾隆五十二年十月三日軍機大臣並清單。轉引自黃愛平教授：《四庫全書纂修研究》，中國人民大學出版社，1989 年版，第 186 頁。

〔註11〕《掌故叢編》第 4 輯，乾隆四十三年九月二十一日諭。

〔註12〕《清代文字獄檔》第 5 輯，《卓長齡等憶鳴詩集案》，乾隆四十七年二月十三日諭。

4.記敘當朝官員因受朝中小人讒忌而遭貶官、民不聊生、社會治安混亂、受賄不正之風、世風日下等有損清廷形象的社會制度之刪改

（1）當朝官員因受小人讒忌而遭貶官之刪改有 15 條

・康熙本：《趙贊善以新詩題扇見懷賦答》「儲端鑽院各收身，同是承明放逐臣。」等句，附《原作》（益都）趙執信「各有彈文留日下，他時誰作舊聞傳。（竹垞在長安著《日下舊聞》）」（卷十七 5a）

四庫本：將此兩首倡和詩作全部刪去。

・康熙本：《酬洪昇》「梧桐夜雨詞凄絕，薏苡明珠謗偶然。」等句（卷二十 9a）

四庫本：全詩刪。

・康熙本：《雜詩二十首》（卷二十 14a）

四庫本：《雜詩十五首》缺五首（卷二十 1317-624）

此五首詩中四首有「一爲讒言中，聽者弗復疑」、「蛾眉一入宮，謠諑但言醜」、「身無鳳凰德，飲啄鳳凰池。非所據而據，終爲百鳥嗤」、「誰哉生厲階，仕路巧騰踔」等句。

・康熙本：《即事二首（並序）》中第一首有「螳蜋齊挾斧，薏苡乃成珠」等句。（卷二十三 1b）

四庫本：該詩刪。

・康熙本：《鵲華山人詩集序》「有小史能識四體書，間作小詩、慢詞，日課其傳寫，坐是爲院長所彈，去官而私心不悔也。」（卷三十九 10a）

四庫本：此段刪（卷三十九 1318-97）

按：此處被刪一節記錄其因私帶抄書手而被貶謫，《國朝耆獻類徵初編》卷一一八：「先生直史館日，私以楷書手王綸自隨，錄四方經進書。牛鈕劾其漏泄，吏議鑴一級，時人謂之『美貶』。」

・康熙本：《書櫝銘並序》「予入史館，以楷書手王綸自隨，錄四方經進書。綸善小詞，宜興陳其年見而擊節。尋供事翰苑。忌者潛請學士牛鈕形之白簡，遂罷予官。歸田之後，家無恒產，聚書三十櫝，老矣，不能徧讀也。作銘曰：『奪儂七品官，寫我萬卷書。或默或語，孰智孰愚。』」（卷六十一 10a）

四庫本：此段刪。

・康熙本：《禮部尚書兼掌翰林院學士長洲韓公墓碑》「會燮理需人在朝

分職，……俄而不果，以保舉失實，咎公。公不置辨，内自省，不知讒柄所從來因，謝熱客，引醇酒，眷念丘園。」「乃或疑公未正揆席，抑鬱不得志，遂自託於酒。人貞疾不視事，是烏足以知公哉。」（卷七十一 2a-2b）

四庫本：此兩段刪。（卷七十一 1318-442）

• 康熙本：《翰林院侍讀喬君墓表》「未幾，君中蜚語，罷歸。……三十三年春，有旨召君入京師居住，人疑上意且不測。既至，初不督過，君鍵戶不接見賓客，讀《易》著書如常。……嗚呼！古之進言者，不必皆言官也。……表諸墓後之以詞臣進者，勿援君以爲戒而不善乎！」（卷七十三 7b）

四庫本：將「君中蜚語」、「人疑上意且不測」、「初不督過」、「嗚呼！……勿援君以爲戒而不善乎！」等字句刪。（卷七十三 1318-465）

• 康熙本：《王處士墓誌銘》「然每多感時嫉俗之言」（卷七十四 1b）

四庫本改作：然往往不肯輕以示人（卷七十四 1318-473）

• 康熙本：《知伏羌縣事蔣君墓誌銘》「縣臨極邊，年饑，流移載道，蠲徵輸之數，積逋三萬五千。君憫民疾苦，言之上官，請蠲。上官不允也。又請革除濫徵，夙槳勒碑衢道，巡撫允焉。於是司府怒，不可解，誣列君罪狀。……立碑者，即革除濫徵衢道碑也。」（卷七十五 7a-7b）

四庫本：此段刪。（卷七十五 1318-488）

• 康熙本：《工部主事席君墓誌銘》「皇朝設六部，職掌多準明代，獨工部四司每受制於内務府，一失其意，雖材美工巧不以爲良」、「主者恒救過不給」、「四川道御史以直言放還」。（卷七十五 8b-9a）

四庫本：將「職掌多準明代，獨工部四司每受制於内務府」改作「職掌多準明代工部四司」、「以直言放還」改作「落職歸」。將「一失其意，雖材美工巧不以爲良」、「主者恒救過不給」兩句刪。（卷七十五 1318-488 至 1318-489）

• 康熙本：《小譚大夫墓誌銘》「大夫之爲中書舍人也。有小夫供事内院，趨走若奴隸。既而，其人從軍，自效以招降王輔臣。功超，擢布政爲登萊監司。大夫反出其下，鬱鬱不自得，其人益自倨，屢以計傾大夫，卒爲所搆吏議，降二級調用。」（卷七十六 6a）

四庫本：此段刪。（卷七十六 1318-494）

· 康熙本：《承德郎日講官起居注右春坊右中允兼翰林院編修嚴君墓誌銘》「二十二年春，予又入直南書房，……予遂掛名學士牛鈕彈事，而潘君旋坐浮躁，降調矣。君遇人樂易好和，不爭，以是忌者差。」（卷七十六 8b）

四庫本：此段改作「未幾，予與潘君俱罷歸。」（卷七十六 1318-499）

· 康熙本：《朝議大夫戶科給事中降補國子監學正趙君墓誌銘》「有與君忤者，劾。君父子各占籍以仕，吏議落職。」（卷七十七 3b）

四庫本改作：緣事被議落職。（卷七十七 1318-502）

· 康熙本：《微士李君行狀》「雖然才也者，眾人所嫉。……以君之才使入仕籍，安知不有忌者？」（卷八十 3a）

四庫本：該段刪。（卷八十 1318-525）

以上 15 條，皆含有「讒言」「忌」「嫉」等字眼，或為作者在詩歌中以他物代之，抒發對當時小人當道憤懣之情；或為作者紀實當朝官員（包括自己）因遭小人嫉妒，讒言於上而被貶職等事。此等言語實質在揭露了當朝制度之黑暗，朝廷不能任人唯賢之不正之風。

（2）描述當朝民不聊生、生靈塗炭等語之刪改有 3 條

· 康熙本：《春日南垞雜詩七首》（卷十九 6b）

四庫本：《春日南垞雜詩六首》刪第二首，中有「春衣盡典謾嗟咨」之句。（卷十九 1317-610）

· 康熙本：《雨》「……窮鳥窺簷入，枯魚得米沾。忙離愁雁戶，泥滑市西南。」《即事二首（並序）》「饑民載塗，……餓者日萬餘人，俄而謗書滿紙。……」、「要知升斗水，也足潤頰鱗。」（卷二十三 1b）

四庫本：皆刪。

· 康熙本：《衢州府西安縣重建學記》「自耿精忠逆命，王師致討，屯兵百萬於 府郭」、「縣既困於兵，其土田旋為洪水所決，逋賦累萬，長吏迫於催科」。（卷六十五 3a）

四庫本分別改作：「自兵滅後」、「其來守是土者」。將「特為兵與歲所苦」刪。（卷六十五 1318-374）

（3）語涉社會治安混亂、賄賂不正之風、世風日下等語之刪改有 8 條

· 康熙本：《雜詩二十首》中一首「……奈何今之人，母死不作孝。……

誰哉生屬階，仕路巧騰踔。」（卷二十 14a）

四庫本：此詩刪。（卷二十 1317-624）

• 康熙本：《題初白菴主小像》「注文：查龍圖寓居常州琅山寺，躬事薪水給眾人，稱爲「長老」。嘗與程宿留旅舍，盜取其衣，呼宿曰：「衣有副乎？」當奉假盜聞之，棄去。菴主近泊葑門外，爲盜所劫，故及之。」（卷二十 9b）

四庫本：此段刪。（卷二十 1317-621）

• 康熙本：《王築夫白田集序》「以見姦聲獲雜之際，猶有能道古者。」（卷三十六 14a）

四庫本改作：以見篤信好學之儒，其立志有如此者。（卷三十六 1318-69）

• 康熙本：《錢學士詩序》「或陷於獄，當闘。君屢率私錢力援之，事得解。」（卷三十七 8a）

四庫本：此段刪。（卷三十七 1318-72）

• 康熙本：《書曼寄軒集後》「聞先文恪公之訃，請於朝，乞歸持服，德陵允焉。當時典禮者不以爲過，斯國史所當附書於禮樂志者。此事尚未百年，今人父母之喪，有不去其官者矣。」（卷五十二 13b）

四庫本：將「此事尚未百年，今人父母之喪，有不去其官者矣」一句刪去。（卷五十二 1318-240）

• 康熙本：《傳經堂記》「誠有人所未易及者，而火傳老矣。……嗚呼！經術之不講久矣。舉一世趨於祿利之路，乃有人焉？……於其歸爲作《傳經堂記》。」（卷六十六 8a）

四庫本改作：「誠有人所未易及者，而火傳爲作《傳經堂記》」，並刪去「今年夏」至「其不合於今也」這一段。（卷六十六 1318-387）

• 康熙本：《白玉盌記》「有督府總制山、陝西軍務，索公賂十萬，公不能應，爲所劾落職。」（卷六十七 12b）

四庫本：將「索公賂十萬，公不能應」改爲「與公議不合，遂以公過」。（卷六十七 1318-406）

• 康熙本：《掌京畿道監察御史任君墓誌銘》「京師坊市勢豪多以私錢牟重息。」（卷七十五 5b）

四庫本：將「勢豪」改作「賈人」。（卷七十五 1318-486）

　　以上所列 8 條或描寫當朝社會混亂、盜賊橫行；或感歎世風日下，父母之喪不能丁憂回籍；或描述當朝官員受賄之風盛行。

（4）描寫當朝苛捐雜稅、蠲免不力等語之刪改有 2 條

- 康熙本：《壽山石歌》該詩結尾處「況今關吏猛於虎，江漲橋近須抽帆。已忍輸錢爲頑石，慎勿輕露條冰銜。（近凡朝士過關者，苛索必數倍。）」等句。（卷十八 15b）
  四庫本：全詩刪。
- 康熙本：《太保孟忠毅公神道碑銘》「陝西自罹寇禍，戶口消耗，荊棘彌望，乃荒田之糧。盡責之未亡之戶，百姓苦之。公力陳其害，請蠲。久之始聽，蠲其絕戶而有主，荒田仍自七年起徵。」（卷七十 4a）
  四庫本：將「久之始聽」四字刪去。（卷七十 1318-432）

　　以上 27 條，皆暴露當朝制度之黑暗，不僅有損清廷形象，也有抹黑之嫌。而對於一向喜歡標榜自己「本朝列聖相承，愛養百姓，賑災蠲緩，厚澤頻施」﹝註13﹞的清王朝來說，這些言語就都是「詞語刺譏」，與當朝所言極盡相反。在纂修《四庫全書》過程中，對明季諸人文集奏疏先是查禁，後經乾隆「親加批閱」，又重新審閱、編錄其中對本朝有用之疏文。正因爲乾隆發現其中「徐必達《南州草》所載奸商、奸璫結賄欺君諸疏，俱持論不撓，極爲伉直；又如蕭近高《疏草》內載其劾大璫潘相等以礦稅擾民」等條，進而「曉然於明所以亡與本朝之所以興」﹝註14﹞。從此處，當朝統治者也認識到一朝制度之黑暗與否決定了一代之得失。而朱氏的《曝書亭集》中頻頻出現這些負面描述，雖無指謫，但「有損」了當朝「愛養百姓」的「光輝」形象。於是，四庫館臣們不得不一一作刪削更改，箝天下人之口，達到美化清廷之目的，詒惑後世。

5. 有關「明朝」、「棄清」「異代」等字義觸礙之詞的刪改

① 康熙本：《題程上舍（鳴）寒梅霽雪圖》「自寫苔枝竹外，雪晴半樹梅花。此地不攜小酌，明朝風起如何？」（卷二十三 2b）
四庫本：全詩刪。
② 康熙本：《寄禮部韓尚書書》「彝尊自知檮昧，見棄清時，老而阨窮，兼又喪子，無以遣日。」（卷三十三 8a）

﹝註13﹞《掌故叢編》第 4 輯，《徐述夔詩案》，乾隆四十三年十一月二十七日諭。
﹝註14﹞《辦理四庫全書當案》，乾隆四十四年二月二十六日諭。

　　　　四庫本：刪「見棄清時」四字。（卷三十三 1318-25）
　　③康熙本：《高念祖先世遺墨跋》「知不為異代所寶，念祖請予書其尾。」
　　　　（卷五十三 5b）
　　　　四庫本：將「異代」一詞改作「後時」。（卷五十三 1318-248）

　　以上 3 條皆因「字義觸礙」而被刪改，第①條《題程上舍（鳴）寒梅霽雪圖》其實純屬寫景之詩，但就末句「明朝風起如何」一句有觸礙之嫌。早在禁書前期「徐述夔《一柱樓詩》案」中，乾隆曾指斥徐氏詩中「明朝期振翮，一舉去清都」一句，「借朝夕之『朝』作朝代之『朝』，且不言到清都，而言『去清都』，顯有欲興明朝去本朝之意」〔註15〕，並大罵其「狂誕悖逆，實為覆載所不容」〔註16〕，下令將其剖棺戮屍。而朱彝尊此詩「明朝」之「朝」本也是朝夕之「朝」，但同樣被作朝代之「朝」理解，「明朝風起如何」就顯有反清復明之勢從頭再來又奈何得了之意。這樣「狂誕悖逆」之語怎可復留。而就在該書附錄《葉兒樂府》一卷中「《落梅風‧查山探梅》：十里青苔路，三更翠羽啼，泛輕船太湖邊橈。等南枝北枝花放齊，也未必明朝風起。」亦有「明朝風起」之句。只不過這裡是「也未必明朝風起」，意思正好與「明朝風起如何」相反，此句正合當朝統治者之意，自然是不刪。

　　而「見棄清時」四字只是作者感歎自己在清平盛世之時被小人讒忌，不能為統治者任用。但纂修官們認為「棄清」二字有「背棄清朝」之意，故將此直接挖去。「異代」一詞是相對於明朝而言，稱呼清朝，如此之謂有似貶低當朝，故將其改易。

6. 南明「福王」稱號之刪改

　　「福王」一詞在《曝書亭集》中共出現三次，四庫本有兩處被刪改。

- 卷六十四《李無垢傳》
　　康熙本：李無垢，錢塘人。福王稱制南京，入太醫院為醫士。（15b）
　　四庫本：李無垢，錢塘人。年少日曾入南京太醫院為醫士。（1318-371）

- 卷七十八《文學昚君墓誌銘》
　　康熙本：福王南渡，馬士英、阮大鋮柄用濫以名器假人。（9b）
　　四庫本：其時，馬士英、阮大鋮柄用濫以名器假人。（1318-515）

〔註15〕《纂修四庫全書檔案史料》，乾隆四十三年十月二十五日諭。
〔註16〕《掌故叢編》第 4 輯，乾隆四十三年十一月二十七日諭。

　　四庫本將「福王稱制」、「福王南渡」分別改作「年少日」、「其時」。而卷六十四《文淵閣大學士錢公傳》「崇禎十七年九月，巡撫都察院右僉都御史祁彪佳上言於福王曰：『伏見舊輔臣錢龍錫削，正值崔魏亂政之時。』」中「福王」一詞仍保留。經查《四庫全書》〔註17〕（文淵閣本電子版）出現「福王稱制」的有 4 次，「福王南渡」出現 10 次，「福王」更多，有 1000 多次。

　　福王，南明弘光帝。明崇禎十六年（1643）襲福王。次年（1644）李自成克北京，乃南逃淮安，由總督馬士英等擁至南京，先稱監國，旋即稱帝，建元弘光。而 1644 年由正是順治元年，清王朝如若承認「福王稱制南京」，即承認南明小朝廷政權的成立，這種對抗清廷的政權在當朝統治者眼裏是不能容忍的。但因為當時禁燬書目過多，讓乾隆都感到「辦理太過」，隨即責成「四庫館總裁等妥協查辦」〔註18〕，避免濫查濫繳的現象，四庫館正式制定《查辦違礙書籍條款》，著重開列了「應行分別辦理」等條列。其中對「年號」作了相對寬鬆處理：

　　　　明末弘光年號，業經載入《通鑒輯覽》。其《三藩紀事本末》一
　　書載有三王年號，亦已奉旨存留。如各書內有但及三藩年號字樣，
　　而別無違礙字句者，應查明簽出，勿庸銷毀。〔註19〕

　　正因如上條款，「福王」年號才得以在《四庫》中頻頻出現。《曝書亭集》中兩處被刪改，或因在條款之前，或因館臣自覺為「違礙」，為避督察不力而遭責罰，遂將其刪改，亦可見館臣極力維護統治者的孤詣苦心。

　　7. 對語涉「託跡緇流」、不願出仕清朝之士的文字之刪改

　　・康熙本：《(彝)公過》（卷三 2a）
　　　四庫本：改作《即景》（卷三 1317-415）
　　・康熙本：《長慶寺啖荔支二首》（卷十八 12b）
　　　四庫本：《長慶寺啖荔支一首》刪去其中第一首「長慶古僧寺，獨公新道場。重來疑夢寐，六月轉清涼。老喻苦瓜苦，（曩客廣州，訪獨禪師於海幢寺，饌進苦瓜，子不食。師言：「居士少年不耐苦也。」）渴思香荔香。七星空有井，不用汲寒漿。」（卷十八 1317-601）
　　・康熙本：《高士李君塔銘》（卷七十八 11b）

〔註17〕文淵閣四庫全書電子版，上海人民出版社，1999 年。
〔註18〕《辦理四庫全書檔案》，乾隆四十一年十一月十七日諭。
〔註19〕《辦理四庫全書檔案》，乾隆四十三年四庫館查辦違礙書籍條款。

四庫本：全文刪。

- 康熙本：《布衣周君墓表》「朱一是，字近修，崇禎壬午舉人。兵後，披緇衣授徒，著《為可堂集》。」（卷七十二 12b）

  四庫本：將「兵後，披緇衣授徒」改作「後不出，里居授徒」。（卷七十二 1318-459）

- 康熙本：《徐先生墓誌銘》「嗚呼！士君子生革命之時，義不事二君，流離困阨。」（卷七十四 8b）

  四庫本：將「義不事二君」改作「守硜硜之義」。（卷七十四 1318-478）

8.涉及禁燬書目的書跋之抽刪

- 康熙本：《書兩朝從信錄後》（卷四十五 10a）

  四庫本：全文刪。

《兩朝從信錄》三十四卷，明秀水沈國元撰。因書中大量有與後金衝突有關的內容而被禁燬。（見《四庫禁燬書叢刊》史部第二九冊五七五頁）《曝書亭集》中《書兩朝從信錄後》作為此跋也自被相應的刪削。

（二）抄寫、校勘問題致誤

《四庫全書》卷帙浩瀚，字數繁多，編纂任務之繁重可見一斑。儘管清高宗極力關注《四庫全書》的修纂，並且多次下諭旨嚴格督察編校過程，對繕寫、校訂制定了嚴格的考成制度，但魯魚亥豕之誤也在所難免。《抱朴子‧遐覽篇》中說：「書寫三，魚成魯，虛成虎」，說的就是這種無意之中形成的錯誤，當然也不排除有意亂改，將音同意近之字代替原字，造成訛錯滿紙。另外，皇帝的急於求成也是一方面原因，乾隆想在自己有生之年看到《四庫全書》告竣，曾在一次經筵後說：「辦理四庫全書始於癸巳歲，迄今將及十年，尚未成書。蓋謄錄議敘較優，承辦者或欲此館局以為邀恩之地，則是自私自利而不計公事之淹留矣！」以此責怪進度緩慢，由此館臣不得不加快速度，為了提前完成每天工作量，抄寫或校對相較草率，錯誤不免層出迭起。基於上述種種原因，收入四庫的書訛脫錯謬處甚多。

對四庫本《曝書亭集》錯誤之處歸類如下幾種情形（具體原委詳見下文校勘記）：

1.因形近而誤有 30 條

- 康熙本：《于忠肅公祠》「遠水澄湖碧，流雲暗壑青。千年華表鶴，

哀怨此重<u>經</u>。」（卷五 6a）

四庫本：「經」誤作「輕」。（卷五 1317-446）

- 康熙本：《蔣廣文薰留飲縉雲學舍爲談仙都之勝》「東陽遊女弄潺湲，素<u>舸</u>緣流濯足還。」（卷五 12b）

四庫本：「舸」誤作「阿」。（卷五 1317-451）

- 康熙本：《甲辰冬月朱十訪我塞上賦對月詩奉答三首》其二（曹溶）「列營慘清角，羽纛隨<u>風</u>翔。」（卷六 11b）

四庫本：「風」誤作「鳳」。（卷六 1317-463）

- 康熙本：《秋日登胥山》「仄峰尚阻樹簹，近寺俄飛<u>棱</u>傳弓。」（卷七 6b）

四庫本：「棱」誤作「梭」。（卷七 1317-474）

- 康熙本：《孫少宰蟄室觀吳季子劍四十韻》「接末驚窮猨，<u>干</u>霄飲雌蜺彝尊。」（卷七 15a）

四庫本：「干」誤作「千」。（卷七 1317-478）

- 康熙本：《九言題田員外（雯）秋汎圖》「田郎與我相識<u>今</u>十年，新詩日下萬舌爭流傳。」（卷八 12b）

四庫本：「今」誤作「令」。（卷八 1317-489）

- 康熙本：《和韻》譚吉璁「馬場漁澱幾沙汀，宿雨初消樹更青。最好南園叢桂發，畫橈長泊煮<u>茶</u>亭。（彪湖，一名馬場湖，宋潘師旦以南塢。漁澱水十一處會於春波門外，建會景亭。南園，余叔宜春令別業，有桂樹四本，高俱五丈。蘇子瞻煮茶亭在水北。）」（卷九 9b）

四庫本：「茶」誤作「茶」。（卷九 1317-496）

- 康熙本：《元日同孫（枝蔚）毛（奇齡）陳（維崧）吳（雯）汪（楫）諸徵士喬（萊）人湯（右曾）上舍集曹舍人（禾）書齋遲李（良年）潘（耒）不至即席限韻二首》其一「密坐更番改，清<u>詩</u>次第聆。」（卷十 9a）

四庫本：「詩」誤作「言」。（卷十 1317-509）

- 康熙本：《平蜀詩十三章（並序）》「天威赫怒，爰命虎臣五道，分軍罙入，其阻日未浹旬，保<u>寧</u>成都千里。」（卷十 12a）

四庫本：「寧」誤作「守」。（卷十 1317-512）

- 康熙本：《送十一叔還里即作豫章之遊》二首中第一首「沙隄棘<u>寺</u>路依然，再到京華四十年。」（卷十 16b）

四庫本：「寺」誤作「樹」。（卷十 1317-515）

- 康熙本：《元日南書房宴歸》「纔承曲謔侍仙闈，又撤瓊筵到北扉。」（卷十二 1a）

  四庫本：「撤」誤作「撒」。（卷十二 1317-524）

- 康熙本：《六聘山中弔晉處士霍原》「祠墓久摧沒，末由酹椒漿。」（卷十三 15b）

  四庫本：「墓」誤作「基」。（卷十三 1317-550）

- 康熙本：《題汪方伯小像三首》其二「料得牽衣添阿團，肯容郎罷賦林泉。」（卷十八 15a）

  四庫本：「容」誤作「客」。（卷十八 1317-603）

- 康熙本：《山茶院》「一十四春風，一百五寒食。自開雪中花，至今好顏色。」（卷二十 5a）

  四庫本：「一」誤作「二」。（卷二十 1317-618）

- 康熙本：《題喬孝廉（崇烈）書離騷》「伯時圖九歌，和仲書九辨。」（卷二十一 3a）

  四庫本：「仲」誤作「伸」。（卷二十一 1317-628）

- 康熙本：《風蝶令・石城懷古》「花雨高臺冷，臙脂辱井絨。」（卷二十四 4b）

  四庫本：「井」誤作「並」。（卷二十四 1317-654）

- 康熙本：《江南好・同周青士過沈山子村居》「三春暮郎大家，看竹到貧家王維。」（卷三十 1b）

  四庫本：「到」誤作「別」。（卷三十 1317-730）

- 康熙本：《苻颎詩集序》「始學爲詩，既而徙練浦之南，再徙梅會里，見當代詩家，傳習景陵鍾氏、譚氏之學，心竊非之，以爲直亡國之音。」（卷三十六 16a）

  四庫本：「直」誤作「眞」。（卷三十六 1318-70）

- 康熙本：《孔子弟子考》「按：秦冉、顏何二子，於弘治元年，少詹事程敏政請正《祀典》，疑爲字畫相近之誤，而罷其配食，自詡不舛於禮，一洗前代相習之陋，永爲百世可遵之典。」（卷五十六 11b）

  四庫本：「配」誤作「祀」。（卷五十六 1318-278）

- 康熙本：《五羖辨》「太原閻百詩好駁正注疏之失，作《孟子札記》，

書此質焉，並以寄孔德。」（9b）

　四庫本：「駁」誤作「較」。（1318-299）

- 康熙本：《履素先生祠堂記》「因書其本末於壁。」（卷六十六 4a）

　四庫本：「末」誤作「木」。（卷六十六 1318-384）

- 康熙本：《京師西山弘教寺題壁》「金華姜應甲詩云：『空山石祠堂，落穆跨深壑。肖象古聖賢，高下坐淵漠。』」（卷六十八 6b）

　四庫本：「甲」誤作「申」。（卷六十八 1318-412）

- 康熙本：《光祿大夫工部左侍郎顧公神道碑銘》「卑尊長幼，末有毀之者。」（卷七十 13b）

　四庫本：「末」誤作「未」。（卷七十 1318-438）

- 康熙本：【中呂】《普天樂》「灣灣綠水深，點點青山矮。」（附錄一卷 3a）

　四庫本：「矮」誤作「倭」。（附錄一卷 1318-536）

- 康熙本：又【中呂】《普天樂》「生魚切玉，野雀披縣。」（附錄一卷 3a）

　四庫本：「魚」誤作「漁」。（附錄一卷 1318-536）

- 康熙本：又《落梅風·查山探梅》「細細香苞綻，泠泠淺水流。」（附錄一卷 4b）

　四庫本：「苞」誤作「茁」。（附錄一卷 1318-538）

- 康熙本：《一半兒·西溪商調》「滿林殘雪碧山坳，人日春風金剪刀。」（附錄一卷 5a）

　四庫本：「坳」誤作「拗」。（附錄一卷 1318-538）

- 康熙本：又《一半兒·虎丘》「生公臺上鬬茶巾，短簿祠前羅酒樽。」（附錄一卷 6a）

　四庫本：「巾」誤作「中」。（附錄一卷 1318-539）

- 康熙本：《小桃紅·題王元章墨梅》「斜飛蝴蝶撲枝圓，不怕遊絲胃。」（附錄一卷 6b）

　四庫本：「撲」誤作「樸」。（附錄一卷 1318-539）

- 康熙本：又《小桃紅·前題》「兒女團圞紙總户，盡歡娛，閒尋捍海塘邊去。」（附錄一卷 7a）

　四庫本：「歡」誤作「勸」。（附錄一卷 1318-539）

2. 用意近之詞代替致誤的有 8 條

- 康熙本：《楓橋夜泊》「驚<u>禽</u>沙上鳴，漁子夜深語。」（卷二 11a）
  四庫本：以「鳥」代「禽」致誤。（卷二 1317-409）
- 康熙本：《簡陳秀才（光緯）》「幾日秦嘉去，應留贈婦篇。盤龍明鏡好，雙笑玉<u>臺</u>前。」（卷二 16b）
  四庫本：以「堂」代「臺」致誤。（卷二 1317-413）
- 康熙本：《小孤山》「遠望空愁心，沿<u>流</u>採芳杜。」（卷三 10b）
  四庫本：以「江」代「流」致誤。（卷三 1317-422）
- 康熙本：《五羊觀》「騎羊舊說朝<u>仙</u>馭，銜穀何年降楚庭。」（卷三 14b）
  四庫本：用「朝天」代「朝仙」致誤。（卷三 1317-425）
- 康熙本：《曹侍郎席上送別顧工部（大申）還華亭鄒進士（祇謨）還晉陵（二子將有入都之役）》「古寺登高盡，平湖向晚晴。琴書方燕息，<u>車騎</u>更逢迎。」（卷五 4b）
  四庫本：以「車馬」代「車騎」致誤。（卷五 1317-444）
- 康熙本：《傷歌行》「凡百君子，庶幾心惻。翳桑之<u>餓</u>，可以報德。（五解）」（卷六 10a）
  四庫本：以「飢」代「餓」致誤。（卷六 1317-461）
- 康熙本：《孔子弟子考》「疑孔子拒之門牆之外，不屑教誨，當知始<u>雖</u>辭，疾終授以禮。」（卷五十六 12b）
  四庫本：以「則」代「雖」致誤。（卷五十六 1318-279）
- 康熙本：《〈詩〉論》一「噫！衰周之際，禮不期於<u>壞</u>而<u>壞</u>，樂不期於<u>崩</u>而<u>崩</u>。」（卷五十九 3b）
  四庫本：以「失」、「缺」分別代「壞」、「崩」致誤。（卷五十九 1318-305）

3. 用意義相通之詞代替原詞導致兩本不同的有 12 條

- 康熙本：《謁孔林賦》「歷千禩而<u>長</u>新，貫四時而不改，惟先師之遺澤，道莫著乎？」（卷一 1b）
  四庫本：以「常」替「長」。（卷一 1317-394）
- 康熙本：《遊仙三首》其三「謫來北斗下，無計把<u>仙</u>漿。」（卷二 10b）
  四庫本：以「天」替「仙」。（卷二 1317-409）

- 康熙本:《楊歷巖觀瀑布水》「願言縶白駒，於焉久逍遙。」（卷四 1b）
  四庫本:以「永」替「久」。（卷四 1317-430）
- 康熙本:《十五日夜月》「哀鵰逝不居，流芳久云歇。」（卷六 10b）
  四庫本:以「鴻」替「鵰」。（卷六 1317-461）
- 康熙本:《汪舍人（懋麟）以丁娘子布見贈賦寄》「裁作輕衫春更宜，期君再醉天壇下。」（卷九 1b）
  四庫本:以「剪」替「裁」。（卷九 1317-490）
- 康熙本:《題汪贊善（霦）讀書秋樹根圖》「安有斯人坐云壑，披圖眞笑虎頭癡。」（卷十二 2a）
  四庫本:以「得」替「有」。（卷十二 1317-525）
- 康熙本:《龍氏易集傳跋》「孔子錄之，以羽翼經初非刱作，今書止存八卷。」（卷四十二 2b）
  四庫本:以「解」替「作」。（卷四十二 1318-130）
- 康熙本:《五經文字跋》「神仙鬼物詭怪所傳，莫不皆有。」（卷四十九 10a）
  四庫本:以「無」替「莫」。（卷四十九 1318-209）
- 康熙本:《宋京兆府學石經碑跋》「鋟之者，長安石工安民也。」（卷五十一 1b）
  四庫本:以「鋟刻」替「鋟之」。（卷五十一 1318-222）
- 康熙本:《〈春秋〉論》二「魯之於周則不然，平王之崩，三月來告，至秋而未之賻。襄王之崩，八月來告，至改歲及春而貨未之歸。」（卷五十九 7b）
  四庫本:兩處以「喪」替「崩」。（卷五十九 1318-308）
- 康熙本:《崛嵼寺題名》「榛叢棘充塞於崩崖臥石間。」（卷六十八 4a）
  四庫本:以「隤」替「崩」。（卷六十八 1318-410）
- 康熙本:《太保孟忠毅公神道碑銘》「然烏合易散，臣已大破之。」（卷七十 5b）
  四庫本:以「敗」替「破」。（卷七十 1318-431）

4. 兩字抄寫顛倒的有 7 條

- 康熙本:《水木明瑟園賦（並序）》「抽其帆，陸柁其車，不速，而集語笑軒渠，離坐貫坐，或跔或趺生也。」（卷一 7b）

四庫本：將「語笑」抄寫顛倒爲「笑語」。（卷一 1317-399）

- 康熙本：《侯山讌集（山系晉孔愉所居）》「試向花源齊列坐，何如蘭渚遠浮杯。」（卷五 2a）

四庫本：將「何如」抄寫爲「如何」。（卷五 1317-442）

- 康熙本：《古意投高舍人士奇》「和風動闔閭，百鳥啁啾吟。」（卷十 9b）

四庫本：將「啁啾」抄寫成「啾啁」。（卷十 1317-509）

- 康熙本：《送十一叔還里即作豫章之遊》二首中第二首「竹雞格磔雲根語，蘭草蔥青鏡裏看。」（卷十 16b）

四庫本：將「蔥青」抄寫成「青蔥」。（卷十 1317-515）

- 康熙本：《高處士（兆）方處士（中德）陳上舍（治）將歸過集古藤書屋同陸處士（嘉淑）魏上舍（坤）分韻賦長歌送別得要字》「龍眠一叟幡然回，斧柯無恙山中樵。」（卷十二 15a）

四庫本：將「山中」抄成「中山」。（卷十二 1317-534）

- 康熙本：《通奉大夫福建布政司使內陞汪公墓表》「擢福建按察使司」。（卷七十三 9b）

四庫本：將「使司」抄成「司使」。（卷七十三 1318-467）

- 康熙本：《落梅風·查山探梅》「也未必明朝風起」。（附錄一卷 4a）

四庫本：將「風起」抄成「起風」。（附錄一卷 1318-537）

5. 誤抄音近字的有 3 條

- 康熙本：《和韻》譚吉璁「天星湖口好花枝，便過三春採未遲。」（卷九 8a）

四庫本：將「星」誤作成音近字「心」。（卷九 1317-496）

- 康熙本：《唐漳州陀羅尼石幢跋》「於金吾巡檢游奕者」。（卷五十 5b）

四庫本：將「檢」誤作成音近字「簡」。（卷五十 1318-217）

- 康熙本：《五羖辨》「太原閻百詩好駁正注疏之失，作《孟子札記》，書此質焉，並以寄孔德。」（卷五十八 9b）

四庫本：將「詩」誤作成音近字「史」。（卷五十八 1318-299）

6. 抄寫脫漏之處的有 6 條

- 康熙本：《梅市訪祁七明府（熊佳）留贈公子（誠孫）因憶亡友朱廿二（士稚）》「重憐舊日同遊少，腸斷空山聽曉猨。」（卷五 2b）

四庫本:「日」前脫一「舊」字。（卷五 1317-443）

- 康熙本:《採尊》「祗應櫻筍配，糧臘豈容前。」（卷五 8a）

四庫本:「糧」後脫一「臘」字。（卷五 1317-447）

- 康熙本:《龔（百朋）自梗陽以詩見寄漫答二首》其二「但期陽羨隱，見日話歸田。」（卷六 17a）

四庫本:「羨」前脫一「陽」字。（卷六 1317-467）

- 康熙本:《平蜀詩十三章（並序）》「天威赫怒，爰命虎臣五道，分軍梁入其阻，日未決旬，保寧成都千里。」（卷十 12a）

四庫本:「成都」後脫「千里」二字。（卷十 1317-512）

- 康熙本:《五代史記注序》「南書房舊史秀水朱彝尊序，時年八十一。」（卷三十五 1b）

四庫本:「朱彝尊」前脫「南書房舊史」。（卷三十五 318-45）

- 康熙本:《吏部驗封清吏司員外郎卜君墓表》「君獨集裏中善詩者共酬和，不樹黨也。」（卷七十三 3b）

四庫本:「君」後脫一「獨」字。（卷七十三 1318-462）

7. 其他情況致誤的有 8 條

- 康熙本:《長安賣卜行贈吳三（統持）集杜句》「翻手作雲覆手雨，長安布衣誰比數。」（卷二 16b）

四庫本:將「手」誤作「作」。（卷二 1317-413）

- 康熙本:《席上留別陸兄（世楷）》「但秉中宵燭，重爲旅客吟。」（卷四 2a）

四庫本:將「旅客」誤作「旅舍」。（卷四 1317-430）

- 康熙本:《山陰苦雨酬謝處士（孔淵）》「坐見天公笑，何時后土乾。」（卷五 2b）

四庫本:將「天公」誤作成「天門」。（卷五 1317-443）

- 康熙本:《永嘉除日述懷》「不作牽裾別，飄然到海隅。」（卷五 15a）

四庫本:將「牽裾」誤作成「牽車」。（卷五 1317-453）

- 康熙本:《孔子弟子考》「衛琴子牢，字子開，一字子張。唐贈南陵伯，宋贈頓丘侯，改贈陽平侯。」（卷五十六 a）

四庫本:將「南陵伯」誤作成「南陵侯」。（卷五十六 1318-274）

- 康熙本:《桃核酒器銘》「巢孝廉手製匏尊銘孝廉諱鳴盛，嘉興人，

名注復社。崇禎丙午舉於鄉，乙酉後屏迹不入城市。」（卷六十一 11a）

四庫本：將「丙午」誤作成「丙子」。（卷六十一 1318-334）

・康熙本：《光祿大夫工部左侍郎顧公神道碑銘》「既與公比屋，居宣北坊海波寺街。」（卷七十 14a）

四庫本：將「海波寺」誤作成「海北寺」。（卷七十 1318-439）

・康熙本：《前題》（秀水）徐善（敬可）作「梧邊柳邊飛，不到衡陽雁。」（4a）

四庫本：將「梧邊柳邊」改成「極遠窮邊」。（1318-537）

（三）原刻本誤，四庫本更正

《四庫全書》雖因「違礙」問題肆意刪改、抄寫致誤多處，使得後人不能盡信《四庫全書》，但是《四庫全書》並非一無是處，畢竟編纂者們大都是學有專長、富有盛名的學者，能夠判斷、識別所收錄書中的錯誤，並將其更正，這樣使得不至於以訛傳訛。就所收《曝書亭集》而言，書中有誤之處就達十多處，館臣將其一一更正。

1. 原刻本內容有誤，四庫館臣在抄寫時分外留意，將其一一更正，如此之例有 10 條（具體原因詳見下文校勘記）。

・康熙本：《省方賦》「幸臣庶上言：請欽柴以郊<u>岱</u>，或奉符而封巒。」（卷一 4b）

四庫本：將「郊岱」更正爲「郊望」。（卷一 1317-397）

・康熙本：《酷相思・阻風湖口》「見<u>渺沙</u>江流去，向晚來石尤、君莫渡。」（卷二十四 5a）

四庫本：將「渺沙」更正爲「渺渺」。（卷二十四 1317-654）

・康熙本：《綺羅香・和宋枚仲別駕詠螢》「挾火難溫，侵星<u>依墜</u>，留拂井梧簷樹。」（卷二十九 13a）

四庫本：將「依墜」更正爲「易墜」。（卷二十九 1317-727）

・康熙本：《跋中興館閣錄續錄》「淳熙四年秋，祕書監天台陳騤叔進所撰。序之者，丹稜<u>李燾心父</u>也。」（卷四十四 14b）

四庫本：將「李燾心父」更正爲「李燾仁父」。（卷四十四 1318-159）

・康熙本：《吳氏兩漢刊誤補遺跋》「其後，李善作《辨惑》，<u>顔游著</u>《決疑》，見於《新書藝文志》」（卷四十五 2a）

四庫本：將「顏游」更正爲「顏游秦」。（卷四十五 1318-163）

- 康熙本：《咸寧縣唐冶金五佛像銘贊跋》「破王世充於<u>印山</u>，立昭覺寺。」（卷四十六 7b）

 四庫本：將「印山」更正爲「邙山」。（卷四十六 1318-175）

- 康熙本：《梁始興安成二王墓碑跋》「而此<u>三</u>碑在建康都會之區」。（卷四十八 7b）

 四庫本：將「三」更正爲「二」。（卷四十八 1318-197）

- 康熙本：《九章算經跋》「方田一、粟米二、差分三、少廣四、商功五、<u>均輪</u>六、方程七、盈不足八、旁要九，皆周公所作。」（卷五十五 4b）

 四庫本：將「均輪」更正爲「均輸」。（卷五十五 1318-267）

- 康熙本：《孔子弟子考》「惜俱失傳，議禮者止以《<u>國語</u>》爲憑，至斥《史記》爲附會。」（卷五十六 18a）

 四庫本：將「《國語》」更正爲「《家語》」。（卷五十六 1318-283）

- 康熙本：《儒林郎户科給事中部陽王君墓誌銘》「女<u>二</u>人：一嫁潼關衛楊楫；一許韓城貫締芳，未嫁，卒；一尚幼。」（卷七十五 5a）

 四庫本：將「二」更正爲「三」。（1318-486）

2. 原刻本文中表達之誤，四庫館臣覺不妥，特此更正，此例有 4 條（具體分析詳見下文校勘記）。

- 康熙本：《遊仙三首》其三「謫來北斗下，無計挹<u>仙漿</u>。」（卷二 10b）

 四庫本：謫來北斗下，無計挹<u>天漿</u>。（卷二 1317-409）

- 康熙本：《魏封孔羨宗聖侯碑跋》「命孔子廿一世孫羨爲宗聖侯，<u>則詔</u>三公云云。」（卷四十八 b）

 四庫本：將「則詔」更正爲「制詔」。（卷四十八 1318-192）

- 康熙本：《原教》「佛老者，持過高之論，行不近人情之事。不耕，則無食；不蠶，則無衣；無男女，則生人之道息；無上下，則紛爭之漸起；以彼其說行之<u>國中</u>，蓋有時而窮，則相率聚於<u>中國</u>，食人之食，居人之廬。」（卷五十八 10a）

 四庫本：分別將「國中」、「中國」更正爲「中國」、「國中」。（卷五十八 1318-300）

- 康熙本：《光祿大夫工部左侍郎顧公神道碑銘》「公也<u>勤密</u>，省樹不

言，盈廷論議是非嘖沓，眾人嘵嘵。」（卷七十 14a）

四庫本：將「勤密」更正爲「勤敏」。（卷七十 1318-439）

四、校勘記

卷一

《謁孔林賦》

康熙本：歷千禩而長新，貫四時而不改，惟先師之遺澤，道莫著乎？（1b）

四庫本：歷千禩而常新，貫四時而不改，惟先師之遺澤，道莫著乎（1317-394）

【按】作「長」作「常」均可通，則應以康熙本作「長」爲是。

《省方賦》

康熙本：聖化翔洽，東汜西崑，九州之外郡縣重譯，而至橋門。嘉穀駢穗，濁河澂源，於時山祇望。幸臣庶上言：請欽紫以郊岱，或奉符而封巒。（4b）

四庫本：聖化翔洽，東汜西崑，九州之外郡縣重譯，而至橋門。嘉穀駢穗，濁河澂源，於時山祇望。幸臣庶上言：請欽紫以郊望，或奉符而封巒。（1317-397）

【按】「郊望」，古帝王祭天與日月星辰山川之禮。《淮南子‧人間訓》：「聖王布德施惠，非求其報於百姓也；郊望禘嘗，非求福於鬼神也。高誘注：郊，祭天；望，祭日月星辰山川也。」〔註20〕《省方賦》中「請欽紫以郊望」意爲請求天子燒柴生煙以行祭天與日月星辰山川之禮，且無「郊岱」一詞。所以康熙本「郊岱」誤，四庫本更正爲是。

《水木明瑟園賦（並序）》

康熙本：抽其帆，陸柂其車，不速，而集語笑軒渠，離坐貫坐，或跏或趺生也。（7b）

四庫本：抽其帆陸，柂其車，不速，而集笑語軒渠，離坐貫坐，或跏或趺生也。（1317-399）

【按】「語笑軒渠」與「笑語軒渠」皆指談笑貌。作「笑語軒渠」作「語

〔註20〕劉安等編著，高誘注：《淮南子》，上海古籍出版社，1989 年 9 月版，第 195 頁。

笑軒渠」均可通，則應以康熙本作「語笑軒渠」爲是。

　　卷二

　　《遊仙三首》之三

　　康熙本：少小璚宮織，當牕機九張。天孫分重錦，價直百千強。欲渡明河去，牽牛不服箱。謫來北斗下，無計挹<u>仙</u>漿。（10b）

　　四庫本：……謫來北斗下，無計挹<u>天</u>漿。（1317-409）

　　【按】康熙本「無計挹仙漿」，四庫本作「無計挹天漿」。「天漿」有三種意義，其一爲：天上的飲料、漿汁。唐韓愈《調張籍》詩：「刺手拔鯨牙，舉瓢酌天漿。」清人方世舉注：「天漿豈即《中山經》所謂『帝臺之漿』耶？酌天漿以喻高潔。」〔註21〕朱彝尊《遊仙詩》也應指此義。故「仙漿」一詞不妥，應以四庫本「天漿」爲是。

　　《楓橋夜泊》

　　康熙本：驚<u>禽</u>沙上鳴，漁子夜深語。（11a）

　　四庫本：驚<u>鳥</u>沙上鳴，漁子夜深語。（1317-409）

　　【按】「禽」泛稱鳥獸；「鳥」古指羽尾長的飛禽。「鳥」與「禽」都有指飛禽，但「禽」範圍更爲寬闊。且此詩是描寫楓橋夜晚的景色，詩人是不可能看得清什麼是羽尾長，什麼是羽尾短的飛禽，所以他只能用「禽」字泛稱受驚嚇的鳥獸在沙上鳴叫，這樣顯得更爲眞實。因此，四庫本「鳥」誤。

　　《治平寺》

　　康熙本：墻影開初地，鐘聲<u>落</u>上方。（11a）

　　四庫本：墻影開初地，鐘聲<u>出</u>上方。（1317-409）

　　【按】「落」與「出」相較更爲貼切。其一、「落」和「出」正好是一對反義詞，「鐘聲<u>出</u>上方」，言爲鐘聲從上方傳出來，而「鐘聲<u>落</u>上方」，一個「落」字寫出了鐘聲是自上而下，由遠及近飄徐而來，寫出了鐘聲在斜暉裏的悠悠揚揚。從詩歌審美角度，「落」比「出」更具有神韻。其二、「上方」指「住持僧居住的內室。亦借指佛寺。」抄寫者或將詩中的「上方」理解爲此義，便理所當然地認爲鐘聲是從佛寺裏傳出來的用「出」，因而將「落」改爲「出」。而這首詩詩題爲《治平寺》，「治平寺」遺址在今蘇州市郊上方山東麓，東臨

〔註21〕韓愈著，錢仲聯集釋：《韓昌黎詩繫年集釋》，上海古籍出版社，1984年3月版，卷九，第989頁。

石湖。所以詩中「上方」應為山麓，治平寺的鐘聲飄落到上方山是極有可能的。即便不是如此，鐘聲落佛寺，即鐘聲在寺廟中迴蕩也是講得通的。如明代濟南詩人邊貢就有首描寫千佛山的詩《山寺》中前兩句「雞鳴春日曉，鐘落上方幽」，與此詩中的「鐘聲落上方」異曲同工。所以，從兩方面分析，「落」更為準確，符合詩的原味，應以原刻本為是。

《簡陳秀才（光緯）》

康熙本：幾日秦嘉去，應留贈婦篇。盤龍明鏡好，雙笑玉臺前。（16b）

四庫本：幾日秦嘉去，應留贈婦篇。盤龍明鏡好，雙笑玉堂前。（1317-413）

【按】「玉臺」指玉飾的鏡臺；鏡臺的美稱。上句中「盤龍」釋為以龍為飾的銅鏡。清陳維松《水龍吟·巷口見磨鏡者》詞：「見一雙小玉，盤龍暗捧，和羞映中門裏。」「玉臺」與「盤龍明鏡」遙相呼應，「盤龍明鏡好，雙笑玉臺前」是化用唐王昌齡《朝來曲》：「盤龍玉臺鏡，唯待畫眉人」而來。前兩句又借用徐淑秦嘉的典故，《玉臺新詠》中有秦嘉《贈婦詩》三首，嘉妻徐淑答詩一首，敘夫婦惜別互矢忠誠之情。朱彝尊借秦嘉徐淑來喻陳光緯與其妻王煒閨中唱和，伉儷篤深。所以這裏應為「玉臺」無疑，而「玉堂」釋為「泛指宮殿的美稱」，與此詩風馬牛不相及，顯然四庫本「玉堂」誤。

《長安賣卜行贈吳三（統持）集杜句》

康熙本：翻手作雲覆手雨，長安布衣誰比數。（16b）

四庫本：翻手作雲覆作雨，長安布衣誰比數。（1317-413）

【按】首句「翻手作雲覆手雨」正集自杜甫的《貧交行》「翻手為雲覆手雨，紛紛輕薄何須數。君不見管鮑貧時交，此道今人棄如土。」〔註22〕因此，四庫本將「翻手作雲覆作雨」中後一「手」改為「作」，不符合原詩，故誤。

卷三

康熙本：《（彝）公過》（2a）

四庫本：《即景》（1317-415）

【按】康熙本：《（彝）公過》，四庫本改為《即景》。這首詩作於順治十一年（1654），經查楊謙《曝書亭集詩注》（乾隆木山閣刻本），卷二（原《曝

〔註22〕杜甫著，錢謙益箋注：《錢注杜詩》，上海古籍出版社，1958 年 10 月版，上冊，第 8 頁。

書亭集》卷一賦不注,故卷次遞減一卷)該試題下注云:「彝公字西堂,梅里古南寺僧,善詩。」不知何故而改。

《小孤山》

康熙本:遠望空愁心,沿<u>流</u>採芳杜。(10b)

四庫本:遠望空愁心,沿<u>江</u>採芳杜。(1317-422)

【按】這裡「沿流」與「沿江」都有沿水流而下之意,但「沿流」更有順流而下,並且用在這裡增強了全詩的動感美、流動美,與上句「遠望空愁心」形成更為強烈的對比,一個「空愁」,靜態;一個「沿流」,動態。雖然「沿江」也是動態的,但是「江」太直露、呆板,沒有「流」形象、生動,沿著奔騰而下的流水,乘著長風,撐著長篙採芳杜,豈不是給全詩增添了生色,起到畫龍點睛之筆?因而四庫本將「流」改為「江」,失去了原詩意趣橫生的風味。應以康熙本為是。

《五羊觀》

康熙本:騎羊舊說朝<u>仙</u>馭,銜穀何年降楚庭。(14b)

四庫本:騎羊舊說朝<u>天</u>馭,銜穀何年降楚庭。(1317-425)

【按】「騎羊」典出漢劉向《列仙傳·葛由》:「葛由,羌人也。周成王時好刻木羊賣之。一旦,乘木羊入西蜀。蜀中王侯貴人追之上綏山。綏山在峨眉山西南,高無極也。隨之者不復還,皆得仙道。」〔註23〕後以「騎羊」稱得道成仙。這裡化用「騎羊」這個典故入詩,遂後面應為「朝仙馭」,而非「朝天馭」。四庫本誤。

康熙本:《東官客舍屈五過譚羅浮之勝時因道阻不得遊悵然有懷作詩三首》(16a)

四庫本:此三首詩缺。

【按】「屈五」即指「屈大均」,初名紹隆,字翁山,因排行第五,故稱屈五。廣東番禺人。清兵入粵時,曾參加抗清隊伍,失敗後削髮為僧,不久還俗,改名大均,奔走南北,繼續從事抗清活動。正因為他的抗清意識為清廷所不容,所以他所有的書都被禁燬(參看《四庫禁燬書叢刊》)。《欽定〈四庫全書總目〉聖諭》中直接提及:「……而金堡、屈大均則又遁跡緇流,均以不能死節,靦顏苟活,乃託名勝國,妄誓狂言,其人實不足齒,其書豈

〔註23〕劉向撰:《列仙傳》,上海古籍出版社,1990年9月版,卷上,第7頁。

可復存？自應逐細查明，概行毀棄，以勵臣節，而正人心。」不僅於此，連其人名及其一切言論亦不能在其他書中出現，「又若彙選各家詩文內有錢謙益、屈大均所作，自當削去，其餘原可留存，不必因一二匪人致累及眾。」〔註24〕因此，在《曝書亭集》中任何一處出現「屈大均」或其詩文一概刪削或改易。

以下刪改「屈大均」處原因皆同，可參照此條。

康熙本：《過朱十夜話》（番禺）屈大均作（16b）

四庫本：刪。

【按】原因同卷三《東官客舍屈五過譚羅浮之勝時因道阻不得遊悵然有懷作詩三首》之刪改。

卷四

《楊歷巖觀瀑布水》

康熙本：願言繫白駒，於焉久逍遙。（1b）

四庫本：願言繫白駒，於焉永逍遙。（1317-430）

【按】「久」與「永」義同，皆指永遠之義，但應尊重原刻本為是。

《席上留別陸兄（世楷）》

康熙本：但秉中宵燭，重為旅客吟。（2a）

四庫本：但秉中宵燭，重為旅舍吟。（1317-430）

【按】「旅客吟」，四庫本作「旅舍吟」，恐非是。此詩題《席上留別陸兄（世楷）》，是所吟對象為人物，而非屋舍。旅客，此謂客居在外之人，亦指生活在世間之人，猶如過客，來去匆匆，以慨歎人世的無常。此當以康熙本為是。

康熙本：《喜羅浮屈五過訪》（5a）

四庫本：《喜羅浮友人過訪》（1317-432）

【按】四庫本將「屈五」改作「友人」，原因同卷三《東官客舍屈五過譚羅浮之勝時因道阻不得遊悵然有懷作詩三首》之刪改。

康熙本：《寄屈五金陵》（8b）

四庫本：《寄友人金陵》（1317-435）

〔註24〕《四庫全書總目》卷首，乾隆四十一年十一月十七日諭。

【按】四庫本將「屈五」改作「友人」，原因同卷三《東官客舍屈五過譚羅浮之勝時因道阻不得遊悵然有懷作詩三首》之刪改。

康熙本：《過筏公西谿精舍懷羅浮<u>屈五</u>留白下》（9b）

四庫本：《過筏公西谿精舍懷羅浮<u>友人</u>留白下》（1317-436）

【按】四庫本將「屈五」改作「友人」，原因同卷三《東官客舍屈五過譚羅浮之勝時因道阻不得遊悵然有懷作詩三首》之刪改。

康熙本：《同杜（濬）俞（汝言）屈（大均）<u>三處士</u>放鶴洲探梅分韻》（11a）

四庫本：《同杜（濬）俞（汝言）<u>二處士春日在</u>放鶴洲探梅分韻》（1317-437）

【按】四庫本將「屈大均三處」改作「二處士」，原因同卷三《東官客舍屈五過譚羅浮之勝時因道阻不得遊悵然有懷作詩三首》之刪改。

康熙本：《<u>屈五</u>來自白下期作山陰之遊》（13a）

四庫本：《<u>友人</u>來自白下期作山陰之遊》（1317-439）

【按】四庫本將「屈五」改作「友人」，原因同卷三《東官客舍屈五過譚羅浮之勝時因道阻不得遊悵然有懷作詩三首》之刪改。

康熙本：《同王二（猷定）登種山懷古招<u>屈五（大均）</u>》（14a）

四庫本：《同王二（猷定）登種山懷古招<u>友人</u>》（1317-437）

【按】四庫本將「屈大均」改作「友人」，原因同卷三《東官客舍屈五過譚羅浮之勝時因道阻不得遊悵然有懷作詩三首》之刪改。

康熙本：《寓山訪<u>屈五</u>》（15a）

四庫本：《寓山訪<u>友人</u>》（1317-440）

【按】四庫本將「屈五」改作「友人」，原因同卷三《東官客舍屈五過譚羅浮之勝時因道阻不得遊悵然有懷作詩三首》之刪改。

卷五

《侯山讌集（山系晉孔愉所居）》

康熙本：試向花源齊列坐，<u>何如</u>蘭渚遠浮杯。（2a）

四庫本：試向花源齊列坐，<u>如何</u>蘭渚遠浮杯。（1317-442）

【按】「何如」與「如何」義互通，但應尊重原刻本為是。

《梅市訪祁七明府（熊佳）留贈公子（誠孫）因憶亡友朱廿二（土稚）》

康熙本：出郭試尋梅福市，臨流不減仲長園。白花結實垂垂綻，紅藥當

階故故翻。公子風流能愛客，君家兄弟數開樽。重憐<u>舊</u>日同遊少，腸斷空山聽曉猿。（2b）

四庫本：出郭試尋梅福市，臨流不減仲長園。白花結實垂垂綻，紅藥當階故故翻。公子風流能愛客，君家兄弟數開樽。重憐<u>日</u>同遊少，腸斷空山聽曉猿。（1317-443）

【按】此詩爲一首七言詩，故四庫本將「舊」字抄漏。

《山陰苦雨酬謝處士（孔淵）》

康熙本：坐見天<u>公</u>笑，何時后土乾。（2b）

四庫本：坐見天<u>門</u>笑，何時后土乾。（1317-443）

【按】四庫本作「天門」誤。「天門」，聯繫此詩，應指天宮之門，是無生命的物體，故不可能「笑」；「天公」，以天擬人，可賦於人的動作「笑」。當以康熙本爲是。

《曹侍郎席上送別顧工部（大申）還華亭鄒進士（祗謨）還晉陵（二子將有入都之役）》

康熙本：古寺登高盡，平湖向晚晴。琴書方燕息，<u>車騎</u>更逢迎。（4b）

四庫本：古寺登高盡，平湖向晚晴。琴書方燕息，<u>車馬</u>更逢迎。（1317-444）

【按】「車騎」比「車馬」確切。「車馬」①指車和馬，古代陸上的主要交通工具。《詩·小雅·十月之交》：「擇有車馬，以居徂向。」②謂馳騁遊樂。而「車騎」不僅指車和馬，還用作對人的敬稱。宋蘇軾《與蒲誠之書》之四：「聞車騎已在二曲，即見風采，喜慰可知。」〔註25〕結合全詩，用「車騎」來借代顧工部（大申）、鄒進士（祗謨）二人，表示歡迎他們的來訪較恰當。故當以康熙本爲是。

《于忠肅公祠》

康熙本：千年華表鶴，哀怨此重<u>經</u>。（6a）

四庫本：千年華表鶴，哀怨此重<u>輕</u>。（1317-446）

【按】「千年華表鶴，哀怨此重經」，四庫本作「千年華表鶴，哀怨此重輕」，非是。華表鶴故事，見晉陶潛《搜神後記》卷一：「丁令威，本遼東人，學道於靈虛山，後化鶴歸遼，集城門華表柱。時有少年，舉弓欲射之，鶴乃

〔註25〕蘇軾著：《蘇東坡全集》，北京市中國書店，1986 年 3 月版，續集卷四，第 129 頁。

飛，徘徊空中而言曰：『有鳥有鳥丁令威，去家千年今始歸。城郭如故人民非，何不學仙冢纍纍。』遂高上衝天。」〔註26〕後以「華表鶴」指久別之人。于忠肅公即明代名臣于謙。本詩概括了于謙的功績，也寫出了于謙祠的衰敗，表達了自己對一代名臣身後遭際的感慨。此謂華表鶴重經此地，以示後人對于謙的敬重。四庫本作「輕」，則與義無涉。

《採蓴》

康熙本：湖水清無底，蓴絲滑可憐。相要三五客，采采莫迴船。坐恐葑田合，生憎荇帶牽。祗應櫻筍配，羶膩豈容前。（8a）

四庫本：湖水清無底，蓴絲滑可憐。相要三五客，采采莫迴船。坐恐葑田合，生憎荇帶牽。祗應櫻筍配，羶豈容前。（1317-447）

【按】此首爲五言詩，故四庫本脫「膩」。「羶膩」，指羶腥油膩的食物。唐白居易《病中早春》詩：「羶膩斷來無氣力，風痰惱得少心情。」

《蔣廣文薰留飲縉雲學舍爲談仙都之勝》

康熙本：東陽遊女弄潺湲，素舸緣流濯足還。（12b）

四庫本：東陽遊女弄潺湲，素阿緣流濯足還。（1317-451）

【按】南朝宋謝靈運《東陽溪中贈答》詩二首：「可憐誰家婦，緣流洗素足。明月在雲間，迢迢不可得。／可憐誰家郎，緣流乘素舸。但問情若爲，月就雲中墮。」〔註27〕此詩中「素舸」一詞《漢語大字典》釋爲「不加裝飾的船」，而「東陽遊女弄潺湲，素舸緣流濯足還」兩句應是詩人從謝詩中化用而來，也是此義。且無「阿舸」一詞之說，蓋因「舸」與「阿」形近而四庫本抄誤。

《永嘉除日述懷》

康熙本：不作牽裾別，飄然到海隅。（15a）

四庫本：不作牽車別，飄然到海隅。（1317-453）

【按】這首詩沉鬱悲涼，抒發作者鬱鬱不得志，意欲逃離世俗，到一個很遠的地方以求生存之情，首句即是全詩的主旨。「牽裾」一詞，《漢語大字典》中解釋爲①牽拉著衣襟。②《三國志‧魏志‧辛毗傳》中「三國 魏文帝曹丕要從冀州遷十萬戶到河南去，群臣上諫，不聽。辛毗再去諫，曹丕不

〔註26〕陶潛著：《搜神後記》，中華書局，1981 年 1 月版，頁 1。
〔註27〕謝靈運著，李運富編注：《謝靈運集》，嶽麓書社，1999 年 8 月版，第 115 頁。

答而入內，辛毗拉住他的衣裾。後來終於減去五萬戶。」後以「牽裾」、「牽衣」、「牽裳」指直言極諫。《永嘉除日述懷》應是第二種引申義，意為自己不再直言勸諫以惹禍端，不如逍遙到天涯海角去，以示不問仕途。後來黃鷟來《雜興》詩之十三：「已悲事與牽衣別，敢謝人嘲折檻愚」，句中有「牽衣別」，「牽衣」義與「牽裾」同。而「牽車」釋為「羊車」或「水車」，與此詩無甚關聯，蓋四庫本誤。

卷六

康熙本：《董子祠》「漢日江都相，荒祠舊水濱。玉杯存俎豆，青簡重天人。夕鳥窺園下，秋花裛露新。淒涼不遇賦，千載一沾巾。」（8b）

四庫本：缺

【按】四庫本缺。此借西漢董仲舒故事，慨歎自身的懷才不遇，發洩自身遭際的不滿。四庫本刪去此詩，或因此詩容易使人聯想到當今皇上對人才的輕視。

《傷歌行》

康熙本：凡百君子，庶幾心惻。翳桑之<u>餓</u>，可以報德。（五解）（10a）

四庫本：凡百君子，庶幾心惻。翳桑之<u>饑</u>，可以報德。（五解）（1317-461）

【按】《左傳・宣公二年》：「初，宣子田於首山，舍於翳桑，見靈輒餓，問其病。曰：『不食三日矣。』食之，舍其半。問之。曰：『宦三年矣，未知母之存否，今近焉，請以遺之。』使盡之，而為之簞食與肉，寘諸橐以與之。既而與為公介，倒戟以御公徒而免之。問何故。對曰：『翳桑之餓人也。』」〔註28〕後以「翳桑」為餓餒絕糧之典故，亦是餓夫酬德之典。《傷歌行》末兩句「翳桑之餓，可以報德」即化用此典。且「饑」和「餓」不可通，「餓」，「飢之甚；不飽。」《淮南子・說山訓》：「寧一月饑，無一旬餓。」高誘注：「饑，食不足。餓，困乏也。」所以，這裡應為「餓」，四庫本作「饑」誤。

《十五日夜月》

康熙本：哀<u>鴈</u>逝不居，流芳久云歇。（10b）

四庫本：哀<u>鴻</u>逝不居，流芳久云歇。（1317-461）

【按】「鴻」與「鴈」義同，但應依原刻本康熙本「鴈」為是。

〔註28〕《春秋左傳集解》，晉杜預注，上海人民出版社，1977 年 8 月版，第二冊，第540 頁。

《甲辰冬月朱十訪我塞上賦對月詩奉答三首》其二（同里）曹溶（潔躬）

康熙本：月出照城闉，兵甲何洋洋。連山寓餘里，縣互不可詳。列營慘清角，羽纛隨<u>風</u>翔。（11b）

四庫本：月出照城闉，兵甲何洋洋。連山寓餘里，縣互不可詳。列營慘清角，羽纛隨<u>鳳</u>翔。（1317-463）

【按】這是一首描寫邊塞的詩，「羽纛」，古代軍隊或儀仗隊中以羽爲飾的大旗。用「風」，意爲「羽纛隨風飄翔」；用「鳳」講不通。因此，四庫本可能因二字音同形近而誤。

《龔（百朋）自梗陽以詩見寄漫答二首》其二

康熙本：道重論交地，書題把臂前。相憐煩縞紵，永好有詩篇。多難休儒服，他鄉澀酒錢。但期<u>陽羨隱</u>，見日話歸田。（17a）

四庫本：道重論交地，書題把臂前。相憐煩縞紵，永好有詩篇。多難休儒服，他鄉澀酒錢。但期<u>羨隱</u>，見日話歸田。（1317-467）

【按】「陽羨」，釋爲「借指宜興出產的茶。宜興，秦漢時稱陽羨，故名。」且此爲一首五言詩，故四庫本「羨」前脫「陽」。

康熙本：《題錢宗伯（謙益）文集後（集社）》（17b）

四庫本：全詩刪。

【按】錢謙益，明末清初之臣，清豫親王統兵南下，其率先稱臣，後又乞歸故里，終未復仕。其「貳臣」之人品爲乾隆所不恥，加之其《初學》、《有學》二集中多有將「後金」稱作「虜」、「奴」等「荒誕悖謬」之語。清高宗在乾隆三十四年六月六日下諭曰：「今閱其所著《初學集》、《有學集》，荒唐背謬，其中詆謗本朝之處，不一而足。夫錢謙益果終爲明臣，守死不變，即以筆墨謄謗，尙在情理之中，而伊既爲本朝臣僕，豈得復以從前狂吠之語刊入集中，其意不過欲藉此以掩其失節之羞，尤爲可鄙可恥。」因此，錢謙益所有書籍都被查禁銷毀。爲了獨絕一切有關錢謙益的言論，乾隆四十一年九月三十日再次下諭：「又若彙選各家詩文內有錢謙益、屈大均所作，自當削去，其餘原可留存，不必因一二匪人致累及眾。」至此，各家詩文雖未受牽連，但都作了不同程度的刪改。《曝書亭集》中有關「錢謙益」被刪改的有十多處，原因皆同此條，下略。

卷七

《秋日登胥山》

康熙本：秋水日以駛彝尊，輕船泛清澄周贇青士。流沿轉紆曲沈傳弓武功，櫂急黏菇淩彝尊。仄峰尚阻樹贇，近寺俄飛棱傳弓。宕宕梵磬出彝尊，鱗鱗波雲興贇。流目訝突兀傳弓，賞心闢崚嶒彝尊。舟維臥柳渡贇，道失寒瓜塍傳弓。……（6b）

四庫本：……仄峰尚阻樹贇，近寺俄飛梭傳弓。……（1317-474）

【按】這是一首古體詩，偶句押韻。從全詩來看，押「eng」韻。「近寺俄飛棱」中「棱」正好在韻腳上，所以必須押韻；且「棱」有「leng」「ling」兩個讀音，按照詩歌押韻規律「十三轍」中「中東轍」（eng、ing、weng、ong、iong），無論「棱」讀哪個音，都是押韻的。「梭」音「suo」，顯然不押韻，違犯了押韻規則。因此四庫本或因「棱」與「梭」形近而誤。

康熙本：《風懷二百韻》略作「樂府傳西曲，佳人自北方。問年愁豕誤，降日葉蛇祥。巧笑元名壽，妍娥合喚嫦。次三蔣侯妹，第一漢宮嬙。鐵撥嫻諸調，雲璈按八琅。琴能師賀若，字解辨凡將。弱絮吟偏敏，蠻牋擘最強。居連朱雀巷，里是碧雞坊。偶作新巢燕，何心敝笱魴。連江馳羽檄，盡室隱村艖。綰髻辭高閣，推篷倚峭艖。蛾眉新出繭，鶯舌漸抽簧。慧比馮雙禮，嬌同左蕙芳。……」（7b）

四庫本：全詩刪。

【按】《風懷二百韻》詩是《提要》中明列出被刪的，前有「惟原本有《風懷》二百韻詩及《靜志居琴趣》長短句，皆流宕艷冶，不止陶潛之賦閒情。夫綺語難除，詞閒常態，然韓偓《香奩集》別爲篇帙，不入內翰集中，良以文章各有體裁，編錄亦各有義例，溷而一之，則自穢其書，今並刊除庶，不乖風雅之正也。」具體抽刪之原委可參見本文第三章第一節中第1條「《風懷二百韻》之抽刪」。

《壽徐侍讀（元文）》

康熙本：南斗神仙籙彝尊，西清侍從員。黑頭誰得似良年，青眼獨依然。歷下尋山屐彝尊，江干載酒船。（13a）

四庫本：刪「西清侍從員」至「歷下尋山屐」四句。（1317-477）

【按】西清，指清代宮廷內南書房。南書房設於康熙十六年（1677），光緒二十四年（1898）撤銷，是清代皇帝文學侍從值班的地方。清代士人視之

爲清要之地，能入則以爲榮。中國第一歷史檔案館藏有《南書房記注》，係爲數極少的南書房檔案。康熙帝爲了與翰林院詞臣們研討學問，吟詩作畫，在乾清宮西南角特闢房舍以待，名南書房。在翰林等官員中，「擇詞臣才品兼優者」入値，稱「南書房行走」。入値者主要陪伴皇帝賦詩撰文，寫字作畫，有時還秉承皇帝的意旨起草詔令，「撰述諭旨」。由於南書房「非崇班貴檽、上所親信者不得入」，所以它完全是由皇帝嚴密控制的一個核心機要機構，隨時承旨出詔行令，這使南書房「權勢日崇」。朱彝尊曾入直南書房，故詩稱「西清侍從員」。四庫館臣爲避開此事，因將此幾句刪去。同樣，卷三十五《五代史記注序》一文中「南書房舊史」幾字亦被刪去。

《孫少宰蟄室觀吳季子劍四十韻》

康熙本：接末驚窮獀，干霄飲雌蜺彝尊（15a）

四庫本：接末驚窮獀，千霄飲雌蜺彝尊（1317-478）

【按】干霄，指高入雲霄。「雌蜺」，釋爲「虹有二環時，內環色彩鮮盛爲雄，名虹；外環色彩暗淡爲雌，名蜺」。干霄與雌蜺放在一起義通，且沒有「千霄」這一詞。故四庫本蓋因兩字形近而誤。

卷八

《九言題田員外（雯）秋汎圖》

康熙本：田郎與我相識今十年，新詩日下萬舌爭流傳。（12b）

四庫本：田郎與我相識令十年，新詩日下萬舌爭流傳。（1317-489）

【按】從詩句中看，顯而易見康熙本「今」是，四庫本因「令」與「今」形近而誤。

卷九

《汪舍人（懋麟）以丁娘子布見贈賦寄》

康熙本：裁作輕衫春更宜，期君再醉天壇下。（1b）

四庫本：剪作輕衫春更宜，期君再醉天壇下。（1317-490）

【按】「剪」與「裁」義同，但應以康熙本作「裁」爲是。

《鴛鴦湖櫂歌一百首有序》之五

序：甲寅歲暮，旅食潞河，言歸未遂，爰憶土風，成絕句百首。語無詮次，以其多言舟楫之事，題曰《鴛鴦湖櫂歌》。聊比竹枝浪淘沙之調，冀同里諸君子見而和之，云爾。

康熙本：西埏里接韮谿流，一簣缾山古木秋。慣是爭枝烏未宿，夜深啼<u>上</u>月波樓。（西埏里，載干寶《搜神記》在嘉興縣治西，韮谿之水經其下。缾山，宋時酒務。月波，秀州酒名，載張能臣《天下名酒記》，樓係令狐挺所建，宋人集題詠詩詞甚多。）（3a）

四庫本：西埏里接韮谿流，一簣缾山古木秋。慣是爭枝烏未宿，夜深啼<u>破</u>月波樓。（西埏里，載干寶《搜神記》在嘉興縣治西，韮谿之水經其下。缾山，宋時酒務。月波，秀州酒名，載張能臣《天下名酒記》，樓係令狐挺所建，宋人集題詠詩詞甚多。）（1317-491）

【按】根據詩序交代的時間「甲寅歲暮」，可知是年根末底之時，浙江正處在寒冬臘月，天氣嚴寒之際。「慣是爭枝烏未宿」，是指「夕陽西下，古樹上歇滿了棲息的飛禽。它們常為爭搶背風的樹枝，嘰嘰喳喳，吵嚷不停」。因為天氣寒冷的緣故，飛禽不得不找個避風遮寒的地方，樹枝自然抵擋不了寒冷，它們只好另尋他地，「夜深啼上月波樓」，在夜深人靜時，烏鵲啼鳴著飛上月波樓頂，這座雅古樓就成了鳥兒們的樂園。所以，聯繫上下句，這裡應作「上」比較符合詩意。故因依原本。

《和韻》譚吉璁

康熙本：天<u>星</u>湖口好花枝，便過三春採未遲。蝴蝶雙飛如可送，教郎乞夢冷仙祠。（天星湖在嘉興縣治東，湖北有協律郎冷謙祠，禱夢者有奇驗。）（8a）

四庫本：天<u>心</u>湖口好花枝，便過三春採未遲。蝴蝶雙飛如可送，教郎乞夢冷仙祠。（天星湖在嘉興縣治東，湖北有協律郎冷謙祠，禱夢者有奇驗。）（1317-496）

【按】四庫本有注文曰「天星湖在嘉興縣治東，湖北有協律郎冷謙祠，禱夢者有奇驗」中也作「天星湖」，因抄寫者在抄寫時將「星」誤寫為音近字「心」，故四庫本誤。

《和韻》譚吉璁

康熙本：馬場漁激幾沙汀，宿雨初消樹更青。最好南園叢桂發，盡橈長泊煮<u>茶</u>亭。（彪湖，一名馬場湖，宋潘師旦以南塢。漁激水十一處會於春波門外，建會景亭。南園，余叔宜春令別業，有桂樹四本，高俱五丈。蘇子瞻煮茶亭在水北。）（9b）

四庫本：馬場漁激幾沙汀，宿雨初消樹更青。最好南園叢桂發，盡橈長泊煮<u>荼</u>亭。（彪湖，一名馬場湖，宋潘師旦以南塢。漁激水十一處會於春波門外，建會景亭。南園，余叔宜春令別業，有桂樹四本，高俱五丈。蘇子瞻煮茶亭在水北。）（1317-496）

【按】康熙本「盡橈長泊煮茶亭」中「茶」，四庫本作「荼」。四庫本注

文中亦爲「茶」，顯是抄誤。

卷十

《讀葉司城（封）嵩遊草賦贈》

康熙本：霞梯高高八百丈，筍輿踏遍青芙蓉。盧巖瀑飛一匹布，鐵梁峽偃千年松。（1a）

四庫本：霞梯高高八千丈，筍輿踏遍青芙蓉。盧巖瀑飛一匹布，鐵梁峽偃千年松。（1317-503）

【按】存疑。

《壽劉編修（芳喆）二首》其二

康熙本：人日梅花一月前，騷人初度棗弧懸。蕭然賦雪攜羣從，絕勝徵歌玳瑁筵。（4a）

四庫本：人日梅花一月前，騷人初度棗弧懸。蕭然賦就攜羣從，絕勝徵歌玳瑁筵。（1317-505）

【按】存疑。

康熙本：《興化李先生清壽詩》（6b）

四庫本：全詩刪。

【按】此詩是爲李清做壽所寫。在李清繕校《四庫全書》完畢，乾隆抽閱進呈書籍，發現李清所撰《諸史同異錄》一書內有「違礙」語句，遂將其所有著作一併撤毀，凡有引李清之語的書籍也遭刪削，故朱彝尊此首《興化李先生清壽詩》也相應被抽刪。具體刪改原因可參見文章第三章第一節中第2條。

《元日同孫（枝蔚）毛（奇齡）陳（維崧）吳（雯）汪（楫）諸徵士喬（萊）人湯（右曾）上舍集曹舍人（禾）書齋遲李（良年）潘（耒）不至即席限韻二首》其一

康熙本：密坐更番改，清詩次第聆。燭花高不落，嘶騎且迴停。（9a）

四庫本：密坐更番改，清言次第聆。燭花高不落，嘶騎且迴停。（1317-509）

【按】康熙本「清詩次第聆」，四庫本作「清言次第聆」，「清言」和「清詩」皆可通，但應以康熙本爲是。

《古意投高舍人士奇》

康熙本：和風動閶闔，百鳥喟啾吟。獨無笙簧舌，臆對難爲音。主人軫

物微，飼花若黃金。食之非不甘，愧莫報以琛。寄言鶯<u>凰</u>侶，釋此歸飛禽。
（9b）

四庫本：和風動閶闔，百鳥<u>啾喁</u>吟。獨無笙簧舌，臆對難爲音。主人軫物微，飼花若黃金。食之非不甘，愧莫報以琛。寄言鸞<u>凰</u>侶，釋此歸飛禽。
（1317-509）

【按】康熙本作「喁啾」是。喁啾，鳥鳴聲。聯繫該詩句「百鳥喁啾吟」，應爲鳥兒的鳴叫聲。而「啾喁」是象聲詞，表示細碎雜亂的聲音，與詩意不相吻合，故四庫本將原詞抄寫顛倒致誤。

【按】「鸞凰」與「鶯鳳」皆有喻指賢俊之士。從本詩句「寄言鸞凰侶」而言，鸞凰應是喻指摯友的。故兩者皆可通，但應以原本爲是。

《酬閻（若璩）》
康熙本：並馬騁劇談，九皇八<u>八</u>民。醒即坐松石，醉即臥花茵。（10a）
四庫本：並馬騁劇談，九皇八<u>佰</u>民。醒即坐松石，醉即臥花茵。（1317-510）

《平蜀詩十三章（並序）》
康熙本：天威赫怒，爰命虎臣五道，分軍冞入其阻，日未浹旬，保<u>寧</u>成都<u>千里</u>。（12a）
四庫本：天威赫怒，爰命虎臣五道，分軍冞入其阻，日未浹旬，保<u>守</u>成都。（1317-512）

【按】「保寧」，四庫本作「保守」，非是。「保寧」有保有並使之安定之意，而「保守」只有保衛守護，沒有安定。從此序文中，可以看出不僅保護成都，且使之安定。故四庫本蓋因「守」與「寧」形近而誤。

【按】四庫本「保寧成都」後脫寫「千里」二字。

康熙本：《題吳徵君（雯）詩卷》二首（14a）
四庫本：《題吳徵君（雯）詩卷》一首（1317-514）

【按】四庫本缺其中第二首「三晉風騷雜僞眞，遺山歿後更無人。把君行卷誰堪並，除是番禺屈大均」。此詩中出現「屈大均」三字，且無法改易，故將整首詩刪去。原因見卷三《東官客舍屈五過譚羅浮之勝時因道阻不得遊悵然有懷作詩三首》之刪改。

《送十一叔還里即作豫章之遊》二首中第一首
康熙本：沙隄棘寺路依然，再到京華四十年。（16b）

四庫本：沙隄棘樹路依然，再到京華四十年。（1317-515）

【按】康熙本「沙隄棘寺路依然」中「寺」，四庫本作「樹」。此兩句是描寫重返京城之景，昔日的道路依舊。「沙隄」是指沙石等築成的隄岸；「棘寺」泛指九卿官署，或為大理寺的別稱。「沙隄棘寺路依然」應是描寫大理寺的路仍和從前一樣，故此應為「棘寺」，且無「棘樹」一詞。四庫本或因「樹」與「寺」形近而誤。

《送十一叔還里即作豫章之遊》二首中第二首

康熙本：竹雞格磔雲根語，蘭草蔥青鏡裏看。（16b）

四庫本：竹雞格磔雲根語，蘭草青蔥鏡裏看。（1317-515）

【按】康熙本「蘭草蔥青鏡裏看」，四庫本作「青蔥」。「青蔥」與「蔥青」雖義通，但應據原文，因此以康熙本「蔥青」為是。

卷十一

《送杜少宰（臻）視海閩粵二首》中第一首

康熙本：漢將樓船遠受降，重臣疆理到南邦。山程伐嶺復見嶺，水驛下瀧還上瀧。

四庫本：漢將樓船遠受降，重臣疆理到南邦。山程越嶺復見嶺，水驛下瀧還上瀧。

【按】「伐」，四庫本作「越」。「伐」與「越」均可通，則應以康熙本作「伐」為是。四庫本作「越」，或因與「伐」形近而誤。

卷十二

《元日南書房宴歸》

康熙本：纔承曲讌侍仙闈，又撤瓊筵到北扉。（1a）

四庫本：纔承曲讌侍仙闈，又撒瓊筵到北扉。（1317-524）

【按】「撤」，四庫本作「撒」，非是。「撤」有「除去」之意。詩前兩句意為「皇帝剛剛在皇宮裏賜宴大臣，又將盛宴撤到學士院去」，意即贊皇恩浩蕩，恩澤之遠。因此，這裏用「撤」，作「撒」意不通，四庫本或因兩字形近而抄誤。

《題汪贊善（霦）讀書秋樹根圖》

康熙本：千官仗下列蛾眉，束馬嚴徐獻賦時。安有斯人坐雲壑，披圖真笑虎頭癡。（2a）

四庫本：千官仗下列蛾眉，東馬嚴徐獻賦時。安得斯人坐雲壑，披圖眞笑虎頭癡。（1317-525）

【按】「有」，四庫本作「得」。「有」與「得」均可通，則應以康熙本作「有」爲是。

康熙本：《送少詹王先生（士禛）代祀南海兼懷梁孝廉（佩蘭）屈處士（大均）陳處士（恭尹）》（3b）

四庫本：全詩刪。

【按】此因詩題中出現「屈大均」之人名，故將整首詩刪掉。原因同卷三《東官客舍屈五過譚羅浮之勝時因道阻不得遊悵然有懷作詩三首》之刪改。

《高處士（兆）方處士（中德）陳上舍（治）將歸過集古藤書屋同陸處士（嘉淑）魏上舍（坤）分韻賦長歌送別得要字》

康熙本：龍眠一叟幡然回，斧柯無恙山中樵。（15a）

四庫本：龍眠一叟幡然回，斧柯無恙中山樵。（1317-534）

【按】「山中」，四庫本作「中山」。康熙本「山中」是，四庫本將「山中」抄寫顚倒。

《送梁孝廉（佩蘭）還南海》

康熙本：舊交陳恭尹屈大均況無恙，相與散策探林霏。（16a）

四庫本：舊交雖少況無恙，相與散策探林霏。（1317-536）

【按】康熙本「舊交陳恭尹屈大均況無恙」，四庫本作「舊交雖少」。因爲此處出現「屈大均」，爲了避忌，又不能破壞詩的字數，所以將「陳屈」改爲「雖少」。具體原因見卷三《東官客舍屈五過譚羅浮之勝時因道阻不得遊悵然有懷作詩三首》之刪改。

卷十三

康熙本：《題王給事（又旦）過嶺詩集》（2b）

四庫本：全詩刪。

【按】詩中三處提及「屈大均」，「偕行況有屈道士大均」、「往時屈道士游越」、「投詩王郎並寄屈」。因與屈大均聯繫緊密，不便改易，只得將全詩刪去。原因見卷三《東官客舍屈五過譚羅浮之勝時因道阻不得遊悵然有懷作詩三首》之刪改。

《六聘山中弔晉處士霍原》

康熙本：祠墓久摧沒，末由酹椒漿。縶馬白楊樹，旋馬黃茅岡。（15b）

四庫本：祠基久摧沒，末由酹椒漿。縶馬白楊樹，旋馬黃茅岡。（1317-550）

【按】「墓」，四庫本作「基」。從上下文看，應康熙本「墓」是。或因「基」與「墓」形近，四庫本抄誤。

卷十六

康熙本：《嶺海將歸梁起士（佩蘭）載酒邀同屈（大均）陳（恭尹）吳（韋）王（準）陳（元基）梁（無技）季（煌）燕集五層樓席上分賦得會字》（4b）

四庫本：全詩刪。

【按】這首詩題中提及到「屈大均」，故刪。原因見卷三《東官客舍屈五過譚羅浮之勝時因道阻不得遊悵然有懷作詩三首》之刪改。

康熙本：《同屈五（大均）過五羊觀》（4a）

四庫本：全詩刪。

【按】這首詩題中提及到「屈大均」，故刪。原因見卷三《東官客舍屈五過譚羅浮之勝時因道阻不得遊悵然有懷作詩三首》之刪改。

康熙本：《嶺外歸舟雜詩十六首》（6b）

四庫本：《嶺外歸舟雜詩十五首》

【按】四庫本缺第十四首「澹公山水入奇懷，陸守頻營繡佛齋。白社風流今已盡，更誰說法上丹崖。（丹崖精舍，表兄陸侯世楷守南雄日爲澹歸禪師建。師姓金氏，諱堡。中崇禎庚辰進士，牧臨清州，亂後隱於浮屠，後卒於平湖。）」

刪改原因同於「屈大均」，具體可參見本文第三章第一節中第 2 條。

卷十七

康熙本：《趙贊善以新詩題扇見懷賦答》「儲端鑽院各收身，同是承明放逐臣。遠憶音塵千里月，來尋蝦菜五湖春。閒教花底安碁局，笑比紅兒狘酒人。縱說卜居猶未定，幾曾憔悴等靈均。」（5a）

《（附）原作》（益都）趙執信

「江村水樹澹秋煙，不見幽人思悄然。往接簪裾三殿側，近聯蹤跡五湖前。老爲鶯脰漁翁長，閒上鷗尼估客船。各有彈文留日下，他時誰作舊聞傳。（竹垞在長安著《日下舊聞》）」（5a）

四庫本：刪。

【按】以上兩首詩是朱彝尊和趙執信倡和之作，四庫本俱刪。趙贊善即趙執信，其二十五歲升右春坊右贊善兼翰林院檢討，名躁京都，因此以官職稱之。《曝書亭集箋注》注引《別裁集》「趙執信，字伸符，山東益都人。康熙己未進士，官左春坊左贊善，以宴飲觀劇去官，時年尚壯也。高才被放，縱情於酒，酣嬉淋漓，嫚罵四坐，藉以發其抑鬱不平之慨。君子可以諒其志焉。」《阮葵生茶餘客話》云：「趙秋谷執信以丁卯國喪赴洪昉思寓觀《長生殿》劇，為黃給事六鴻劾罷，都人有口號云：『國服雖除未斷喪，如何便入戲文場。自家原有三分錯，莫把彈章怨老黃。秋谷才華過絕儔，少年科第盡風流。可憐一曲長生殿，斷送功名到白頭。』」丁卯，即康熙二十六年（1687）。而朱彝尊在康熙三十一年（1692）一月，復罷官。其在《亡妻馮孺人行述》中有記載：「壬申正月，予復罷官；三月，解維張灣。」此詩作於柔兆困敦，即康熙三十五年（1696）。詩中「儲端鎖院各收身，同是承明放逐臣」兩句抒發兩人因無端同遭貶謫，有著同病相憐的身世之慨。也流露出對朝廷不辨忠奸賢愚，不識人才的不滿與排遣。

因為詩中所言不利於清王朝統治，有「違礙」之嫌，四庫本故將兩首詩抽刪。

卷十八
康熙本：《長慶寺啖荔支二首》（12b）

四庫本：《長慶寺啖荔支一首》（1317-601）

【按】四庫本刪其中第一首：「長慶古僧寺，獨公新道場。重來疑夢寐，六月轉清涼。老喻苦瓜苦，（曩客廣州，訪獨禪師於海幢寺，饌進苦瓜，子不食。師言：「居士少年不耐苦也。」）渴思香荔香。七星空有井，不用汲寒漿。」

《題汪方伯小像三首》其二
康熙本：料得牽衣添阿囝，肯容郎罷賦林泉。（15a）

四庫本：料得牽衣添阿囝，肯客郎罷賦林泉。（1317-603）

【按】「容」，四庫本作「客」。從詩中句意可見康熙本作「容」通，四庫本或因「客」與「容」形近而抄誤。

康熙本：《壽山石歌》（15b）

四庫本：全詩刪。

【按】該詩結尾處「況今關吏猛於虎，江漲橋近須抽帆。已忍輸錢為頑石，慎勿輕露條冰銜。（近凡朝士過關者，苛索必數倍。）」這幾句流露出作者對當時亂收關稅致使「苛政猛於虎」，百姓苦不堪言的黑暗局面不滿。語言犀利而又直接抨擊當朝不合理的政策。因為此言論有損清王朝形象，故將整首詩刪去，以掩耳目。

卷十九

康熙本：《春日南垞雜詩七首》（6b）

四庫本：《春日南垞雜詩六首》（1317-610）

【按】四庫本缺第二首：「睡起三商未覺遲，春衣盡典謾嗟咨。諸公袞袞黃河岸，正值桃花水上時。」此詩中有「春衣盡典謾嗟咨」一句，意為作者為生活所迫，將自己春衣典當。此句透露當時生活之困窘到無以復加的地步，這為向喜美化自己的清朝統治者所不容，故刪。

卷二十

《山茶院》

康熙本：一十四春風，一百五寒食。自開雪中花，至今好顏色。（5a）

四庫本：二十四春風，一百五寒食。自開雪中花，至今好顏色。（1317-618）

【按】康熙本「一十四春風」中「一」，四庫本作「二」。存疑。

康熙本：《酬洪（昇）》（9a）

四庫本：刪。

【按】全詩為「金臺酒坐擘紅箋，雲散星離又十年。海內詩家洪玉父，禁中樂府柳屯田。梧桐夜雨詞淒絕，薏苡明珠謗偶然。白髮相逢豈容易，津頭且纜下河船。」

洪昇，清代著名戲曲作家、詩人。康熙二十七年（1688），洪昇將舊作《舞霓裳》改為《長生殿》。次年八月間，招伶人演《長生殿》，時值孝懿皇后佟氏前一月病逝，猶未除服，給事中黃六鴻以國恤張樂為大不敬之名，上章彈劾。洪昇被國子監除名。朱彝尊此首《酬洪昇》作於康熙四十年（1701），距洪昇因演出招禍離開京城已經十年。「薏苡明珠謗偶然」一句表達了作者對洪昇因演出招禍的同情。此句有暗含對康熙帝聽信小人讒言之諷，四庫本故將此首詩抽刪。

《題初白菴主小像》

康熙本：注文：查龍圖寓居常州琅山寺，躬事薪水給眾人，稱為「長老」。嘗與程宿留旅舍，盜取其衣，呼宿曰：「衣有副乎？」當奉假盜聞之，棄去。菴主近泊莘門外，為盜所劫，故及之。（15a）

四庫本：此段刪。（1317-621）

【按】查龍圖，即查慎行。因觀演《長生殿》與洪昇同被除名。《題初白菴主小像》此段描述其被除名後落魄的生活，同時也寫出當時社會治安混亂，盜竊橫行。因為損毀清廷形象，故被刪去。

康熙本：《水帶子歌為喬孝廉（崇烈）賦》（10b）

四庫本：全詩刪。

【按】此詩刪去，或因詩中寫道：「……（水帶子）掛之駝鉤壁上懸，與論往事增淒然。初聞淮南減水壩開設，天子謂是一壩一口決。俄而僉謀滋異同爾考，直前奏事真剴切。迄今黃流泛濫軫帝情，鴈戶豈得安其生。桃花春水縱不發，河隄使者毋遽誇平成。吁嗟乎！河伯不仁亦無害，準備家家蓄水帶。」詩中暗諷清廷治水無方，且語涉天子決策不當，致使至今水患仍然無窮。

康熙本：《雜詩二十首》（14a）

四庫本：作《雜詩十五首》缺五首（1317-624）

【按】因為此五首詩中皆有暗諷當朝社會之黑暗，皇帝聽信讒言，致使小人當道，賢良之士不得中用，以及當朝世風日下等語，如詩中「一為讒言中，聽者弗復疑」、「蛾眉一入宮，謠諑但言醜」、「身無鳳凰德，飲啄鳳凰池。非所據而據，終為百鳥嗤」、「九品流未入，自詡為王臣」、「奈何今之人，母死不作孝」。故被作為「違礙」問題而刪。具體原因分析參見本文第三章第一節中第四條。

卷二十一

康熙本：《夏日病足留慧慶寺張顧二孝廉孫範二上舍徐陳范汪顧五文學載酒至席上譚藝率賦二首》（2a）

四庫本：《夏日病足留慧慶寺張顧二孝廉孫範二上舍徐陳范汪顧五文學載酒至席上譚藝率賦一首》

【按】四庫本缺詩第二首，且將詩題的「率賦二首」也相應改成了「率

賦一首」。原詩爲:「近聞天子幸捺鉢,闕下諸司務暫休。吾意最憐雙樹好,諸公合近五湖遊。形模楊陸詩焉用,服習曾王筆自遒。五相一漁朝野別,不知何者果千秋。」此詩被刪,或與詩中用「捺鉢」一詞有關。捺鉢,契丹語音譯,相當於漢語的行在、行宮、行營之意。宋龐元英《文昌雜錄》卷六云:「北人謂住坐處曰捺鉢……是契丹家語,猶言行在也。」宋王易《重編燕北錄》亦稱:「所謂捺鉢者,戎主所至處也。」清朝爲加強思想統治,乾隆三十六年,清高宗特命改譯遼、金、元三史中的音譯專名。乾隆四十七年,改譯完成。清高宗親自撰寫了《御製改譯遼金元三史序》,分別刊載於元托克托等修《遼史》、《金史》,明宋濂等修《元史》這三部史書卷首,後又收入《御製文二集》卷十七。清高宗所作序云:「若遼、金、元三國之譯漢文,則出於秦越人視肥瘠者之手,性情各別,語言不通,而又有謬寓嗤斥之意存焉。此豈春秋一字褒貶之爲哉?」意爲漢人借譯名來譏諷遼金元三朝。清高宗認爲,三朝「漢人之爲臣僕者,心意終未浹洽」,故清高宗說「必當及此時而改譯其訛誤者」。所謂「改譯」,即將三史中之契丹語、女眞語和蒙古語的人名、地名、部名、制度專名等,都依照清代滿語漢譯的方法,修改譯字,換成新的譯名。編纂《四庫全書》時,又將改譯的辦法加以推廣,大抵自宋人以至明清人著述中有關譯名,也都按三史的辦法予以處理。朱彝尊詩中「幸捺鉢」一語指清帝出巡。四庫館臣認爲朱彝尊使用漢譯舊名,有暗諷清朝皇帝之意。謂清帝僅是一「戎主」,而非一統天下之國君。此詩作於昭陽協洽夏日,即康熙四十二年夏天。「近聞天子幸捺鉢」,當指此年五月二十五日(公曆 7 月 8 日)清聖祖往熱河巡行之事。《清聖祖實錄》卷二百十二的記載是:「上巡幸塞外。是日啓行。駐蹕湯泉。」清朝文獻或稱「駐蹕行宮」等,未有稱「幸捺鉢」者。且詩中也反映了留京官員,乘皇帝外出之機,宴飲作樂之情景,於朝政形象有損,故將此首詩刪去。

《題喬孝廉(崇烈)書離騷》

康熙本:伯時圖九歌,和仲書九辨。昔賢愛楚辭,重之若笙典。(3a)

四庫本:伯時圖九歌,和伸書九辨。昔賢愛楚辭,重之若笙典。(1317-628)

【按】康熙本「和仲書九辨」中「仲」,四庫本作「伸」。《曝書亭集詞注》中引《東坡墓誌》「公諱軾,姓蘇氏,字子瞻,一字和仲。」〔註29〕和仲即指

〔註29〕 清李富孫注:《曝書亭集詞注》,清嘉慶刻本,卷二十一,第 4b 頁。下同,皆略。

蘇軾，因此四庫本作「伸」誤。或因「伸」與「仲」形近而誤。

卷二十三

康熙本：《雨》「曉雨仍鳴瓦，春陰未浴蠶。乍看抽菜甲，翻覺斂花荅。窮鳥窺簷入，枯魚得米汁。仳離愁雁戶，泥滑市西南。」

《即事二首（並序）》「入春，菽麥未熟，饑民載塗，告於太守，諗諸比鄰，各率私錢，為粥以食。餓者日萬餘人，俄而謗書滿紙，無由自白，乃有落瓜，里民就食，經月以農務告歸，持瓣香踵門稱謝，紀之以詩。」

「惻隱人心共，何期物論殊。螳蜋齊挾斧，薏苡乃成珠。捷捷謀宵雅，申申詈左徒。角張逢五六，作事哂今吾。」

「世事翻成覆，人言偽亂真。不圖落瓜裏，乃有翳桑人。布穀迎新雨，收蠶及暮春。要知升斗水，也足潤頳鱗。」

《青宮再建喜而賦詩》「震驚由地奮，異命自天申。復觀重光日，毋煩四老人。堂懸銀牓舊，笥出紵衣新。媿遠青雲路，難揚蹈舞塵。」

《四月八日效長慶體》「今年孟夏行冬令，夜尚南風曉北風。露頂劇憐黃面佛，披裘仍作鹿皮翁。榆錢柳絮愁飄損，且喜餘花婪尾紅。」

《為殷秀才（譽慶）題梅孝廉（庚）春雨幽居圖》「飛梁苔滑滑，平楚風脩脩。如何仙源水，不有桃花流。」

《題程上舍（鳴）寒梅霽雪圖》「自寫苔枝竹外，雪晴半樹梅花。此地不攜小酌，明朝風起如何？」（2b）

四庫本：刪。

【按】此八首詩，四庫本皆刪。前七首被刪之因參見本文第三章第一節中第四條。最後一首《題程上舍（鳴）寒梅霽雪圖》因詩中出現「明朝風起如何」而被刪，具體參見本文第三章第一節中第5條。

卷二十四

《風蝶令・石城懷古》

康熙本：花雨高臺冷，臙脂辱井緘。（4b）

四庫本：花雨高臺冷，臙脂辱並緘。（1317-654）

【按】「井」，四庫本作「並」，非是。清李富孫在《曝書亭集詞註》中亦作「井」。其引《南畿志》「景陽井，在臺城內，陳後主與張麗華、孔貴嬪投其中以避隋兵。舊傳闌有石脈，以帛拭之，作臙脂痕，名『臙脂井』，一名『辱

井』。」後稱景陽井爲辱井。宋王安石《次韻登微之高齋有感》:「臺殿荒墟辱井堙,豪華不復見臨春。」李壁注:「辱井,即景陽宮井。」四庫本作「並」,或因與「井」形近而抄誤。

《酷相思·阻風湖口》

康熙本:見渺沙江流去,向晚來石尤、君莫渡。(5a)

四庫本:見渺渺江流去,向晚來石尤、君莫渡。(1317-654)

【按】「沙」,四庫本作「渺」。《曝書亭集詞註》作「渺渺」,其書凡例中云「原集間有偽字……《阻風湖口》渺渺誤作渺沙」。且作「渺渺」通,無「渺沙」一詞。故原本誤,四庫本更正爲是。

卷二十九

《綺羅香·和宋枚仲別駕詠螢》

康熙本:挾火難溫,侵星依墜,留拂井梧簷樹。(13a)

四庫本:挾火難溫,侵星易墜,留拂井梧簷樹。(1317-727)

【按】「依」,四庫本作「易」。《曝書亭集詞註》(清李富孫作注)卷六作「易」。「侵星」,拂曉。此時星尚未落,故云。南朝宋鮑照《上潯陽還都道中》詩:「侵星赴早路,畢景逐前儔。」故此處作「侵星易墜」,文意較通。原書誤,故四庫本更正爲是。

卷三十

《江南好·同周青士過沈山子村居》

康熙本:三春暮郎大家,看竹到貧家王維。(1b)

四庫本:三春暮郎大家,看竹別貧家王維。(1317-730)

【按】「到」,四庫本作「別」。「看竹到貧家」是作者引用王維《晚春嚴少尹與諸公見過》詩中「松菊荒三徑,圖書共五車。烹葵邀上客,看竹到貧家。鵲乳先春草,鶯啼過落花。自憐黃髮暮,一倍惜年華。」〔註30〕中的原句。四庫本或因「別」與「到」形近而誤。

卷三十一

《與顧寧人書》

康熙本:去夏過代州,遇翁山天生道。足下盛稱僕古文辭,謂出朝宗於

〔註30〕王維著,陳貽焮選注:《王維詩選》,1959年7月版,第81頁。

一之上。（5b）

四庫本：去夏過代州遇蕭山，天生道足下盛稱僕古文辭，謂出朝宗於一之上。（1318-5）

【按】康熙本「過代州遇翁山」中「翁」，四庫本作「蕭」。翁山是屈大均字，遂將「翁山」改成「蕭山」。改易原因見卷三《東官客舍屈五過譚羅浮之勝時因道阻不得遊悵然有懷作詩三首》之刪改。

卷三十一

《與魏善伯書》

康熙本：自劉氏始有妄男子，於此取古詩書篇什，悉以己意紊之（10b）

四庫本：自劉氏始乃後之人，於此取古詩書篇什，悉以己意紊之（1318-9）

【按】康熙本「自劉氏始有妄男子」中「有妄男子」，四庫本改作「乃後之人」。

卷三十二

《史館上總裁第四書》

康熙本：因史仲彬之名而造，爲致身錄，久而附益之，錢受之、駁之矣。（7b）

四庫本：因史仲彬之名而造，爲致身錄，久而附益之，或又有駁之矣。（1318-16）

【按】康熙本「錢受之、駁之矣」，四庫本作「或又有駁之矣」。錢，即指錢謙益，具體改易原因參見卷六《題錢宗伯（謙益）文集後（集社）》之刪改。

卷三十三

《寄禮部韓尚書書》

康熙本：彝尊自知檮昧，見棄清時，老而阨窮，兼又喪子，無以遣日。（8a）

四庫本：彝尊自知檮昧，老而阨窮，兼又喪子，無以遣日。（1318-25）

【按】康熙本「見棄清時」四字，四庫本刪。清時，指清平之時，太平盛世。「見棄清時」意即被清王朝拋棄。康熙二十三年，朱彝尊因帶抄書手進入史館而被謫官，時年朱彝尊五十二歲。《清史列傳》：「（朱彝尊）旋坐私挾

小胥入內寫書被劾，降一級。」《國朝耆獻類徵初編》卷一一八：「先生直史館日，私以楷書手王綸自隨，錄四方經進書。牛鈕劾其漏泄，吏議鐫一級，時人謂之『美貶』。」直到康熙二十九年，才官復原職。康熙三十一年，朱彝尊再次被罷官。朱彝尊在給禮部韓尚書上書時，提及被貶職一事。同時「見棄清時」四字中，「棄清」二字連讀，更是犯清王朝大忌，故在收入《四庫全書》時被刪。

《答刑部王尚書論明詩書》

康熙本：明自萬曆後，作者散而無紀，<u>嘗熟錢氏</u>不加審擇，甄綜寥寥。……故彝尊於公安、竟陵之前，詮次稍詳，意在補《列朝》選本之闕漏。（9a）

四庫本：明自萬曆後，作者散而無紀，<u>後之選者</u>不加審擇，甄綜寥寥。……故彝尊於公安、竟陵之前，詮次稍詳，意在補<u>當時</u>選本之闕漏。（1318-26 至 27）

【按】康熙本「嘗熟錢氏」，四庫本作「後之選者」。常熟錢氏，即是錢謙益，故改成「後之選者」。

康熙本「意在補列朝選本之闕漏」中「列朝」，四庫本作「當時」。此處「列朝」實指《列朝》，即《列朝詩集》之簡稱，為錢謙益所輯的有明一代詩歌總集。上文將「錢謙益」作了改動，故此處作相應改動，將「列朝」當作時間一詞，故改為「當時」。具體改易之因參見卷六《題錢宗伯（謙益）文集後（集社）》之刪改。

卷三十四

《合訂大易集義粹言序》

康熙本：吾友納蘭侍衛容若以韶年登甲科，未與館選，有感消息盈虛之理，讀《易》淥水亭中，聚易義百家。（3b）

四庫本：吾友納蘭侍衛容若讀《易》淥水亭中，聚易義百家。（1318-32）

【按】四庫本刪「以韶年登甲科，未與館選，有感消息盈虛之理」。

卷三十五

《五代史記注序》

康熙本：南書房舊史秀水朱彝尊序，時年八十一。（1b）

四庫本：秀水朱彝尊序，時年八十一。（1318-45）

【按】四庫本缺「南書房舊史」，刪改原因詳見卷七《壽徐侍讀（元文）》之抽刪。

卷三十六

《王築夫白田集序》

康熙本：以見姦聲獷雜之際，猶有能道古者。（14a）

四庫本：以見篤信好學之儒，其立志有如此者。（1318-69）

【按】康熙本「以見姦聲獷雜之際，猶有能道古者」，四庫本作「以見篤信好學之儒，其立志有如此者」。「姦聲獷雜」意指當時姦佞小人當道，這樣有損清廷之形象，故將此處改作正面描寫。

康熙本：《九歌草堂詩集序》（15a）

四庫本：刪。

【按】略作「予友屈翁山爲三閭大夫之裔，其所爲詩多愴悅之言，然自拔於塵壒之表。蓋自二十年來，煩冤沉菀，至逃於佛老之門，復自悔而歸於儒。……予以爲皆合乎三閭之志者也。」此文中大段提及屈大均（屈翁山），故抽刪。刪改原因參見卷三《東官客舍屈五過譚羅浮之勝時因道阻不得遊悵然有懷作詩三首》之刪。

《苻谿詩集序》

康熙本：予年十七，避兵夏墓。始學爲詩，既而徙練浦之南，再徙梅會里，見當代詩家，傳習景陵鍾氏、譚氏之學，心竊非之，以爲<u>直</u>亡國之音。（16a）

四庫本：予年十七，避兵夏墓。始學爲詩，既而徙練浦之南，再徙梅會里，見當代詩家，傳習景陵鍾氏、譚氏之學，心竊非之，以爲<u>眞</u>亡國之音。（1318-70）

【按】康熙本「以爲直亡國之音」中「直」，四庫本作「眞」。作「直」與「眞」均可通，但應以原刻本爲是。四庫本作「眞」，或因與「直」形近而誤。

卷三十七

《程職方詩集序》

康熙本：其尤傑出者，處士屈大均翁山、陳恭尹元孝，其進退出處不同，而君皆與交莫逆。（3a）

四庫本：其尤傑出者，庶常梁佩蘭、藥亭處士元孝，其進退出處不同，

而君皆與交莫逆。（1318-72）

【按】康熙本「處士屈大均翁山、陳恭尹元孝」，四庫本改作「庶常梁佩蘭、藥亭處士元孝」。刪改原因參見卷三《東官客舍屈五過譚羅浮之勝時因道阻不得遊悵然有懷作詩三首》之刪。

《錢學士詩序》

康熙本：錢君金甫字越江，與予同被薦，同官翰林。予以入直內廷護譴，君由編修累遷至侍講學士。……或陷於獄，當闢。君屢率私錢力援之，事得解。其篤於師友（8a）

四庫本：錢君金甫字越江，與予同被薦，同官翰林。君由編修累遷至侍講學士。……其篤於師友（1318-72）

【按】康熙本「予以入直內廷護譴（按：護譴，原文如此，或爲「獲譴」之誤）」，「或陷於獄，當闢。君屢率私錢力援之，事得解」，四庫本刪。此段意即「有人深受牢獄之災本當論罪處死，錢學士多次用自己的錢財疏通救援，死罪才得以免除」。此處可以從側面看出當時官府黑暗，收受賄賂之現象嚴重。這些文字流露出當時政治陰暗的一面，誠然是不利於清王朝統治的言論，故當作違礙文字處理，將其刪去。

卷三十九

《憶雪樓詩集序》

康熙本：於是梁起士芝五、屈處士翁山、陳處士元孝交相評論。三君子者，嶺南詩人之冠。（2a）

四庫本：於是梁起士芝五、陳處士元孝交相評論。諸君子者，嶺南詩人之冠。（1318-94）

【按】康熙本「屈處士翁山」，四庫本刪。康熙本「三君子者」，四庫本作「諸君子者」。刪改原因參見卷三《東官客舍屈五過譚羅浮之勝時因道阻不得遊悵然有懷作詩三首》之刪。

《鵲華山人詩集序》

康熙本：通籍以後，集史館所儲，京師學士大夫所藏弆，必借錄之。有小史能識四體書，間作小詩、慢詞，日課其傳寫，坐是爲院長所彈，去官而私心不悔也。（10a）

四庫本：通籍以後，集史館所儲，京師學士大夫所藏弆，必借錄之。

（1318-97）

【按】康熙本「有小史能識四體書」到「去官而私心不悔也」，四庫本刪。此處被刪一節記錄其因私帶抄書手而被貶謫，具體參見卷三十三《寄禮部韓尚書書》之按語。

卷四十二

《龍氏易集傳跋》

康熙本：《春秋傳》所引《屯》固、《比》入、《坤》安、《震》殺，皆以一字斷卦義，此類是也。（2b）

四庫本：《春秋傳》所引《屯》固、《比》入、《坤》安、《震》動，皆以一字斷卦義，此類是也。（1318-130）

【按】「震殺」，四庫本作「震動」，非是。《左傳》閔公元年冬，辛廖占之，曰：「……《震》為土，車從馬，足居之，兄長之，母覆之，眾歸之，六體不易，合而能固，安而能殺。公侯之卦也。」杜預注：「《比》合，《屯》固，《坤》安，《震》殺，故曰公侯之卦。」〔註31〕宋魏了翁撰《春秋左傳要義》卷十三上解釋此句云：「正義曰：震之為殺。傳無明文。《晉語》云：震，車也。車有威。武昭二十五年傳云：為刑罰威獄，以類其震曜殺戮。是震為威武殺戮之意，故震為殺也。」〔註32〕是原本作《震》殺。此就卦象最終之變化而言。作「震動」則其義不明。

同上

康熙本：孔子錄之，以羽翼經初非刱作，今書止存八卷。（2b）

四庫本：孔子錄之，以羽翼經初非刱解，今書止存八卷。（1318-130）

【按】康熙本「作」，四庫本作「解」。「作」與「解」義通，但應以原刻本為是。

卷四十三

《書絕妙好詞後》

康熙本：從虞山錢氏抄得。（5a）

〔註31〕《春秋左傳集解》，晉杜預注，上海人民出版社，1977年8月版，第一冊，第216～218頁。

〔註32〕宋魏了翁撰：《春秋左傳要義》，文淵閣《四庫全書》電子版，上海人民出版社，1999年。

四庫本：後乃於藏書家抄得。（1318-141）

【按】康熙本「虞山錢氏」，四庫本作「藏書家」。虞山錢氏即指錢謙益，爲避錢謙益忌，故改易。刪改原因參見卷六《題錢宗伯（謙益）文集後（集社）》之抽刪。

《跋名蹟錄》

康熙本：虞山錢尚書《列朝詩集》入之明人之列⋯⋯尚書以史學自負，絳雲樓之火，人咸惜其國史遭燬。（12b）

四庫本：後之選明詩者，入之明人之列。（1318-147）

【按】康熙本「虞山錢尚書《列朝詩集》」，四庫本作「後之選明詩者」。且四庫本刪「尚書以史學自負，絳雲樓之火，人咸惜其國史遭燬。」「又多主門戶之見，假令書就，未必稱信史爾。」刪改原因參見卷六《題錢宗伯（謙益）文集後（集社）》之抽刪。

卷四十四

《跋中興館閣錄續錄》

康熙本：淳熙四年秋，祕書監天台陳騤叔進所撰。序之者，丹稜李燾心父也。（14b）

四庫本：淳熙四年秋，祕書監天台陳騤叔進所撰。序之者，丹稜李燾仁父也。（1318-159）

【按】康熙本「李燾心父」，四庫本作「李燾仁父」。宋陳振孫撰《直齋書錄解題》卷六：「《中興館閣錄》十卷《續》十卷：《秘書監天台》，陳騤叔進撰。淳熙中騤長蓬山與同僚錄，建炎以來，事爲此書。李燾仁父爲之序。續錄者，後人因舊文增附之。」此處亦作「李燾仁父」，且查無「李燾心父」。故康熙本誤，四庫本更正爲是。

康熙本：《跋綏寇紀略》（17a）

四庫本：缺

【按】康熙本《跋綏寇紀略》，四庫本缺。《綏寇紀略》收入《四庫全書》，其書提要即錄有朱彝尊此跋，稱「《曝書亭集》有此書跋」云云，多用彝尊此文。提要又稱「彝尊『所謂聞之於朝，雖不及見者之確切，而終勝草野傳聞，可資國史之采輯』，亦公論也」，對彝尊此文亦多欣賞之意。四庫本《曝書亭集》刪去此跋，或因爲避免重複。此猶如朱彝尊《經義考》總目後，原有毛

奇齡《經義考序》，因該序已經收在《四庫全書》本《西河集》中，故即將《四庫全書》本《經義考》後的毛奇齡序刪去一樣。

卷四十五

《吳氏兩漢刊誤補遺跋》

康熙本：其後，李善作《辨惑》，顏游著《決疑》，見於《新書藝文志》。（2a）

四庫本：其後，李善作《辨惑》，顏游秦著《決疑》，見於《新書藝文志》。（1318-163）

【按】康熙本「顏游」，四庫本作「顏游秦」。清趙翼《陔餘叢考》：「《新唐書》：顏游秦，乃師古之叔，嘗撰《漢書決疑》，師古注《漢書》，多取其義。」故此處應為「顏游秦」，康熙本誤。

《唐會要跋》

康熙本：近始，借抄嘗熟錢氏寫本。（4b）

四庫本：近始，借抄嘗熟藏書家寫本。（1318-164）

【按】康熙本「常熟錢氏」，四庫本作「常熟藏書家」。「常熟錢氏」即指「錢謙益」，因其為常熟人，故後人稱之。改易原因參見卷六《題錢宗伯（謙益）文集後（集社）》之抽刪。

康熙本：《書兩朝從信錄後》（10a）

四庫本：全文刪。

【按】《兩朝從信錄》三十四卷，明秀水沈國元撰。《兩朝從信錄》出於存信的原則，全錄或摘錄了大量的邸鈔奏疏。這些邸鈔奏疏中有不少受當時的社會背景影響而與後金衝突有關的內容，還有稱努爾哈赤為「逆奴」、「狡奴」、「奴酋」、「奴賊」等等這些違礙用語都是後來成為中國當權統治者的滿清人所忌諱和無法容忍的。因而在四庫開館不久，《兩朝從信錄》就被禁燬。（見《四庫禁燬書叢刊》史部第二九冊五七五頁）《曝書亭集》中《書兩朝從信錄後》自然也被相應的刪削。

卷四十六

《咸寧縣唐冶金五佛像銘贊跋》

康熙本：破王世充於印山，立昭覺寺。（7b）

四庫本：破王世充於邙山，立昭覺寺。（1318-175）

【按】康熙本「印山」，四庫本作「邙山」。「印山」當作「邙山」。王世充，隋末地方割據者。唐高祖武德元年（618 年），瓦崗軍首領李密與搶先在洛陽發動宮廷政變成功之王世充，在邙山（今河南洛陽市北）一帶發生大規模作戰。李密慘敗，率殘部降唐，其他將帥和州縣首領則多歸附王世充。武德二年，世充稱帝，建元開明，國號鄭。三年，唐高祖李淵遣秦王李世民攻鄭，進逼東都。四年二月，世充為唐軍所敗，困守東都。不久，世充以洛陽降，鄭亡。事必與「邙山」有關。且《唐會要》卷四十八載：「破王世充於邙山，立昭覺寺。」〔註33〕亦作「邙山」。四庫本改正，應從之。

卷四十八

《魏封孔羨宗聖侯碑跋》

康熙本：命孔子廿一世孫羨為宗聖侯，則詔三公云云。（1b）

四庫本：命孔子廿一世孫羨為宗聖侯，制詔三公云云。（1318-192）

【按】康熙本「則詔」，四庫本作「制詔」。「制詔」係漢代以來皇帝命令專名。漢蔡邕《獨斷》云：「漢天子正號曰皇帝，自稱曰朕，臣民稱之曰陛下，其言曰制詔。」「則詔」意即於是皇帝就下達命令。「詔」與「制詔」義通，四庫本將副詞「則」改為「制」無誤。

《梁始興安成二王墓碑跋》

康熙本：而此三碑在建康都會之區。（7b）

四庫本：而此二碑在建康都會之區。（1318-197）

【按】康熙本「三碑」，四庫本作「二碑」。這裡應作「二碑」，文章標題為二王墓，且文中亦有「今存碑二」。故四庫本更正為是。

卷四十九

《開元太山銘跋》

康熙本：以十四年九月景戌告成。（4b）

四庫本：以十四年九月丙戌告成。（1318-205）

【按】康熙本「景戌」，四庫本作「丙戌」。「丙戌」與「景戌」通，唐朝諱「丙」為「景」，「甲乙丙」即稱「甲乙景」，白居易之《百道判》，即其顯著之例。四庫本不必改動，仍應尊重原文，作「景」。

〔註33〕宋王溥撰：《唐會要》，中華書局本，1955 年 3 月版，中冊，第 849 頁，行十三。

同上

康熙本：趙明誠《金石錄》目載《太山銘》，側有題名二列，今已亡之。
（4b）

四庫本：趙明誠《金石錄》目載《太山銘》，側有題名三列，今已亡之。
（1318-192）

【按】康熙本「二列」，四庫本作「三列」。

《五經文字跋》

康熙本：神仙鬼物詭怪所傳，莫不皆有。（10a）

四庫本：神仙鬼物詭怪所傳，無不皆有。（1318-209）

【按】康熙本「莫」，四庫本作「無」。「無」與「莫」雖義通，但尊重原文，當作「莫」。

卷五十

《唐漳州陀羅尼石幢跋》

康熙本：於金吾巡檢游奕者。（5b）

四庫本：於金吾巡簡游奕者。（1318-217）

【按】康熙本「巡檢」，四庫本作「巡簡」。「檢」「簡」音同。「巡簡」即「巡檢」。巡簡官署名巡檢司，官名巡檢使，省稱巡檢。始於五代後唐莊宗。宋時於京師府界東西兩路，各置都同巡檢二人，京城四門巡檢各一人。又於沿邊、沿江、沿海置巡檢司。掌訓練甲兵，巡邏州邑，職權頗重，後受所在縣令節制。明清時，凡鎮市、關隘要害處俱設巡檢司，歸縣令管轄。參閱《文獻通考·職官十三》、清顧炎武《日知錄·鄉亭之職》，亦作「巡簡」。

卷五十一

《宋京兆府學石經碑跋》

康熙本：鋟之者，長安石工安民也。（1b）

四庫本：鋟刻者，長安石工安民也。（1318-222）

【按】康熙本「鋟之者」，四庫本作「鋟刻者」。「鋟刻者」與「鋟之者」雖無區別，但尊重原文，應作「鋟之者」。

卷五十二

《書姚學士明山存稿後》

康熙本：而虞山錢氏偏信其說，皎皎素絲其可染乎？（12a）

四庫本：而後之論者偏信其說，皎皎素絲其可染乎？（1318-239）

【按】康熙本「虞山錢氏」，四庫本作「後之論者」。虞山錢氏即指錢謙益，故刪。改易原因參見卷六《題錢宗伯（謙益）文集後（集社）》之抽刪。

《書曼寄軒集後》

康熙本：聞先文恪公之訃，請於朝，乞歸持服，德陵允焉。當時典禮者不以爲過，斯國史所當附書於禮樂志者。此事尚未百年，今人父母之喪，有不去其官者矣。（13b）

四庫本：聞先文恪公之訃，請於朝，乞歸持服，德陵允焉。當時典禮者不以爲過，斯國史所當附書於禮樂志者。（1318-240）

【按】康熙本「此事尙未百年，今人父母之喪，有不去其官者矣」，四庫本刪。

古代，父母死後，子女按禮須持喪三年，其間不得行婚嫁之事，不預吉慶之典，任官者並須離職，此禮源於漢代。宋代，由太常禮院掌其事，凡官員有父母喪，須報請解官，承重孫如父已先亡，也須解官，服滿後起復。奪情則另有規定。後世大體相同。清代規定，匿喪不報者，革職。《會典》：「內外官員例合地制者，在內（在朝）由該部具題關給執照，在外（在地方）由該撫照例題咨，回籍守制。京官取具同鄉官印結，外官取具原籍地方官印甘各結……開明呈報，俱以聞喪月日爲始，不計閏二十七個月，服滿起復。」此禮節通行一千多年，表明自古以來子孫恪守孝道，然到清朝卻有變異，「今人父母之喪，有不去其官者矣」，正說明當朝不能嚴格遵循歷代之規制。此言論有損清廷形象，故刪。

卷五十三

《高念祖先世遺墨跋》

康熙本：知不爲異代所寶，念祖請予書其尾。（5b）

四庫本：知不爲後時所寶，念祖請予書其尾。（1318-248）

【按】康熙本「異代」，四庫本作「後時」。「異代」，即後代，後世。此處指清朝，即相對於明朝而言，故稱「異代」。但「文字獄」盛行的清王朝覺此稱法有貶損清朝之意，纂修官爲愼重起見，故改爲「後時」。

康熙本：《書大學士徐公述歸賦後》（7a）

四庫本：刪。

【按】此篇被刪，與事及徐乾學有關。徐乾學在身前已頻遭物議，清高宗對其也絕無好感。《清高宗實錄》記清高宗諭旨，對其多有鄙薄之意。卷七百三十九記道：「索額圖、明珠、徐乾學、高士奇輩，當時非不藉藉人口。而迹其行事，或則恃才自恣，或則倚附結納，交通聲氣。雖學問或有可稱，而品誼殊無足取。」卷九百七十九記道：「夫王鴻緒、高士奇，與明珠、徐乾學諸人，當時互為黨援，交通營納，眾所共知。」卷一千二百二十五又記道：「徐乾學、成德二人，品行本無足取。」「徐乾學之阿附權門，成德之濫竊文譽，則不可不抉其隱微，剖悉原委，俾定論昭然，以示天下後世。」卷一千四百六十六又記道：「從前康熙年間，南書房翰林如徐乾學、高士奇輩，往往有與外省勾結情事。」而尤以卷五百四十所記事為大。《清高宗實錄》記乾隆二十二年六月丁卯諭曰：「軍機大臣會同九卿科道等、審擬段昌緒、彭家屏一案。」「至彭家屏，前因段昌緒家查出偽檄。彼時以該處人心惡劣，即彭家屏家，亦不能保其必無，因降旨嚴查。及到京後，召九卿科道面詢彭家屏，所問者偽檄、及詆毀悖逆、類於偽檄之書耳。而彭家屏果供出鈔存明末野史數種。」私藏「詆毀悖逆」之書，這在乾隆朝是犯大忌之事，而彭家屏所藏，「俱稱得自崑山徐乾學家」。這就更為嚴重。朱彝尊此文，對徐乾學多加稱頌，甚至謂「公去，三獨坐後語者誰邪」。三獨坐，原指漢御史中丞、司隸校尉與尚書令，後泛指高官。朱彝尊謂徐乾學離去後，朝廷顯宦已無伉直敢言之人。這和清高宗稱其「阿附權門」、「品誼殊無足取」的結論完全相反，故四庫館臣不得不將全文刪去。

《書先太傅奏疏尺牘卷後》

康熙本：《明史》開局，同官已為先公立傳。近聞執政有斷自萬曆三十五年止之議，是公之《列傳》猶屬未定。（8b）

四庫本：此段刪。（1318-249）

【按】此段顯示朱彝尊對當朝大臣之橫加論議，亦顯示對當朝大臣之不滿，故刪。

卷五十五

《九章算經跋》

康熙本：方田一、粟米二、差分三、少廣四、商功五、均輸六、方程七、盈不足八、旁要九，皆周公所作。（4b）

四庫本：方田一、粟米二、差分三、少廣四、商功五、均<u>輸</u>六、方程七、盈不足八、旁要九，皆周公所作。（1318-267）

【按】康熙本「均輪」，四庫本作「均輸」。《周禮‧地官‧保氏》「六曰九數」，漢鄭玄注：「九數，方田、粟米、差分、少廣、商功、均輸、方程、贏不足、旁要。」〔註34〕故康熙本誤。

卷五十六

《孔子弟子考》

康熙本：衛琴子牢，字子開，一字子張。唐贈南陵伯，宋贈頓丘侯，改贈陽平侯。（7a）

四庫本：衛琴子牢，字子開，一字子張。唐贈南陵侯，宋贈頓丘侯，改贈陽平侯。（1318-274）

【按】康熙本「南陵伯」，四庫本作「南陵侯」。《文獻通考》卷四十三：《學校考四》「琴張贈南陵伯」。〔註35〕琴張即琴牢，故四庫本誤。

《孔子弟子考》

康熙本：按：秦冉、顏何二子，於弘治元年，少詹事程敏政請正《祀典》，疑為字畫相近之誤，而罷其<u>配</u>食，自詡不舛於禮，一洗前代相習之陋，永為百世可遵之典。（11b）

四庫本：按：秦冉、顏何二子，於弘治元年，少詹事程敏政請正《祀典》，疑為字畫相近之誤，而罷其祀食，自詡不舛於禮，一洗前代相習之陋，永為百世可遵之典。（1318-278）

【按】「配食」，四庫本作「祀食」，非是。「配食」，釋為「祔祭；配享」。文中程敏政認為秦冉、顏何二子不是孔子弟子，所以覺得他們不配享有孔門的配享。因此用「配食」無誤，且無「祀食」一詞，四庫本或因二字形近抄誤。

《孔子弟子考》

康熙本：惟因《論語》紀悲欲見，而孔子以疾辭。疑孔子拒之門牆之外，不屑教誨，當知始雖辭，疾終授以禮。（12b）

〔註34〕漢鄭玄注，唐賈公彥疏：《周禮注疏》，上海古籍出版社，1990年12月版，卷十四，第212頁，行一。

〔註35〕元馬端臨撰：《文獻通考》，中華書局本，1986年9月版，卷四十三，第408頁。

四庫本：惟因《論語》紀悲欲見，而孔子以疾辭。疑孔子拒之門牆之外，不屑教誨，當知始<u>則</u>辭，疾終授以禮。（1318-279）

【按】「雖」，四庫本作「則」，非是。從行文結構上來看，「當知始雖辭，疾終授以禮」這兩句存在轉折的關係。「則」與「雖」都表轉折，但「則」作轉折連詞時，只能放在轉折後一句，舉一例：韓愈《師說》「愛其子，擇其師而教之；於其身也，則恥師焉，惑矣。」而「雖」作轉折連詞時，可放前，也可放後。所以這裡只可用「雖」，不能以「則」代替。

《孔子弟子考》

康熙本：又按：孔門弟子籍，《漢藝文志》有《孔子徒人圖法》二卷，《隋經籍志》有鄭康成《論語孔子弟子目錄》一卷（《唐藝文志》作《論語篇目弟子》）。惜俱失傳，議禮者止以《國語》爲憑，至斥《史記》爲附會。若文翁《禮殿圖》置之不復參詳矣。（18a）

四庫本：又按：孔門弟子籍，《漢藝文志》有《孔子徒人圖法》二卷，《隋經籍志》有鄭康成《論語孔子弟子目錄》一卷（《唐藝文志》作《論語篇目弟子》）。惜俱失傳，議禮者止以《家語》爲憑，至斥《史記》爲附會。若文翁《禮殿圖》置之不復參詳矣。（1318-283）

【按】《孔子弟子考》主要以《孔子家語》爲依據，而且通篇未提及《國語》。考《家語》卷九有《七十二弟子解》一篇，有專門記孔門弟子，故康熙本誤，四庫本更正爲是。

卷五十八

《五羖辨》

康熙本：太原閻百<u>詩</u>好<u>駁</u>正注疏之失，作《孟子札記》，書此質焉，並以寄孔德。（9b）

四庫本：太原閻百<u>史</u>好<u>較</u>正注疏之失，作《孟子札記》，書此質焉，並以寄孔德。（1318-299）

【按】「詩」，四庫本作「史」誤。閻百詩，名若璩，別號潛丘居士。山西太原人，寄籍江蘇之山陽。生於明崇禎九年，卒於清康熙四十三年。所著書《文尚書疏證》八卷、《孟子生卒年月考》一卷等等（見梁啓超《中國近三百年學術史》第六十頁）。遂這裡「太原閻白詩」應爲此人，四庫本「閻百史」誤。

【按】「駁正」意爲「批駁糾正」;而「較正」僅指「校正(別人的說話);辯駁」。從上下文來看,閻百詩不僅限於辯駁前人的注疏,並且糾正前人的失誤,還寫了《孟子札記》。所以這裡用「較正」不夠準確,故四庫誤。

《原教》

康熙本:佛老者,持過高之論,行不近人情之事。不耕,則無食;不蠶,則無衣;無男女,則生人之道息;無上下,則紛爭之漸起;以彼其說行之<u>國中</u>,蓋有時而窮,則相率聚於<u>中國</u>,食人之食,居人之廬。(10a)

四庫本:佛老者,持過高之論,行不近人情之事。不耕,則無食;不蠶,則無衣;無男女,則生人之道息;無上下,則紛爭之漸起。以彼其說行之<u>中國</u>,蓋有時而窮,則相率聚於<u>國中</u>,食人之食,居人之廬。(1318-300)

【按】「中國」尤指國家、朝廷。「國中」指王城之內。「彼其說」即佛老之說,如果「彼其說」在整個中國盛行的話,那麼當國家面臨窮困之時,許多人就會聚集在王城之內,吃別人的東西,住別人的房屋。從文意上來看,應先是「中國」,後爲「國中」。應四庫本更正爲是。

卷五十九

《書論》一

康熙本:夏之《書》終以《嗣徵》,周之《書》終以《費誓》,《秦誓》無以異也。(1b)

四庫本:夏之《書》終以《胤征》,周之《書》終以《費誓》,《秦誓》無以異也。(1318-303)

【按】康熙本「《嗣徵》」,四庫本作「《胤征》」。《胤征》乃《尚書·夏書》之一篇目,然據清閻若璩的《尚書古文疏證》所引:漢代所得古文《尚書》篇名,信鄭康成所說,爲《舜典》、……、《嗣徵》、……凡 16 篇。其中有《嗣徵》篇,蓋朱彝尊信閻氏之說,四庫館臣將之改爲通行說法,仍作《胤征》。應以四庫本爲是。

《詩論》一

康熙本:噫!衰周之際,禮不期於<u>壞</u>而<u>壞</u>,樂不期於<u>崩</u>而<u>崩</u>。(3b)

四庫本:噫!衰周之際,禮不期於<u>失</u>而<u>失</u>,樂不期於<u>缺</u>而<u>缺</u>。(1318-305)

【按】康熙本「壞」、「崩」,四庫本分別作「失」、「缺」。朱彝尊此文亦見於《經義考》卷九十八《詩》,《四庫全書》收錄《經義考》時,對本篇

《詩》此句未作改動。「失」與「壞」、「缺」與「崩」義通，但程度有差異，此應據原文。「禮壞樂崩」亦爲習見之語，《漢書‧劉歆傳》:《泰誓》後得，博士集而讀之。故詔書稱曰:『禮壞樂崩，書缺簡脫，朕甚閔焉。』」故康熙本是。

《春秋論》二

康熙本:魯之於周則不然，平王之崩，三月來告，至秋而未之賻。襄王之崩，八月來告，至改歲及春而賵未之歸。(7b)

四庫本:魯之於周則不然，平王之喪，三月來告，至秋而未之賻。襄王之喪，八月來告，至改歲及春而賵未之歸。(1318-308)

【按】康熙本「平王之崩」、「襄王之崩」，四庫本分別作「平王之喪」、「襄王之喪」。雖「喪」與「崩」義通，但應以康熙本爲是。

卷六十一

《書櫝銘並序》

康熙本:予入史館，以楷書手王綸自隨，錄四方經進書。綸善小詞，宜興陳其年見而擊節。尋供事翰苑。忌者潛請學士牛鈕形之白簡，遂罷予官。歸田之後，家無恒產，聚書三十櫝，老矣，不能徧讀也。作銘曰:「奪儂七品官，寫我萬卷書。或默或語，孰智孰愚。」(10a)

四庫本:此段刪。

【按】銘曰:「奪儂七品官，寫我萬卷書。或默或語，孰智孰愚。」意爲遭人讒忌而被削官職，後歸家著書立作。誰是眞正的智者還是愚者，一目了然，暗諷當朝統治者被小人蒙蔽而顯得愚蠢。如此犀利之言辭自要被刪。此段刪改之因亦可參見卷三十三《寄禮部韓尚書書》之刪改。

《巢孝廉手製匏尊銘》

康熙本:孝廉諱鳴盛，嘉興人，名注復社。崇禎丙午舉於鄉，乙酉後屏跡不入城市。(11a)

四庫本:孝廉諱鳴盛，嘉興人，名注復社。崇禎丙子舉於鄉，乙酉後屏跡不入城市。(1318-334)

【按】康熙本「崇禎丙午」，四庫本作「崇禎丙子」。巢鳴盛(1611～1680)字端明，號崆峒，浙江嘉興人。崇禎九年(1636)舉人，名注復社。乙酉(1645)後屏跡不入城市，繞屋種匏，手製爲尊而銘之，所需器皿莫非匏者。有匏製

筆簡一事，摩爐瑩滑，銘刻精雅。由此可見，巢鳴盛崇禎九年中舉。崇禎九年即丙子年，丙午年已是康熙五年，康熙本誤。

《零丁為陸進士寅作并序》

康熙本：先生既而論釋，游嶺南，時前進士知臨清州事金君堡遁跡浮屠，南雄陸太守世楷為闢丹崖精舍，縆鐵鎖以上，先生依焉。（13a）

四庫本：先生既而論釋，游嶺南，（1318-336）

【按】四庫本缺「時前進士知臨清州事金君堡遁跡浮屠，南雄陸太守世楷為闢丹崖精舍，縆鐵鎖以上，先生依焉。」此處涉及「金堡」一事，故刪。刪改原因同於「屈大均」，具體可參見本文第三章第一節中第 2 條。

《答陸修撰問》

康熙本：長洲陸子問禮於小長蘆朱叟，曰（下略）……既退，命昆田書之，用質言禮之君子募疏。（14a）

四庫本：缺

卷六十四

《李無垢傳》

康熙本：李無垢，錢塘人。福王稱制南京，入太醫院為醫士。（15b）

四庫本：李無垢，錢塘人。年少日曾入南京太醫院為醫士。（1318-371）

【按】康熙本：「福王稱制南京，入太醫院為醫士。」四庫本作「年少日曾入南京太醫院為醫士」，將「福王稱制」改作「年少日」。具體刪改原因參見本文第三章第一節中第 6 條「南明『福王』稱號之刪改」。

卷六十五

《衢州府西安縣重建學記》

康熙本：自耿精忠逆命，王師致討，屯兵百萬於府郭。久而縣學牆屋薪木皆毀，惟文廟僅存，梁棟亦圮。縣既困於兵，其土田旋為洪水所決，逋賦累萬，長吏迫於催科。……士之志於學者不少，特為兵與歲所苦，居無黌舍。（3a）

四庫本：自兵滅後，久而縣學牆屋薪木皆毀，惟文廟僅存，梁棟亦圮。其來守是土者。……士之志於學者不少，而居無黌舍。

【按】康熙本「自耿精忠逆命，王師致討，屯兵百萬於府郭」、「縣既困於兵，其土田旋為洪水所決，逋賦累萬，長吏迫於催科」。四庫本分別改作「自

兵滅後」、「其來守是土者」。將「特爲兵與歲所苦」刪。

耿精忠（？～1682年），先世遼東人。祖父耿仲明原爲明將，後降清，編入漢軍正黃旗，封靖南王。父耿繼茂襲爵駐廣東，清順治十七年（1660年）移駐福建。康熙十年（1671年），繼茂死，精忠襲爵爲靖南王，鎮守福建。康熙十二年（1673年）七月，他與平西王吳三桂相繼疏清撤藩，朝廷許之。十一月，吳三桂反。翌年三月，精忠在福州回應，扣押總督范承謨，自稱總統兵馬大將軍，這就是當時困擾清廷的「三藩之亂」。康熙十九年（1680年），朝廷以耿精忠心存異志，詔精忠入覲；以負恩謀反罪下獄，革去精忠王爵，將其凌遲處死；其子顯祚亦被處斬。

本段記敘因耿精忠叛亂，朝廷討伐，駐兵於此，故學舍被毀壞，且因兵駐久，又遭遇洪水，致使當地老百姓民不聊生，交不起賦稅，當地官員迫於催收租稅，只好將修建學舍一事置之一邊。此段描述雖是討伐叛亂，但「特爲兵與歲所苦」一句反映出當朝統治者不能愛養百姓，致使老百姓苦不堪言。此段議論顯是有損清廷形象，故被刪去。

卷六十六

《履素先生祠堂記》

康熙本：先生於是攜榼酒、陳百果、爇瓣香，長幼胥拜祠下，大受請於予，曰：「是不可無記。」因書其本末於壁。（4a）

四庫本：先生於是攜榼酒、陳百果、爇瓣香，長幼胥拜祠下，大受請於予，曰：「是不可無記。」因書其本木於壁。（1318-384）

【按】康熙本「末」，四庫本作「木」。本末，意即始末，原委。從上下文意來看，應是此義。意即「因此把事情的始末記在壁上」。故此處爲「末」。四庫本作「木」，因與「末」形近而誤。

《傳經堂記》

康熙本：誠有人所未易及者，而火傳老矣。今年夏，率其子次厚入京師，則曩之交遊大半零落。京師貴人視說經爲不急之務，撤席以見逢掖者蓋寡。嗚呼！經術之不講久矣。舉一世趨於祿利之路，乃有人焉？單衣紃履操經術以繩天下，則卓氏之傳經，合乎古者多見，其不合於今也。於其歸爲作《傳經堂記》。

四庫本：誠有人所未易及者，而火傳爲作《傳經堂記》。

【按】四庫本刪去「今年夏」至「其不合於今也」這一段。

《芷閤記》

康熙本：屈平《楚辭》篇二十五言，蘪暨葯者各一言，芷暨茝者各五言，江蘺者三，由其志潔行芳，斯取喻必及焉。

四庫本：屈平《楚辭》篇二十五言，蘪暨葯者各一言，芷暨茝者各五言，江蘺者二，由其志潔行芳，斯取喻必及焉。

【按】康熙本「三」，四庫本作「二」。

卷六十七

《白玉盌記》

康熙本：踰明年，有督府總制山、陝西軍務，索公賂十萬，公不能應，爲所劾落職。（12b）

四庫本：踰明年，有督府總制山、陝西軍務，與公議不合，遂以公過，爲所劾落職。（1318-406）

【按】康熙本「索公賂十萬，公不能應」，四庫本作「與公議不合，遂以公過」。

此處敘述督府總制山、陝西軍務的官員公然索求下級賄賂，因不得就將其免職，這一行徑顯現出當時朝廷腐敗之重。具體刪改之因可參見本文第三章第一節中第四條。

卷六十八

《崛嶂寺題名》

康熙本：榛叢棘充塞於崩崖臥石間。（4a）

四庫本：榛叢棘充塞於隤崖臥石間。（1318-410）

【按】康熙本「崩」，四庫本作「隤」。「隤」與「崩」義通，皆有倒塌之義。但應以康熙本作「崩」爲是。

《京師西山弘教寺題壁》

康熙本：今遺迹已無可考，觀晏忠祠石像禮器，制度渾樸，不類明時工匠所鑿，且元於儒釋初無分別，疑寺即宣文弘教之遺址，晏忠特從而修飾之爾。金華姜應甲詩云：「空山石祠堂，落穆跨深壑。肖象古聖賢，高下坐淵漠。」（6b）

四庫本：……金華姜應申詩云：「空山石祠堂，落穆跨深壑。肖象古聖賢，高下坐淵漠。」（1318-412）

【按】「姜應甲」，四庫本作「姜應申」，非是。《帝京景物略》卷之六《西山上・晏公祠》云：「蘭溪姜應甲《晏公祠》：空山石祠堂，落穆跨深壑。肖象古聖賢，高下坐淵漠。……」〔註36〕與此同（蘭溪亦作金華），故作「姜應甲」無疑。

卷七十

《太保孟忠毅公神道碑銘》

康熙本：然烏合易散，臣已大破之。（5b）

四庫本：然烏合易散，臣已大敗之。（1318-431）

【按】康熙本「破」，四庫本作「敗」。「敗」與「破」義通，皆有擊潰、攻破之義。但則應以康熙本作「破」為是。

同上

康熙本：陝西自罹寇禍，戶口消耗，荊棘彌望，乃荒田之糧。盡責之未亡之戶，百姓苦之。公力陳其害，請蠲。久之始聽，蠲其絕戶而有主，荒田仍自七年起徵。（4a）

四庫本：陝西自罹寇禍，戶口消耗，荊棘彌望，乃荒田之糧。盡責之未亡之戶，百姓苦之。公力陳其害，請蠲。蠲其絕戶而有主，荒田仍自七年起徵。（1318-432）

【按】四庫本缺「久之始聽」四字。該文講述陝西因遭寇亂，田地荒蕪，民生凋敝。政府要求尚存之戶交納公糧，老百姓苦不堪言。孟忠毅公陳述利害，請求朝廷減免賦稅。而這卻很長時間才得以解決。這正表明朝廷官員辦事不力，再則朝廷不關心民生疾苦。這樣不利於當朝的言論，自是要被作違礙處理，將其刪除。

《光祿大夫工部左侍郎顧公神道碑銘》

康熙本：卑尊長幼，末有毀之者。（13b）

四庫本：卑尊長幼，未有毀之者。（1318-438）

【按】康熙本「末」，四庫本作「未」。末，副詞。表示否定。相當於「未」、「沒有」、「不」。《禮記・檀弓下》：「其變而之吉祭也，比至於祔，必於是日接，不忍一日末有所歸也。」四庫本改作「未」，蓋因形近而誤。

〔註36〕明劉侗、于奕正著：《帝京景物略》，北京古籍出版社，1980 年 10 月版，第271 頁。

同上

康熙本：既與公比屋，居宣北坊海波寺街。（14a）

四庫本：既與公比屋，居宣北坊海北寺街。（1318-439）

【按】康熙本「波」，四庫本作「北」。《欽定〈日下舊聞〉考》卷六十一：「海波寺街，舊有古藤書屋，朱彝尊嘗居此，有移居及贈別諸詩。」海波寺街，屬宣北坊，因遼、金時有古刹海波寺而得名。清朝沿用此名。清末民國初，改稱海北寺街。故此處仍應作「海波寺街」，四庫本誤。

同上

康熙本：公也勤密，省樹不言，盈廷論議是非噂沓，眾人嘵嘵。（14a）

四庫本：公也勤敏，省樹不言，盈廷論議是非噂沓，眾人嘵嘵。（1318-439）

【按】康熙本「密」，四庫本作「敏」。勤密，謂次數多，時間間隔短。勤敏，勤勉機敏。從上下詩句看，顧公做事勤勉機敏，對朝中攻訐詆毀之言充耳不聞，故此處應作「勤敏」通。四庫本更正為是。

卷七十一

《禮部尚書兼掌翰林院學士長洲韓公墓碑》

康熙本：既而公以院務殷繁請解尚書任，上不許，下優旨答公。會燮理需人在朝分職，諸卿士僉樂公入知政事，謂天子：「方注意公志先定，旦晚且宣麻矣。」俄而不果，以保舉失實，咎公。公不置辨，內自省，不知讒柄所從來因，謝熱客，引醇酒，眷念丘園。病日以劇，再疏乞身，天子終莫之許也。……嗚呼！公之胸懷蕭然自遠若此，乃或疑公未正揆席，抑鬱不得志，遂自託於酒。人貞疾不視事，是烏足以知公哉。蓋公始終以文學上結。……（2a-2b）

四庫本：既而公以院務殷繁請解尚書任，上不許，下優旨答公。會公病日以劇，再疏乞身，天子終莫之許也。……嗚呼！公之胸懷蕭然自遠若此，蓋公始終以文學上結。……（1318-442）

【按】康熙本「會燮理需人在朝分職，諸卿士僉樂公入知政事，謂天子：『方注意公志先定，旦晚且宣麻矣。』俄而不果，以保舉失實，咎公。公不置辨，內自省，不知讒柄所從來因，謝熱客，引醇酒，眷念丘園」，四庫本刪。

同上

康熙本：祭酒阿理瑚請以故大學士達海從祀孔廟，公持議以爲從祀之典，論定匪易。達海造爲國書一藝爾。不可。（3b）

四庫本：略

【按】國子監祭酒阿理瑚請示皇上，以達海從祀孔子廟。禮部尚書韓菼對康熙說：「孔子是歷代帝王都承認的，現在我們滿人地處中原，如果把達海放在與孔子平起平坐的地步，漢人一定不服，爲了安定大局我看北平就不要把達海放進孔子廟了。要放就放我們老家的廟裏吧」！

卷七十二

康熙本：《五經進士譚先生墓表》（1a）

四庫本：缺

【按】此爲朱彝尊姑夫譚貞良墓表。譚貞良，明崇禎十六年進士。《墓表》云：「先生百折不回，卒保其髮膚首領，從君父於地下。」《墓表》稱「受全之體毀傷者何限」，表現了對清朝剃髮制度的不滿。而稱譚貞良「卒保其髮膚首領」，肯定了譚貞良不仕清朝的態度。明亡後，譚貞良隨南明永曆皇帝輾轉福建等地，於順治五年卒於漳州。《墓表》又稱其「從君父於地下」，此君當指明朝崇禎皇帝。此處表現了譚貞良對明朝的忠貞。由此四庫館臣刪除了此文。

康熙本：《貞毅先生墓表》（2a）

四庫本：缺

【按】此爲朱士稚墓表。此篇被刪，當以文中涉及魏耕與錢纘曾二人之故。《墓表》云：「先生之季弟驥元及子錡以狀至歸安，乞二人誌其墓，而二人者皆不果也。又明年壬寅六月朔，二人坐慘法死，祁子亦株繫，戍極邊以去。」此二人，即慈谿魏耕與歸安錢纘曾。李天根輯《爝火錄》卷三十云：「慈谿魏耕與祁班孫、錢纘曾志圖恢復，所交皆萬世賢豪士。有孔孟文者，從延平王軍中來，主耕；耕常給其資用。孟文以纘曾饒於財，有所求，不厭；遂以耕所上張煌言書首於浙帥。耕及纘曾、班孫俱被執，拷治不屈。耕、纘曾駢斬於市，班孫遣戍，妻子、田宅盡沒入官（纘曾，字允武；歸安諸生）。」因魏耕與錢纘曾均有反清意圖，故被執斬首。朱彝尊雖隱去了人物姓名，含糊地說「二人」，但仍能使人聯想到其人，故四庫館臣將此文刪

除了。

《布衣周君墓表》

康熙本：朱一是，字近修，崇禎壬午舉人。兵後，披緇衣授徒，著《爲可堂集》。（12b）

四庫本：朱一是，字近修，崇禎壬午舉人。後不出，里居授徒，著《爲可堂集》。（1318-459）

【按】康熙本「兵後，披緇衣授徒」，四庫本改作「後不出，里居授徒」。此處「兵後」指的是清兵入關以後，朱一是不願入朝爲官，便以出家的方式來拒絕，閉門教授門徒，有藐視清廷之意。故四庫本將其改爲其告老還鄉以後教授門徒，顯在掩蓋明末清初眾多漢族遺民不願出仕清廷之事實。

卷七十三

《吏部驗封清吏司員外郎卜君墓表》

康熙本：時東南士子各結文社，歃血盟誓，以攻不附己者，雖懿戚密親至互相詬罵。君獨集里中善詩者共酬和，不樹黨也。（3b）

四庫本：……君集里中善詩者共酬和，不樹黨也。（1318-462）

【按】四庫本「君集里中善詩者共酬和」中「君」後缺一「獨」字。從上下文看，「獨」字正顯示出卜君不與時人那樣結黨成派，排除異己，更加凸顯出他在當時是很難得的愛才之人。故四庫本脫。

《翰林院侍讀喬君墓表》

康熙本：未幾，君中蜚語，罷歸。……三十三年春，有旨召君入京師居住，人疑上意且不測。既至，初不督過，君鍵戶不接見賓客，讀《易》著書如常。……嗚呼！古之進言者，不必皆言官也。工執藝事亦可以諫，諫而不入則罪。浮於有言責者，自唐宋元明以來，詞臣之以言獲罪者多矣。或死於戍所，或斃於獄，或殞於杖下，論世者盡傷焉。君遭遇盛時，片言動聖主之聽，鄉黨之患，既釋返初服而退，可不謂榮焉。方其再召，留之京，安知非別有任使，特不幸，而君死爾。表諸墓後之以詞臣進言者，勿援君以爲戒而不善乎！（7b）

四庫本：未幾，君罷歸。……三十三年春，有旨召君入京師。君既至，鍵戶不接見賓客，讀《易》著書如常。（1318-465）

【按】康熙本「君中蜚語」，「人疑上意且不測」，「初不督過」，「嗚呼！

古之進言者，不必皆言官也。」到「勿援君以爲戒而不善乎！」等語，四庫本皆刪。

此段記錄喬君子靜因被小人誹謗而辭官歸里，後雖再被召入京，有人懷疑皇上用心叵測。這段顯是在披露朝中奸佞當道，而皇上也不可信，這樣言論被視爲大不敬。

末段是作者所發的一通感慨，意即任何一朝善於納諫的詞臣都沒有好下場，包括當朝，喬君子靜正因爲此，最後落得罷歸，是一件很不榮耀的事。從側面指責了當朝者不能兼聽忠臣之諫，反而聽信小人讒言。如此言論自要被刪去。具體刪改之因可參見本文第三章第一節中第四條。

《通奉大夫福建布政司使內陞汪公墓表》

康熙本：擢福建按察使司（9b）

四庫本：擢福建按察司使（1318-467）

【按】康熙本「使司」，四庫本作「司使」。

《贈中憲大夫知瀨州事李公墓表》

康熙本：每三五日，輕郵密驛，輒候起居。（11a）

四庫本：每三五日，問膳之使，絡繹如織。（1318-468）

【按】康熙本「輕郵密驛，輒候起居」，四庫本作「問膳之使，絡繹如織」。李公，即李溉之。此謂溉之在瀨州知州任上，每隔三五日，即差人至幾二千里外之家中，向父親問候安寧。朱彝尊意在讚揚李溉之之孝心，四庫本之改，或因「輕郵密驛」事涉暗結朋黨，且有動用官府吏員、假公濟私之嫌。

卷七十四

《王處士墓誌銘》

康熙本：然每多感時嫉俗之言，輒自焚其草，以是存者僅二卷。（1b）

四庫本：然往往不肯輕以示人，輒自焚其草，以是存者僅二卷。（1318-473）

【按】康熙本「每多感時嫉俗之言」，四庫本作「往往不肯輕以示人」。「每多感時嫉俗之言」，表面是指憎恨當時不良社會之風，而實際上是懼怕當時的文字獄、告訐之風。具體刪改之因可參見本文第三章第一節中第四條。

《徐先生墓誌銘》

康熙本：嗚呼！士君子生革命之時，義不事二君，流離困阨。（8b）

四庫本：嗚呼！士君子生革命之時，守硜硜之義，流離困阨。（1318-478）

【按】康熙本「義不事二君」，四庫本改作「守硜硜之義」。「義不事二君」，指徐先生不願出仕清廷，這明顯是與清廷對抗之語，當然很忌諱。因此四庫館臣將其作爲「違礙」問題處理，改作「守硜硜之義」。

《文學沈君墓誌銘》

康熙本：俄而，六街捎溝，惡其穢濁。騎驢一頭，蹩躠返歸，自號「知退叟」。（7b）四庫本：俄而，騎驢一頭，蹩躠返歸，自號「知退叟」。（1318-480）

【按】康熙本「六街捎溝，惡其穢濁」，四庫本刪。「六街捎溝，惡其穢濁」，言京都之大街和鬧市污濁、骯髒不堪，讓人無法忍受。其言醜化當朝之形象，故刪。具體刪改之因可參見本文第三章第一節中第四條。

卷七十五

《儒林郎戶科給事中郃陽王君墓誌銘》

康熙本：君以奉使闈事畢，偕番禺處士屈大均入羅浮山。（4b）

四庫本：君以奉使闈事畢，入羅浮山。（1318-486）

【按】康熙本「偕番禺處士屈大均」一句，四庫本刪。刪改之因同卷三《東官客舍屈五過譚羅浮之勝時因道阻不得遊悵然有懷作詩三首》之刪改。

同上

康熙本：吾祖考擬以仲文配焉。（5a）

四庫本：吾祖考擬以仲父配焉。（1318-486）

【按】康熙本「文」，四庫本作「父」。

同上

康熙本：女二人：一嫁潼關衛楊楫；一許韓城賈締芳，未嫁，卒；一尚幼。（5a）四庫本：女三人：一嫁潼關衛楊楫；一許韓城賈締芳，未嫁，卒；一尚幼。（1318-486）

【按】康熙本「二」，四庫本作「三」。此段顯是三人，故康熙本誤。

《掌京畿道監察御史任君墓誌銘》

康熙本：京師坊市勢豪多以私錢牟重息。（5b）

四庫本：京師坊市賈人多以私錢牟重息。（1318-486）

【按】康熙本「勢豪」，四庫本作「賈人」。「勢豪」一詞指有勢力的豪強，此句言及京師有勢力的豪強以不法手段牟取私利，從中也反映出當朝社會豪取強奪之猖狂。故被改作它詞代替。

同上

康熙本：其後河決宿遷，而武昌裁兵殺官吏，據城叛，論者始服君先見也。（6a）

四庫本：論者皆服君之遠見也。（1318-487）

【按】康熙本「其後河決宿遷，而武昌裁兵殺官吏，據城叛」，四庫本略。

《知伏羌縣事蔣君墓誌銘》

康熙本：縣臨極邊，年饑，流移載道，蠲徵輸之數，積逋三萬五千。君憫民疾苦，言之上官，請豁。上官不允也。又請革除濫徵，夙獎勒碑衢道，巡撫允焉。於是司府怒，不可解，誣列君罪狀。巡撫以爲過，奏彈文曰：「知伏羌縣事薰處凋殘之地，雖無苛政及民，然性近迂闊。賦詩立碑，催科不力，宜加處分，爲曠職之戒。」先是知成縣事錢唐吳君山濤，岱觀以同谷。在境內建七歌堂，作栗主以祀杜甫，亦爲巡撫所糾，先後罷官。傳者以爲佳話。其雲賦詩者濫徵，既除，縣民猶有抗。不輸糧者，君作詩勸之。立碑者，即革除濫徵衢道碑也。君既落職，歸自稱「南村退叟」。（7a-7b）

四庫本：逾年落職，歸自稱「南村退叟」。（1318-488）

【按】四庫本將從「縣臨極邊」到「即革除濫徵衢道碑也」一段刪去，並將「君既落職」改爲「逾年落職」。此段之刪改顯在掩蓋「蔣君因爲民請命，蠲免賦稅而遭誣衊」之事實，具體刪改之因可參見本文第三章第一節中第四條。

同上

康熙本：杭有金堡道隱，徐之瑞蘭生；禾有巢鳴盛端明，咸高不事之節。君既退歸，自處仕隱之間，諸君酬酢。（7a-7b）

四庫本：杭有徐之瑞蘭生，禾有巢鳴盛端明。君既退歸，諸君酬酢。（1318-488）

【按】四庫本刪「金堡道隱」，「咸高不事之節」，「自處仕隱之間」等句。此處爲避金堡諱而刪，且文中敘及不願爲清廷所用之事，這觸犯當朝統治，自然也要避諱。「金堡」之刪原因同於「屈大均」，具體可參見本文第三章第一節中第二條。

《工部主事席君墓誌銘》

康熙本：皇朝設六部，職掌多準明代，獨工部四司每受制於內務府，一

失其意，雖材美工巧不以爲良。（8b）

四庫本：皇朝設六部，職掌多準明代工部四司。（1318-488）

【按】四庫本刪「獨工部四司每受制於內務府，一失其意，雖材美工巧不以爲良」。此句意爲一旦工部違背內務府之意，即使是良才也要被誣衊。從側面反映出內務府濫用職權掌控下屬，不辨賢愚，顛倒是非。此句描述有損清廷形象，故刪。具體刪改之因可參見本文第三章第一節中第四條。

同上

康熙本：主者恒救過不給，君遇人以和。（8b）

四庫本：君遇人以和。（1318-488）

【按】四庫本刪「主者恒救過不給」。

同上

康熙本：四川道御史以直言放還。（9a）

四庫本：四川道御史落職歸。（1318-489）

【按】康熙本「以直言放還」，四庫本改作「落職歸」。具體刪改之因可參見本文第三章第一節中第四條。

卷七十六

《孝潔姜先生墓誌銘》

康熙本：子未服官而贈及其親，天子之異數也。（2b）

四庫本：子未服官而贈及其親，遭遇之異數也。（1318-491）

【按】康熙本「天子」，四庫本作「遭遇」。

《小譚大夫墓誌銘》

康熙本：既至，遷知登州府事，大夫之爲中書舍人也。有小夫供事內院，趨走若奴隸。既而，其人從軍，自效以招降王輔臣。功超，擢布政爲登萊監司。大夫反出其下，鬱鬱不自得，其人益自倨，屢以計傾大夫，卒爲所搆吏議，降二級調用。（6a）

四庫本：既至，遷知登州府事。（1318-494）

【按】四庫本「大夫之爲中書舍人也」到「降二級調用」一段刪。此段敘及小人因阿諛奉承升職，而正直之士卻被小人搆議。此語揭露出當朝制度之黑暗，故刪。具體刪改之因可參見本文第三章第一節中第四條。

《翰林院侍講尤先生墓誌銘》

康熙本：不畏強禦，坐撻旗丁，降調。（8b）

四庫本：不畏強禦，以事降調。（1318-496）

【按】康熙本「坐撻旗丁」，四庫本改作「以事」。「旗丁」，這裡應指正黃十二旗之兵。旗丁被打，對清王朝來說是一件受辱之事，同時欲掩蓋「尤侗僅鞭撻一旗丁而被降職」一事，這未免顯得當朝不合理制度，為掩人耳目，故將這「坐撻旗丁」改作「以事」。

《承德郎日講官起居注右春坊右中允兼翰林院編修嚴君墓誌銘》

康熙本：二十二年春，予又入直南書房，賜居黃瓦門左用。是以資格自高者，合外內交構。逾年，予遂掛名學士牛鈕彈事，而潘君旋坐浮躁，降調矣。君遇人樂易好和，不爭，以是忌者差。少尋，遷右春坊右中允兼翰林編修，敕授承德郎。（8b）

四庫本：未幾，予與潘君俱罷歸，而君尋遷右春坊右中允兼翰林院編修，敕授承德郎。（1318-499）

【按】四庫本將「二十二年春，予又入直南書房……不爭，以是忌者差」一段刪改作「未幾，予與潘君俱罷歸」。

此段講述作者因帶抄書手入翰林，遭牛鈕彈劾。潘耒因浮躁降調。其實兩人皆因名盛遭小人讒忌。而嚴君不與人爭，忌者少，反而陞官。從此處可以看出當時朝中之黑暗，小人當道，正直有才之人反受遭貶。具體刪改原因可參見卷三十三《寄禮部韓尚書書》之按語及本文第三章第一節中第四條。

卷七十七

《朝議大夫戶科給事中降補國子監學正趙君墓誌銘》

康熙本：有與君忤者，劾。君父子各占籍以仕，吏議落職。久之，補國子監學正。（3b）

四庫本：緣事被議落職，補國子監學正。（1318-502）

【按】四庫本刪「有與君忤者，劾。君父子各占籍以仕」，並將「吏議落職」改成「緣事被議落職」。

同上

康熙本：夫且徽州士族多流寓四方，寄籍取科第。即如先儒朱子本婺源人，而《紹興十八年同年小錄》注籍建州建陽縣羣玉鄉三桂里。彼夫城陽炅

橫四子：炅守墳墓，昚居徐州，桂居幽州，炔居華陽。前史不以爲非，由是推之，君之父子似乎可逭吏議也。（4a）

四庫本：此段刪。

【按】此爲趙起士墓誌銘。趙氏世居徽州之休寧，趙起士入籍杭州，補府學生，順治八年中浙江鄉試舉人。此屬於「寄籍取科第」。朱彝尊以宋儒朱熹等爲例，說明「寄籍取科第」早有先例。朱彝尊認爲由此類推，趙起士父子可以逃脫官吏的議論。但《墓誌銘》並未說到官吏對趙起士「寄籍取科第」的議論，故此處所說與上文無法照應，此或是四庫館臣刪這段文字之緣由。

同上

康熙本：嗟！青蠅止於樊官，雖左賓滿坐，人裸裎焉。浼我酒百船。（4b）

四庫本：雖左賓滿筵，酒百船。（1318-503）

【按】四庫本刪「嗟！青蠅止於樊官，人裸裎焉」。

《歲貢生潘君墓誌銘》

康熙本：年十二，開剃令下，髮落，輒以尺紙裹之。齒牙爪甲謹藏之笥，沒入周身之具。（8b）

四庫本：此段刪。（1318-506）

【按】此段語涉「清朝剃髮制度」，故刪。刪改原因詳見本文第三章第一節中第三條「對語涉清朝『剃髮』制度之刪改。」

《徐州蕭縣儒學訓導樂君墓誌銘》

康熙本：暇招番禺屈大均賦詩，宛平韓畕援琴，鼓羽化之曲，陶然樂其志也。（9a）

四庫本：暇則賦詩鼓琴，陶然樂其志也。（1318-506）

【按】四庫本將「暇招番禺屈大均賦詩，宛平韓畕援琴，鼓羽化之曲」，刪改成「暇則賦詩鼓琴」。爲避忌「屈大均」而刪。刪改原因見卷三《東官客舍屈五過譚羅浮之勝時因道阻不得遊悵然有懷作詩三首》之刪改。

卷七十八

《中憲大夫知思州府事陸公墓誌銘中憲大夫知思州府事陸公墓誌銘》

康熙本：晚結方外社與禪人通復、今釋，縱譚清淨理。通復工於詩。今釋者，前進士，仁和金堡也。公守南雄，日爲治丹霞精舍以居。公歸後，舍

之於東園，遂終老焉。（3a）

　　四庫本：此段刪。（1318-509）

　　【按】爲避金堡諱，故刪。刪改原因同於「屈大均」，具體可參見本文第三章第一節中第2條。

《文林郎知舒城縣事朱君墓誌銘》

　　康熙本：明年，武昌兵變，王師有徵，由舒入楚，民大恐，市肆皆閉。君曰：「師行，糧食絕，其食是導之掠也。」（7b）

　　四庫本：明年，武昌兵變，王師有徵，由舒入楚，民大恐，市肆皆閉。（1318-513）

　　【按】四庫本刪「君曰：『師行，糧食絕，其食是導之掠也。』」

同上

　　康熙本：嗚呼！今之號稱能吏者吸民膏髓以善事，上官得拔擢入臺省部曹，比比也。若君之宰邑目不知有上官，第以勤民爲先務，或惜君脆促未盡其才，然使再假之年彊直自遂，難乎！免於上官所劾，是則君年之不永獲全其名，未可謂君之不幸也已。（8b）

　　四庫本：此段刪。（1318-514）

　　【按】此段爲作者所發感歎：當朝吸民脂民膏之官員得到提拔者比比皆是，而以勤民爲先務之官員卻被上官彈劾。從中反映出當朝顛倒黑白，不能任人唯賢之惡風。此語牴觸當朝統治者，故刪。具體刪改之因可參見本文第三章第一節中第四條。

《文學咨君墓誌銘》

　　康熙本：福王南渡，馬士英、阮大鋮柄用濫以名器假人。（9b）

　　四庫本：其時，馬士英、阮大鋮柄用濫以名器假人。（1318-515）

　　【按】四庫本將「福王南渡」改成「其時」。具體刪改之因可參見本文第三章第一節中第6條「南明『福王』稱號之刪改。」

《高士李君塔銘》

　　康熙本：有此篇（11b）

　　四庫本：全文刪。

　　【按】此高士李君，即李延昰。初名彥貞，字我生。後改今名。改字辰山，亦曰寒村。上海人。曾爲永曆帝某官。《高士李君塔銘》云：「年二十，

間道走桂林，名書仕版。」即指此事。晚爲道士，隱於醫。臨終，遺命弟子用浮屠法盛屍於龕，焚其骨瘞之塔後。延昰又以所著《南吳舊話錄》、《放鷴享集》等書付朱彝尊，並將所儲書二千五百卷悉歸彝尊。四庫館臣或因朱彝尊此文涉及南明事，且其人既爲道士，而又以佛家之法料理後事，行爲頗爲乖異（《高士李君塔銘》：「或疑羽流，或謂僧伽。」），且清高宗對明季之士託跡遁流甚是厭惡（從對屈大均、金堡之事中可見），而朱彝尊對其人又極爲推尊（《高士李君塔銘》：「視我銘辭，其高士邪。」），這有牴觸統治者之嫌，因而刪去。

卷七十九

《嚴孺人墓誌銘》

康熙本：翁從遊錢尚書謙益之門，勤學嗜古，博覽典籍。……翁之葬也，錢尚書銘其藏矣。（3b-4b）

四庫本：翁勤學嗜古，博覽典籍。……翁之葬也，於某里某原。（1318-519）

【按】四庫本刪「從遊錢尚書謙益之門」、「錢尚書銘其藏矣」兩句。因避忌錢謙益，故刪。具體改易原因參見卷六《題錢宗伯（謙益）文集後（集社）》之刪改。

卷八十

《徵士李君行狀》

康熙本：雖然才也者，眾人所嫉。當日與君並薦，稍以才自振。若宜興陳維崧、富平李因篤、上元倪燦、仁和吳任臣、宣城高詠既登用矣，皆未遷一階以沒。以君之才使入仕籍，安知不有忌者？而君得優游幕府，偃息於田裏，菽水足以養親。（3a）

四庫本：雖然君得優游幕府，偃息於田里，菽水足以養親。（1318-525）

【按】四庫本刪「雖然才也者，眾人所嫉」到「安知不有忌者？」一段。此段講述有才之人皆被小人嫉妒而不得升遷之事，從中反映出當朝不能任人唯賢之黑暗制度，顯示抨擊當朝統治，故刪。具體刪改之因可參見本文第三章第一節中第四條。

【中呂】《普天樂》

康熙本：小樓前，疎林外。爻基丹井，顧況書臺。灣灣綠水深，點點青山矮。釣侶詩朋看都在，把封泥酒甕齊開。雞頭竹胎。穀芽餅餤，油菜花

臺。（3a）

四庫本：小樓前，疎林外。夋基丹井，顧況書臺。灣灣綠水深，點點青山倭。釣侶詩朋看都在，把封泥酒罋齊開。雞頭竹胎。穀芽餅餤，油菜花臺。（1318-536）

【按】「矮」，四庫本作「倭」，非是。從此首散曲韻腳看，顯是以「ai」爲韻腳，「矮」在韻腳上且音「ai」；而「倭」音「wo」，不合韻腳規則。從字義看，「矮」形容青山義通，且與前句「深」意思相對，而「倭」是我國古代對日本人及其國家的稱呼，其意不通。蓋四庫本因「矮」與「倭」形近而誤。

又【中呂】《普天樂》

康熙本：到清秋，開家宴。生魚切玉，野雀披縣。村村簖蟹肥，日日湖菱賤。對竹千竿書千卷，悶來時劃箇花船。白蓮寺前。青陽橋外，金粟山邊。（3a）

四庫本：到清秋，開家宴。生漁切玉，野雀披縣。村村簖蟹肥，日日湖菱賤。對竹千竿書千卷，悶來時劃箇花船。白蓮寺前。青陽橋外，金粟山邊。（1318-536）

【按】「魚」，四庫本作「漁」，非是。「生魚切玉」一句形容活魚肉白如同切開的玉，而無「生漁」一說。「漁」指捕魚或捕魚的人，在此處義不通。蓋四庫本因「魚」與「漁」形近而誤。

《前題》（秀水）徐善（敬可）作

康熙本：梧邊柳邊飛，不到衡陽雁。（4a）

四庫本：極遠窮邊飛，不到衡陽雁。（1318-537）

【按】「梧邊柳邊」，四庫本作「極遠窮邊」。從字義上看，可通。但四庫本改動，失去詩意，應依原刻本爲是。

《落梅風·查山探梅》

康熙本：十里青苔路，三更翠羽啼。泛輕船太湖邊檥，等南枝北枝花放齊。也未必明朝風起。（4a）

四庫本：十里青苔路，三更翠羽啼。泛輕船太湖邊檥，等南枝北枝花放齊。也未必明朝起風。（1318-537）

【按】「風起」，四庫本作「起風」，非是。雖「風起」與「起風」義可通，但從全曲押「i」韻來看，只可作「風起」，「起風」則破壞了韻腳。

又《落梅風‧查山探梅》

康熙本：細細香<u>苞</u>綻，泠泠淺水流。趁快雪乍晴時候，把短簫橫笛催上樓。對七十二峯行酒。（4b）

四庫本：細細香<u>苢</u>綻，泠泠淺水流。趁快雪乍晴時候，把短簫橫笛催上樓。對七十二峯行酒。（1318-538）

【按】「苞」，四庫本作「苢」，非是。「香苞」指芳香的花苞，「細細香苞綻」與唐李商隱《自喜》詩中：「綠筠遺粉籜，紅藥綻香苞。」後一句異曲同工。且無「香苢」一詞，蓋四庫本因「苞」與「苢」形近而誤。

《一半兒‧西溪商調》

康熙本：滿林殘雪碧山<u>坳</u>，人日春風金剪刀。孤棹野塘紅板橋。玉梅梢，一半兒開遲一半兒早。（5a）

四庫本：滿林殘雪碧山<u>拗</u>，人日春風金剪刀。孤棹野塘紅板橋。玉梅梢，一半兒開遲一半兒早。（1318-538）

【按】「坳」，四庫本作「拗」，非是。「碧山坳」與「金剪刀」相對應，「山坳」指山間平地，無「山拗」一說。蓋四庫本因「坳」與「拗」形近而誤。

又《一半兒‧虎丘》

康熙本：生公臺上鬪茶<u>巾</u>，短簿祠前羅酒樽。眞娘墓傍凝舞塵。款遊人，一半兒櫻桃一半兒筍。（6a）

四庫本：生公臺上鬪茶<u>中</u>，短簿祠前羅酒樽。眞娘墓傍凝舞塵。款遊人，一半兒櫻桃一半兒筍。（1318-539）

【按】「巾」，四庫本作「中」，非是。從此曲韻腳來看，爲「in、un、en、en、un」，「巾」韻母爲「in」，正好符合十八韻中十五痕「韻母 en、in、un、vn」的規則。而「中」韻母爲「ong」不合規則，顯誤。蓋四庫本因「巾」與「中」形近而誤。

《小桃紅‧題王元章墨梅》

康熙本：斜飛蝴蝶<u>撲</u>枝圓，不怕遊絲胃。疎影依然水清淺，嫩寒天，墨痕澹處珊瑚軟。似曾相見，稽山風霰，一樹小牕前。（6b）

四庫本：斜飛蝴蝶<u>樸</u>枝圓，不怕遊絲胃。疎影依然水清淺，嫩寒天，墨痕澹處珊瑚軟。似曾相見，稽山風霰，一樹小牕前。（1318-539）

【按】「撲」，四庫本作「樸」，非是。「撲」，有拍打之義，「斜飛蝴蝶撲枝圓」一句，形象地描繪出斜斜徐飛的蝴蝶嬉鬧著撲打枝葉的情景，故作

「撲」通。而「樸」作動詞時，釋爲砍伐整理，與此其義不通。故四庫本因「樸」與「撲」形近而誤。

又《小桃紅・前題》

康熙本：謝家兄弟舊田廬，好續春池句。兒女團團紙牕戶，盡<u>歡</u>娛，閒尋捍海塘邊去。村醪遠沽，罾船橫渡，山似小葫蘆。（7a）

四庫本：謝家兄弟舊田廬，好續春池句。兒女團團紙牕戶，盡<u>勸</u>娛，閒尋捍海塘邊去。村醪遠沽，罾船橫渡，山似小葫蘆。（1318-539）

【按】「歡」，四庫本作「勸」，非是。「盡歡娛」，言指盡情歡樂；「勸娛」意不通。故四庫本因「勸」與「歡」形近而誤。

五、結束語

綜觀四庫本《曝書亭集》有許多不盡人意之處，抄寫致誤處甚多，但就《四庫全書》編纂總體而言，由數百名優秀學者耗費十年時間，對清乾隆以前中國古代文化典籍作了全面清理和總結，仍然是值得充分肯定的。四庫館臣對大量書籍所作的校勘、考證、辨僞工作，使許多錯亂訛誤之處得以更正，在一定程度上提高了全書的質量。

然而，《四庫全書》畢竟是由當朝皇帝「敕令」編纂並最後「欽定」的，不能不受統治者思想的束縛。統治階級所提倡的學術文化，也要相適應其統治地位。在歷時十年的纂修過程中，徵書與禁書並行，編書與毀書同在。但凡不利於其統治的書籍通通背上「違礙」的罪名被肆意的篡改乃至抽毀，其結果導致很多書籍失去其原貌。僅朱彝尊所作《曝書亭集》一書中被刪改的就達八十多處，不知其他書籍遭抽改的又有多少。

本文在對校《曝書亭集》後，讓我們感覺到《四庫全書》不可盡信。在使用時一定要慎重，尤其是明季之書，不能因其改易而惑。所幸的是，《曝書亭集》的原刻本仍在，讓我們能夠「一睹廬山眞面目」，不爲四庫本所誤。